GW01607578

Jesse Falzoi

Creative Writing
Texte und Bücher schreiben –
Der neue Kreativ-Schreiben-Kurs
in sechzehn Lektionen

Jesse Falzoi

Creative Writing

Texte und Bücher schreiben –
Der neue Kreativ-Schreiben-Kurs
in sechzehn Lektionen

Autorenhaus

Die Daten sind im Internet abrufbar unter http://www.dnb.de.

Buchdesign: Sigrun Bönold

Originalausgabe

ISBN 978-3-86671-141-9

Umwelthinweis: Dieses Buch wurde auf chlor- und säurefreiem Papier gedruckt.

Druck und Bindung: CPI, Leck
Printed in Germany

INHALT

Lernen Sie die Regeln wie ein Profi,
um sie wie ein Künstler brechen zu können.
Pablo Picasso

Vorwort

Alle Schriftsteller möchten gute Geschichten schreiben. Aber was genau bedeutet das? Woher wissen wir, ob sie gut oder schlecht sind? Ob sie besser werden können, wenn wir uns noch einmal ransetzen?

Um das herauszufinden, habe ich *Creative Writing* in den USA studiert, wo die Kunst des Schreibens seit etlichen Jahrzehnten gelehrt wird. Zwei Jahre haben mich namhafte Schriftsteller und Dichter beim Verfassen von Geschichten und Romanen begleitet, war ich von Kommilitonen umgeben, die wie ich begeistert und ehrgeizig waren. Wir waren eine Gemeinschaft, die sich ein Leben ohne Bücher nicht vorstellen kann, und schon das hat dieses Studium zu einer der intensivsten Erfahrungen meines Lebens gemacht. Aber nicht jeder angehende Schriftsteller kann in Amerika studieren und in einer Sprache schreiben, die nicht seine Muttersprache ist. Darum habe ich dieses Buch geschrieben. Es ist die Quintessenz dessen, was ich gelernt und praktiziert habe.

Mein Buch soll Ihnen helfen, hinter das Geheimnis gut erzählter Geschichten zu kommen und zu lernen, selbst gute Geschichten zu schreiben. Sie werden unterschiedliche Möglichkeiten und Betrachtungsweisen, Techniken und Tricks des modernen Kreativen Schreibens kennenlernen, die Sie als Schriftsteller voranbringen.

Wenn Sie dieses Buch nutzen, ist Ihre Mitarbeit gefragt, und je mehr Sie mitarbeiten, umso besser werden Sie. Geben Sie sich Zeit. Hetzen Sie nicht von einem Kapitel zum nächsten; stellen Sie sich vor, Sie haben die Themenliste eines gesamten Studiums vor sich liegen.

Je intensiver Sie die sechzehn Lektionen durcharbeiten, umso mehr gewinnen Sie in Ihrer Entwicklung als Schriftsteller. Setzen Sie sich nicht unter Druck, wenn Sie eine gute Geschichte schreiben wollen und bleiben Sie dran, bis Sie fühlen, dass es jetzt genau das ist, was Sie sagen möchten.

Betrachten Sie das Schreiben als ein Spiel. Meine Kinder haben den brasilianischen Kampftanz Capoeira gelernt, bei dem man sich zum Kämpfen auffordert mit „Vamos jogar!“ – Lass uns spielen! Die Spielregeln, die mir beim Schreiben und beim Überarbeiten immer wieder geholfen haben, werden auch Ihnen helfen, Orientierung geben und Mut machen.

Bitte besuchen Sie auch meine Seite im Internet:

www.creativewriting.berlin

Sie finden dort zusätzliche Anregungen, Tipps, und Beispieltexte.

Vamos jogar!
Ihre Jesse Falzoi

LEKTION 1

Über das Schreiben

Was bringt einen Menschen dazu, sich hinzusetzen und etwas aufzuschreiben? Sich von seinen Freunden, seiner Familie zurückzuziehen, um Ideen und Gedanken auf Papier zu bringen, darüber zu grübeln, ob es sich gut anhört und stunden-, manchmal tagelang einen Absatz zu überarbeiten, um ihn unter Umständen wieder zu streichen? Was treibt uns an, wenn wir an Wörtern und Sätzen feilen, um Menschen und Situationen zu erschaffen? Warum haben wir das Bedürfnis, über ein kurzes Gespräch, das wir aufgeschnappt haben, eine Geschichte zu schreiben? Warum berühren uns Menschen, die es in Wirklichkeit gar nicht gibt? Warum sind fiktive Menschen oft wichtiger, realer als jene, die uns wirklich umgeben?

Wenn wir schon eine Weile geschrieben haben, wenn wir nach und nach keine Mühe mehr für das Hintereinandersetzen von Wörtern und Sätzen aufwenden müssen, wenn wir dahin kommen, etwas zu Papier zu bringen, ohne Sprachverliebtheit oder Eigenliebe, etwas, das sich einer Geschichte nähert, die nicht mehr nur für uns, sondern für alle Menschen von Belang sein kann, passiert etwas mit uns: Wir werden zum Schöpfer. Wir erfinden nicht mehr, wir schöpfen aus dem Material, das uns zuhauf umgibt. Wir entdecken ein helles Schimmern in der Erde und fangen an zu graben, wir befreien wie ein Paläontologe die Knochen von Dreck und Staub, und wir geben uns nicht vorher zufrieden, bis das komplette Skelett unserer Geschichte vor uns liegt. Wir setzen alle Knochen zusammen, an den Stellen, wo sie zusammengehören, und formen Muskeln und Fleisch um sie herum, bis wir einen lebendigen Organismus erschaffen haben. Bis wir unsere Geschichte in all ihrer Schönheit vor uns sehen.

Mit Sprache erschaffen wir eine Welt, die fiktiv und gleichzeitig realer als die Wirklichkeit ist. Eine Welt, in der sich Menschen nach einer Melodie, einem Rhythmus bewegen. Eine Welt, die sich tief ins Unterbewusstsein gräbt, in unser eigenes, in das unserer Leser. Unsere Sprache dient nicht unserer Eitelkeit, sondern hält sich bescheiden im Hintergrund, um nicht die Reise durch die fiktive Welt zu stören. Unsere Sprache erschafft diese Welt, indem sie sich selbst abschafft. Es sind nicht mehr schwarze Buchstaben auf weißem Papier, sondern Personen, Gerüche, Farben, Klänge, Sehnsüchte, Ängste.

Wir arbeiten mit Sprache. Unser Können zeigt sich in dem Maße, wie klar und präzise wir sie benutzen. Machen Sie es nicht komplizierter als es ist. Die Dinge sind einfach. Fragen Sie sich permanent, was genau Sie sagen wollen. Nehmen Sie Ihre Sätze auseinander und überprüfen Sie, ob jedes Wort klar, präzise und einfach ist. Und ob es notwendig ist.

Allein mit unserer Sprache erschaffen wir aus dem Nichts ein Universum. Dieses ist unsere Motivation, wenn wir schreiben. Wir wollen die perfekte Geschichte erzählen, in der alles, von der Perspektive bis zum Thema, von der Zeit bis zur Erzählerstimme, im perfekten Zusammenhang steht. Eine Geschichte, die alles verlöre, hätten wir uns bei einem einzigen Detail keine Mühe gegeben.

Gute Geschichten gehen ihren Weg, egal wie oft sie abgelehnt oder übersehen werden. Am Ende wird man sie nicht ignorieren können.

ÜBUNGEN

- Wann haben Sie das erste Mal geschrieben?
- Schreiben Sie einen Essay von zwei Seiten: »Warum ich schreibe«.

Literarisch schreiben

In diesem Buch beschäftigen wir uns mit Literatur und dafür ist es wichtig, dass wir wissen, was damit gemeint ist. Literarische Sprache hat ihre eigenen Gesetze, Strukturen und Einheiten. Literatur transformiert und intensiviert Sprache. Wir instrumentalisieren Sprache, um eine bestimmte Wirkung beim Leser zu erreichen. Auch wenn Sie fest davon überzeugt sind, dass Sie nie etwas Anderes als Krimi, Thriller, Sci-Fi, Fantasy, Historische oder Romantische Geschichten schreiben werden, gibt es in jeder Kategorie gut oder schlecht geschriebene. Benjamin Percy, einer meiner Lehrer am Sierra Nevada College und Verfasser von mehreren auch ins Deutsche übersetzten Thriller, hat uns immer wieder daran erinnert, dass unsere Leser gespannt darauf sind, wie es weitergeht und das bis zur letzten Seite. Und das gilt auch für literarische Werke. Aber manch ein Krimi würde auch davon profitieren, wenn sein Verfasser ihn tiefer und vielschichtiger, kurz, literarischer gestaltet hätte. Benjamin Percy ist ein großer Fan von Geschichten, die reich an Action und Gewalt sind, betont aber stets, dass die Charaktere im Mittelpunkt stehen und nicht das große Ereignis, dass es nicht die große Idee ist, die ein Buch unvergesslich macht, sondern die kleinen, konkreten Dinge.

Leser haben klare Erwartungen, wenn sie literarische Texte lesen. Sie gehen davon aus, dass die Texte die Zeit überdauern. Unsere Themen sollten von universaler und permanenter Bedeutung und gleichzeitig alltäglich sein, und Literatur sollte einen neuen, unverbrauchten Blick auf sie werfen. In Jim Jarmusch' Film *Paterson* wird sehr deutlich, wie die kleinsten Dinge, die uns umgeben, die die meisten Menschen vermutlich gar nicht wahrnehmen, zur Poesie werden können, weil wir sie sehen und transformieren.

Literarische Werke bieten eine Einheit von Form und Inhalt. Sie sind der Beweis dafür, dass der Verfasser mit Sprache umgehen kann. Alle Elemente eines literarischen Werks arbeiten darauf hin, den Inhalt so zu präsentieren, dass er einen bestimmten Effekt auf den Leser hat. Literatur bedeutet, dass Sprache nicht mehr nur die Aneinanderreihung von Wörtern ist, sondern Gefühle, Bilder, Töne erweckt.

Wir wissen, wenn wir einen literarischen Text lesen, dass die Sprache das Vehikel ist, mit dem der Verfasser Althergebrachtes sichtbar machen will, durchschütteln, von Grund auf ändern will. Literatur erreicht, dass wir alltägliche, bekannte Dinge in einem neuen Licht sehen.

Am Beispiel eines Protagonisten bekommt der Leser Erkenntnisse für sein eigenes Dasein. Wie der Gilgamesh-Epos beweist, hat sich die Menschheit schon vor viertausend Jahren für Geschichten interessiert, in denen ein Protagonist verschiedene Prüfungen bestehen muss, um am Ende zu einer Erkenntnis für sein Leben zu kommen. Die Reise des Protagonisten, die wir im übernächsten Kapitel behandeln, hat eine lange Tradition, genauso wie die Katharsis, die der Leser erlebt, wenn er ein literarisches Werk gelesen hat.

Wie Flannery O'Connor bezeichne ich alles in Prosaform geschriebene als Geschichten. Wenn Sie im Folgenden das Wort »Geschichte« lesen, kann es sich also um einen Roman mit dem Umfang eines *Ulysses* oder *2666* handeln oder um eine »Ein-Satz-Geschichte« ähnlich derer von Lydia Davis. (Sie hat diese Form für sich entdeckt, als sie an der Übersetzung von Prousts *Auf der Suche nach der verlorenen Zeit* saß, einerseits, weil ihr wirklich nicht viel Zeit zum Schreiben von eigenen Texten blieb, andererseits, weil sie seinen langen Sätzen etwas entgegensetzen wollte.) Allerdings berücksichtige ich die gängige Unterscheidung bei den zitierten Werken, bei denen Romantitel kursiv geschrieben sind, wie zum Beispiel *Die Straße*, und die Titel von Kurzgeschichten in Anführungsstriche gesetzt werden, wie bei »Die Jupitermonde«. Wenn ich aber von Geschichten im Allgemeinen rede, sind alle gemeint, egal wie lang.

Lassen Sie die Geschichte, die Sie erzählen wollen, die Form bestimmen. Manchmal werden Sie merken, dass eine Kurzgeschichte nicht reicht, manchmal, dass Ihre Idee nicht einen ganzen Roman tragen kann. Plustern Sie nicht eine Kurzgeschichte auf 150 Seiten, nur, weil Verlage vor allem an Romanen interessiert sind. Vielleicht merken Sie auch, dass das, was Sie zu Papier bringen wollen, nicht als Geschichte aus Ihnen herauskommen will, sondern als Gedicht.

Nehmen Sie sich einen Roman und eine Kurzgeschichte vor und untersuchen Sie beide nur unter diesem Gesichtspunkt. Fragen Sie sich, ob und wie der Roman als Kurzgeschichte erzählt werden kann und umgekehrt. Dadurch entwickeln Sie ein Gespür dafür, welche Form welche Idee erfordert. Vergleichen Sie Anfänge von Romanen und Kurzgeschichten. Der einfachste Unterschied, denken wir häufig, ist der zwischen Lyrik und Prosa, aber auch da gibt es Mischformen. Spätestens seit Walt Whitmans *Grasblätter* wissen wir, dass ein Dichter heute sehr viel mehr Freiheiten hat als damals Schiller oder Rilke. Gerade bei der Dichtung hat sich viel getan, und auch hier kann ich Ihnen nur raten, einen Blick über den Teich zu werfen. Lyrik spielt eine große Rolle in den USA, was sich auch dadurch zeigt, dass das Studium von Lyrik genauso beliebt ist wie das von Prosa (man entscheidet sich beim Studium für Lyrik, Prosa oder Non-Fiction als Schwerpunkt).

Ich rate Ihnen, auch in Bezug auf die im Buch genannten Übungen, mit kürzeren Texten zu beginnen, dann wissen Sie auch, was auf Sie zukommt, wenn Sie einen Roman schreiben wollen und Sie können Vorbereitungen treffen.

Je mehr Beispiele sie von den unterschiedlichen Formen kennen, umso mehr entwickeln Sie ein Gefühl dafür, welche Idee welche Form erfordert, deswegen sollten Sie nicht nur die lesen, in der Sie sich am sichersten fühlen. Auch wenn Sie nicht vorhaben Gedichte zu schreiben, Sie sollten immer wieder welche lesen, damit Ihnen auch diese Form vertraut wird, außerdem wird es Ihnen dabei helfen, ihrer Prosa einen besseren Klang zu geben und natürlich mit Metaphern, Symbolen, Wiederholungen zu arbeiten, aber darauf komme ich zu einem späteren Zeitpunkt noch zu sprechen.

Von anderen lernen

Oftmals starten wir unsere ersten Schreibversuche, indem wir den Stil eines Schriftstellers kopieren, der uns gerade viel bedeutet. Wir spüren, wie gut es sich anfühlt, wenn wir schreiben, wie natürlich, wie selbstverständlich sich ein Wort hinter das nächste fügt. Am Ende haben wir drei Seiten geschrieben, und siehe da, es klingt gut. Und vielleicht stellen wir uns sogar vor, dass der Schriftsteller, dessen Art zu schreiben wir gerade nachahmen, sagen würde: »Für den Anfang gar nicht so schlecht.«

Seit Jahrhunderten lernen angehende Schriftsteller durch Imitation. Den Anfang eines großen Romans mit eigenen Händen abzuschreiben hat etwas Erhabenes, auch wenn wir ihn nicht selbst verfasst haben. Wir fühlen, wie es dem Verfasser ergangen sein könnte, wenn er nach der zigsten Überarbeitung endlich diesen Anfang gefunden hat, wie er ihn seiner Frau oder seinem Vater vorgelesen hat, unsicher, erschöpft, kurz vor dem Aufgeben, und dann, wenn er ein »Bravo« hört, vor Erleichterung aufgeseufzt hat.

In unserem Zeitalter ist es immer weniger selbstverständlich, dass Schülern die Klassiker vermittelt werden. Das Lesen großer Literatur ist mühsam, das langsame Herantasten an eine vergangene Welt, sie sich nach und nach zu erschließen, das Wesentliche, Universale darin zu erkennen. Aber auch für uns Schriftsteller ist das Lesen kein Urlaub. Wir sitzen in höchster Anspannung über das Buch gebeugt, Zettel und Stift griffbereit, um anzustreichen, Notizen zu machen, nachzudenken, warum uns eine Stelle gerade so beschäftigt. Wir lesen laut, um den Rhythmus zu spüren. Wir lesen einen Satz immer wieder, fragen uns: »Wie hat er das gemacht?« oder: »Warum schreibt sie es so und nicht anders?« Wie Archäologen graben wir aus, langsam und minutiös kämmen wir durch den Sand, damit uns nicht der kleinste Splitter entgehen kann.

Wir nehmen Geschichten auseinander, um zu sehen, wie unsere Kollegen mit ihren Werkzeugen gearbeitet haben. Wir fragen uns, ob die Geschichte besser würde, wenn sie in der ersten Person oder in der Vergangenheit geschrieben worden wäre, ob ein indirekter Dialog nicht direkt besser gewirkt hätte, ob eine Zusammenfassung eher als Szene hätte dargestellt werden sollen; wir probieren aus, ob wir es besser können. Wir achten darauf, welche Details genannt werden, um Charaktere zu beschreiben. Wir lernen, wie Dialoge verfasst werden. Wir spüren nach, wie ein Schriftsteller es schafft, den Leser gleich von Anfang an in diese oder jene Stimmung zu bringen. Welche Syntax er benutzt, welche Wörter. Wie er Absätze setzt. Wir lesen nicht nur ein Buch pro Verfasser, sondern so viele wie möglich, um Zeuge der Entwicklung zu werden. Die Unterschiede und die Ähnlichkeiten aufzuspüren. Die Stimme zu beobachten.

Schreiben bedeutet, ein Wort hinter das andere zu setzen, jedes Wort wird also gründlich geprüft: Ist es wirklich das beste, das sich finden ließ? Steht es an der perfekten Stelle? Ist das Komma hier richtig? Ist der Satz wirkungsvoller, wenn man ihn aufteilt? Könnte diese Anhäufung kurzer Sätze nicht besser in einem langen, traumartigen Satz präsentiert werden? Warum sollten wir bei fremden Geschichten weniger kritisch als bei den unsrigen sein? Und welchen Spaß würde es machen, wenn wir Herrn Hemingway sagen könnten: »Schauen Sie sich die Stelle noch mal an, da hätte ich folgenden Vorschlag ....«

Wir Schriftsteller lesen sorgsam, Wort für Wort, Satz für Satz, und je mehr wir lesen, umso schneller erkennen wir, was große Literatur ist. Wir merken sofort, wenn uns ein Bluffer in die Hände gefallen ist, dessen Sprache aufgebauscht ist, um die inhaltliche Leere der Geschichte zu verstecken. Wir erkennen, wenn jemand es mit dem Schreiben nicht ernst meint. Einen Roman zu schreiben ist an sich kein Verdienst, solange man alles ab 130 Seiten Länge als diesen verkaufen kann. Sich wirklich auf eine neue Welt einzulassen bedeutet weit mehr. Wir schreiben nicht mal eben einen Roman, wir widmen unser Dasein dieser neuen Welt. Wir schreiben täglich, wir lesen täglich. Wenn wir wirklich einmal einen vollen Terminkalender haben, ohne die Gelegenheit, nach dem Stift zu greifen, ist unser Kopf mit unserer Geschichte beschäftigt. Manchmal ist es genau das, was wir gerade brauchen, wenn wir nicht weiterkommen; manchmal müssen wir die Möglichkeit etwas aufzuschreiben bewusst vermeiden, um über etwas »nur« nachzudenken. Manchmal passiert es, dass wir tagelang am Schreibtisch nach dem richtigen Satz suchen, und wenn wir endlich aufgeben und uns einer anderen Sache widmen, taucht er plötzlich aus unserem Bewusstsein auf, als wäre er schon immer da gewesen.

Schauen Sie sich die folgenden Ausschnitte aus Kurzgeschichten und Romanen an mit den Notizen, die ich mir dazu gemacht habe. Versuchen Sie selbst, sich Gedanken dazu zu machen. Vielleicht steht das eine oder andere in Ihrem Bücherregal. Vielleicht haben Sie selbst schon Wörter und Sätze darin unterstrichen, die Ihnen gefallen haben. Während meines Studiums musste ich zu jedem Buch auf meiner Literaturliste – 15 pro Semester – eine »reader's response« schreiben, eine persönliche, emotionale Antwort, in der es vor allem darum ging, herauszufinden, was ich für mein eigenes Schreiben lernen konnte (auf www.creativewriting.de finden Sie ein Beispiel). Manchmal wurde ich aufgefordert, das Werk unter einem bestimmten Aspekt zu lesen (Anfänge, Beschreibungen, Entwicklung des Protagonisten), andere Male konnte ich mir selbst aussuchen, welches Thema für meinen eigenen Prozess interessant war. Diese drei bis fünf Seiten, die ich zu jedem Werk geschrieben habe, sind für meine Entwicklung ausschlaggebend gewesen, weshalb ich auch Ihnen rate, nicht nur ein Buch nach dem anderen abzuhaken, sondern sie immer in Bezug zu Ihrem eigenen Schreiben zu studieren und durch ein Werk eines Kollegen Ihre eigenen Stärken und Schwächen zu analysieren. Und sie nach Themen zu durchsuchen, die Ihnen selbst am Herzen liegen.

Alles, was wir schreiben, befindet sich in einem permanenten Dialog mit allem Geschriebenen aller Zeiten, und das zu wissen beweist, dass wir beim Schreiben nie wirklich allein sind. Vor Kurzem habe ich zum Beispiel in einer Geschichte die Wirkung von Symbolen verstärken wollen und dabei hat mir das genaue Studium von Sylvia Townsends »Oxenhope« große Dienste erwiesen: Die britische Schriftstellerin, deren Geschichten häufig im New Yorker erschienen, arbeitete so subtil, dass man sich als Leser nicht manipuliert fühlt, sondern nur eine Art Echo verspürt, das in ihren Geschichten widerhallt, leise und unaufdringlich. So werden eher die Gefühle wiederholt, die man beim Lesen bestimmter Details liest, und nicht die Details an sich. Wir können und sollten uns jederzeit Rat bei unseren Kollegen holen. Das Lesen ist wie ein tröstendes und ermutigendes Gespräch zwischen Gleichgesinnten, Vertrauten, Freunden.

Versuchen Sie, zuerst die Textpassagen zu lesen, ohne auf den Verfasser zu achten, um ein unbefangenes Urteil abzugeben. Halten Sie sich mit Kritik nicht zurück. Wenn Sie es besser können, bravo!

> *»Dieser Nigger, der da die Straße lang geht«, sagte Dr. Hasselbacher am Tresen der Wonder Bar, »der erinnert mich an Sie, Mr. Wormold.« Es war typisch für Dr. Hasselbacher, dass er nach fünfzehn Jahren Freundschaft immer noch die Anrede Mr. benützte – Freundschaft entwickelte sich mit der Langsamkeit und Gewissheit einer sorgfältigen Diagnose. Vielleicht würde Wormold auf dem Totenbett, wenn Dr. Hasselbacher kam und ihm den versagenden Puls fühlte, Jim werden.*
>
> *Unser Mann in Havanna* von Graham Greene

MEINE NOTIZEN:

- Anfang mit direkter Rede
- Wir haben sofort ein Bild vor Augen, von beiden, dem Erzähler und dem Protagonisten
- Sprache des Protagonisten im Vergleich mit Erzählerstimme
- Man fragt sich sofort, in welchem Verhältnis die beiden zueinander stehen (ist der Erzähler Herr Wormold?)
- Beschreibung des Charakters durch Aktion (Puls fühlen) stoppt nicht den Fluss der Geschichte

Früher besuchte ich mit meinen Freundinnen immer Secondhandläden. Wir nahmen den Zug nach Boston und gingen ins Garment District, dieses riesige Kaufhaus voller Vintage-Klamotten. Dort ist alles nach Farben sortiert, und irgendwie wirken die ganzen Kleidungsstücke dadurch wunderschön. Es ist ein bisschen so, als wäre man durch den Kleiderschrank in den Narnia-Büchern gestiegen, bloß dass man statt auf Aslan und die weiße Hexe und den furchtbaren Eustachius auf diese magische Kleiderwelt stieß – anstelle von sprechenden Tieren gab es dort Federboas und Hochzeitskleider und Bowlingschuhe, Hemden mit Paisleymuster und Doc Martens, und alles hing an Kleiderständern; zuerst die schwarzen Kleider, alle zusammen, wie die größte überdachte Beerdigung der Welt, und dann blaue Kleider – sämtliche Blautöne, die man sich nur vorstellen kann – und dann rote Kleider uns so weiter. Rosarots und Orangerots und Purpurrots und Ampelrots und Bonbonrots.

»Die Elbenhandtasche« von Kelly Link

MEINE NOTIZEN:

- Realistische Erzählweise trotz fantastischer Geschehnisse
- Vergleich mit dem Kleiderschrank aus den Narniachroniken deutet sofort an, dass mit der Realität gespielt wird
- Sympathische, intime Erzählerstimme; ich kann mir gut vorstellen, mit dieser Protagonistin an einer Bar zu sitzen (man hat das Gefühl, es ist eine wahre Geschichte, die sie erzählt)
- Spezifisch (Doc Martens) statt allgemein (Schuhe)
- Ton: melancholisch
- Secondhandladen: Kleider kommen oft aus Nachlässen (sie symbolisieren Tod und Wiedergeburt)
- Schwarze Klamotten für Beerdigung; man spürt die Seelen der Toten
- Melancholie gebrauchter Hochzeitskleider
- Typische Bekleidung von Studenten, weckt Sehnsucht nach vergangenen, unbeschwerten Zeiten

In M…, einer bedeutenden Stadt im oberen Italien, ließ die verwitwete Marquise von O…, eine Dame von vortrefflichem Ruf, und Mutter von mehreren wohlerzogenen Kindern, durch die Zeitung bekannt machen: dass sie, ohne ihr Wissen, in andre Umstände gekommen sei, dass der Vater zu ihrem Kinde, dass sie gebären würde, sich melden solle; und dass sie, aus Familienrücksichten, entschlossen wäre, ihn zu heiraten.

Die Marquise von O. von Heinrich von Kleist

MEINE NOTIZEN:

- Geschichte beginnt in medias res, für diese Zeit war es untypisch, ohne Einleitung zu beginnen; Erklärungen kommen in Häppchen, dann wenn wir sie brauchen, um die Ereignisse zu verstehen; exzellente Präsentation von Rückblicken und geschichtlichen Hintergründen (Erzählfluss wird nicht gestoppt, Tempo bleibt erhalten)
- Unglaublich spannungsgeladener Anfang, man hat das Gefühl, die Herzogin vor sich zu sehen, die völlig außer Atem ist, nachdem sie eilend herbeigelaufen ist; im Widerspruch mit ihrer Schwangerschaft
- Die Art und Weise, wie die Dinge vorgetragen werden, lassen erst nach mehrfachem Lesen begreifen, was da überhaupt berichtet wird
- Mischung zwischen unerhört und fantastisch
- Man muss weiterlesen, weil man unbedingt herausfinden will, was da geschehen ist
- Modernität trotz der antiquierten Sprache
- Hier wird nicht um den heißen Brei herumgeredet
- Man spürt schon im ersten Satz, dass ein Ereignis das andere jagen wird

Ich las in der Zeitung davon, in der Subway, auf dem Weg zur Schule. Ich las es, ich konnte es nicht glauben, und ich las es ein zweites Mal. Dann starrte ich wohl nur noch auf das Papier, auf die Buchstaben, die sich zu seinem Namen fügten, zu dieser Meldung fügten. Ich starrte auf die Zeitung, und in den schwankenden Lichtern des Subway-Wagens sah ich es vor mir, sah es in den Gesichtern und Leibern der Menschen, sah es in meinem eigenen Gesicht, gefangen in der Dunkelheit, die draußen vorbeidröhnte.

»Sonnys Blues« von James Baldwin

MEINE NOTIZEN:

- Ton rückblickend, bereuend, traurig, nachdenklich, jemand, der viel Leid erfahren hat
- Erzählerstimme vermittelt das Gefühl, etwas Entscheidendes im Leben verpasst zu haben

Am Ende des Sommers fuhr Lydia mit dem Schiff zu einer Insel vor der Südküste vor New Brunswick, wo sie übernachten wollte. In wenigen Tagen musste sie wieder in Ontario sein. Sie arbeitete in Toronto als Lektorin bei einem Verlag. Sie war auch Lyrikerin, aber sie sprach nicht darüber, wenn die Leute es nicht bereits wussten. In den letzten achtzehn Monaten hatte sie mit einem Mann in Kingston zusammengelebt. Ihrer Meinung nach war die Sache vorbei.

»Dulse« von Alice Munro

MEINE NOTIZEN:

- Wenig Dialog; verzeiht man wegen der einmaligen Erzählerstimme; trägt zur melancholischen Stimmung bei
- Abgeklärter, distanzierter Ton, passend zu der Distanz, die Lydia zu sich im Alter hat
- Nicht verzweifelt, eher resigniert
- Ende des Sommers symbolisiert Übergang in neue Lebensphase
- Reue im Allgemeinen, das Leben vergeudet zu haben; was bleibt übrig?
- Das Leben erscheint für Erzähler, Protagonist und Leser gleichermaßen banal
- Früher aktiv (Dichterin, Verlegerin, Geliebte), heute passiv
- Fühlt sich nicht mehr gebraucht, muss sich neu definieren
- Spürt, dass ein langes Kapitel abgeschlossen ist und weiß noch nicht, was sie im nächsten erwartet; am Wendepunkt ihres Lebens, Erfahrung, die alle Menschen irgendwann machen
- Gleich im ersten Satz wird die Protagonistin beim Vornamen genannt, beobachtende, wohlmeinenende, aber auch ein wenig bemitleidende Nähe des Erzählers zu ihr

Dein Vater holt dich in einem gestohlenen Dodge Neon mit drei Gramm Koks im Handschuhfach und einer Nutte namens Mandy auf dem Rücksitz aus dem Gefängnis ab. Nach zwei Minuten Fahrt – der Knast immer noch schief im Rückspiegel – sagt dir Mandy, sie ginge nur Teilzeit auf den Strich. Den Rest der Zeit mache sie leichte Sekretariatsarbeiten für eine unabhängige Videothekenkette und kellnere an zwei Sonntagen im Monat im örtlichen Veteranenverein. Aber sie spüre, dass ihre Berufung – ihre wahre Berufung im Leben – das Schreiben sei. Und du so: »Bücher?«

»Bücher.« Sie schnauft, halb belustigt, halb um eine Linie von deiner Faust in ihr linkes Nasenloch zu ziehen.

»Bis zu Gwen« von Dennis Lehane

MEINE NOTIZEN:

- »Du«-Perspektive gleich im ersten Satz, herausfordernd für Leser
- Flapsige Stimme
- Unheil ankündigender Ton
- Indirekte Rede im ersten Absatz
- Inhalt, mit dem die meisten von uns keine Erfahrung haben, trotzdem hohe Identifikation

Ja, die Zeitungen hatten recht: Schneefall in ganz Irland. Schnee fiel überall auf die dunkle Zentralebene, auf die baumlosen Hügel, fiel sacht auf den Bog of Allen, und, weiter gen Westen, fiel er sacht in die dunklen aufrührerischen Wellen des Shannon. Er fiel auch überall auf den einsamen Friedhof oben auf dem Hügel, wo Michael Furey begraben lag. Er lag in dichten Wehen auf den krummen Kreuzen und Grabsteinen, auf den Speeren des kleinen Tors. Auf den welken Dornen. Langsam schwand seine Seele, während er den Schnee still durch das All fallen hörte, und still fiel er, der Herabkunft ihrer letzten Stunde gleich, auf alle Lebenden und Toten.

»Die Toten« von James Joyce

MEINE NOTIZEN:

- Adjektive und Adverbien
- Epiphanie am Ende
- Rhythmus, wie ein Lied, das einen in die Tiefe zieht
- Wiederholungen
- Poetische Sprache

Je mehr Sie lesen, umso häufiger werden Sie auf weitere Bücher stoßen, die Sie unbedingt noch lesen wollen. Diese Bücher tragen dazu bei, uns nicht so einsam zu fühlen in der Abgeschiedenheit, die das Schreiben mit sich bringt. Wir wissen, dass diese Bücher von Menschen geschrieben worden sind, mit denen wir etwas Entscheidendes gemeinsam haben, auch wenn ihre Welt eine völlig andere war oder ist. Lesen Sie Ihre Kollegen, pflücken Sie sie auseinander, fragen Sie sich immer wieder: Warum haben sie es so gemacht? Was wollten sie mit diesem Satz, mit diesem Wort, mit diesem Rhythmus bezwecken? Und fragen Sie sich vor allem: In welchem Kontext ist diese Art zu schreiben etwas Besonderes gewesen? Kopieren Sie nicht, sondern transformieren Sie. Jane Austen konnte nur in ihrer Zeit mit ihrer Mischung aus Eleganz und Witz brillieren, James Joyces revolutionäre Szene, in der Leopold Bloom Taschenbillard spielt, würde heute niemanden mehr aufregen.

Austens und Joyces Sprache war damals modern, heute ist sie antiquiert.

Das aufmerksame Lesen literarischer Werke, die andauernde Beschäftigung damit, macht Sie automatisch zum besseren Schriftsteller. Es weckt Ihre schöpferischen Instinkte und lehrt Sie, Ihre eigene Sprache zu entwickeln. Vertrauen Sie darauf, dass es genau die richtige ist.

ÜBUNGEN

- Suchen Sie in zehn Büchern, die Sie gelesen haben, Textstellen heraus, die Sie beeindruckt haben, und schreiben Sie auf, warum.
- Schreiben Sie eine persönliche, emotionale Antwort auf ein Buch, das Sie besonders beeindruckt hat; zitieren Sie mehrere Textstellen, um Ihre Argumentation zu belegen.
- Schreiben Sie eine persönliche, emotionale Antwort auf ein Buch, über das Sie sich geärgert haben. Wählen Sie dafür eines, von dem Sie sich viel versprochen haben, eines, das Ihnen eigentlich als gutes Beispiel dienen sollte. Haben Sie den Mut, auch jemanden zu kritisieren, den die literarische Welt schätzt.

LEKTION 2

Der Kampf der Charaktere

Auf Beerdigungen weint man nur, wenn man Zeit hatte, die Person, die gestorben ist, kennenzulernen, und wenn man diese Person in guten und in schlechten Zeiten erlebt hat.
Burning Down the House – Essays on Fiction, Charles Baxter

Menschen lieben Geschichten, weil sie von Menschen handeln, die in schwierige Situationen geraten. Sie lieben diese Geschichten, weil sie sich mit den Charakteren identifizieren können, weil sie mit ihnen fühlen. Weil sie in ihre Haut schlüpfen können und erleben können, was diese Charaktere gerade durchmachen. Schon Aristoteles hat auf die Wirkung gebaut, die ein Charakter auslöst, wenn er mit aller Kraft um etwas kämpft, um am Ende einsehen zu müssen, dass er es nicht erreicht und darüber hinaus auch noch alles verliert, was ihm wichtig war. Diese essentielle Erfahrung ist es, die eine Geschichte unvergesslich macht. Scheherazade rettete ihr Leben mit Geschichten. Sie wusste, dass sie es sich nicht leisten konnte, ihren Zuhörer zu langweilen oder zu verwirren.

Komplexität

Der Leser will spüren, wie ein Protagonist kämpft. Er will spüren, dass es für ihn um alles geht. Er will spüren, wie er sich nach etwas sehnt. Wie er etwas hasst. Wie er sich selbst immer weiter in den Schlamassel reitet und am Ende doch mit letzter Kraft auf sein Ziel zuwankt. Um das zu erreichen, muss der Leser Ihre Charaktere genau vor Augen haben, zuallererst Ihren Protagonisten. Nehmen Sie sich Zeit, Ihren Protagonisten kennenzulernen; versuchen Sie herauszufinden, ob er Löcher in den Socken hat oder ob er vor dem Schlafen heiße Milch mit Honig trinkt. Sie müssen alles über ihre Figuren wissen – aber verraten dürfen Sie nur, was für die Geschichte von Bedeutung ist.

Es ist wichtig, dass Sie mit Ihrem Protagonisten »leben«. Wenn Sie Situationen erschaffen, in denen er sich behaupten muss, werden Sie immer mehr über ihn herausfinden. Sie können Ihre Geschichte anfangen, ohne bereits alle der folgenden Fragen beantworten zu können, aber irgendwann sollten Sie das können.

1. Wie heißt Ihr Protagonist? Hat er einen Spitznamen? Suchen Sie Vor- und Nachnamen sorgfältig aus, selbst dann, wenn der Erzähler nicht beim Namen erwähnt wird. Sie können niemanden richtig kennenlernen, wenn sie den Namen nicht wissen. Geben Sie in ihre Suchmaschine beliebte Vornamen und das Geburtsjahr an. Wenn er einen unzeitgemäßen Namen hat, wird es sich auf ihren Protagonisten ausgewirkt haben. Überlegen Sie sich, warum er so genannt wurde. Machen Sie sich auch Gedanken zum Nachnamen. Woher stammt die Familie? Wie groß ist sie? Welcher Kontakt besteht zwischen den Mitgliedern? Wir Menschen haben Wurzeln, sind diese bei Ihrem Protagonisten abgetrennt, müssen Sie einen triftigen Grund dafür haben.
2. Wie alt ist er? Welcher Generation gehört er an? Fühlt er sich wohler in einer anderen?
3. Wie sieht er aus (Haarfarbe, Bart, Augen, Größe)? Hat er besondere Merkmale (Muttermal, Narben, verschiedene Augenfarben, Behinderung)?
4. Was arbeitet er? Mag er seine Arbeit? Was würde er gern arbeiten? Hat er studiert? War er ein guter Schüler?

5. Welche Musik hört er am liebsten? Besitzt er einen Fernseher und wie viel Raum nimmt dieser ein? Welche Filme sieht er am liebsten? Bei welchen Szenen kann er die Tränen nicht zurückhalten? Wann hat er überhaupt das letzte Mal geweint? Hat ihn jemand dabei gesehen?
6. Wer sind seine Freunde? Hat er keine? Viele? Mit wem ist er am liebsten zusammen? Hat er Feinde? Wen würde er am liebsten nie wieder sehen? Wen würde er kurz vor seinem Tod noch einmal sehen wollen? Wer ruft ihn an seinem Geburtstag an? Wen ruft er an, wenn es ihm schlecht geht?
7. Wo ist er geboren? Hat er immer an einem Ort gelebt? Was bezeichnet er als sein Zuhause? Wo würde er gern wohnen?
8. Wohin geht er, was tut er, wenn er wütend ist?
9. Was ist seine größte Angst? Wer weiß davon? Wie ist sie enstanden?
10. Hat er ein Geheimnis? Eine Leidenschaft, die er keinem anderen anvertrauen würde?
11. Was bringt ihn dazu, laut aufzulachen?
12. Wann war er das letzte Mal richtig verliebt? In wen? Hat er Liebeskummer? Hat er ihn überwunden?
13. Was ist in seinem Kühlschrank? Im Mülleimer? Auf dem Nachttisch? In seinem Badezimmerschränkchen?
14. Wie ist er eingerichtet, wie sieht sein Schlafzimmer aus?
15. Wie verbringt er seine Wochenenden?
16. Woran denkt er, wenn er an seine Kindheit denkt? Gibt es einen typischen Geruch, der ihn dorthin zurückbringt? Ein bestimmtes Essen? Welche ist seine schönste Kindheitserinnerung? Welche seine schlimmste?
17. Was isst er zum Frühstück? Mit wem? Wie nimmt er sein Mittagessen ein?
18. Gibt es eine Erinnerung, die er in seinem Herzen trägt? Was bereut er? Welches Ereignis würde er gern ungeschehen machen?
19. Geht er auf Partys? In Bibliotheken? Auf Ausstellungen? In Cafés?
20. Wohin würde er gern verreisen?

21. Was täte er, wenn er im Lotto gewinnen würde?
22. Schreibt er Mails? Viele? Schreibt er Briefe? Postkarten? Was tut er mit denen, die er bekommt?
23. Wann stellt er sein Handy aus?

Sie fragen sich jetzt bestimmt, wieso Sie sich solche Mühe geben müssen, wenn es sich vielleicht nur um eine Geschichte von drei oder vier Seiten handelt. Zu Ihrer Erleichterung: Es sind nicht alle Figuren, die Sie derart unter die Lupe nehmen müssen, nur die wichtigsten. Aber eins steht fest: Die Kurzgeschichte erfordert nicht weniger Mühe und Arbeit als ein Roman, der einzige Unterschied ist die am Ende sichtbare Anzahl der Wörter. Gerade in der Kurzgeschichte müssen Sie Ihren Protagonisten genau studieren, denn er ist der, der dafür sorgt, dass man sich an Ihre Geschichte erinnert, und nicht das Ereignis, möge es auch noch so bedeutend für die Menschheit sein. Der Leser muss einen Bezug zu den Charakteren aus Ihrer Geschichte aufbauen können. Er merkt es sofort, wenn Sie sich keine Mühe gegeben haben. Wenn noch nicht einmal Sie ein klares Bild vor Augen haben, wird es umso weniger für den Leser entstehen.

Sparen Sie weder Zeit noch Mühe: ein guter Protagonist kann Jahrzehnte in Erinnerung bleiben. Lassen Sie Ihre Geschichte ein paar Tage ruhen und verbringen Sie Zeit mit ihm. Schauen Sie genau hin: Sie wollen ins tiefste Innere. Und wenn Sie nicht weiterkommen, schauen Sie bei sich selbst nach. Gehen Sie dorthin, wo es richtig wehtut. Wir schaffen mit unserem Protagonisten oft instinktiv jemanden, der sich mit denselben Problemen herumschlägt, wahrscheinlich in der Hoffnung, dass er im Gegensatz zu uns den Mut hat, sich diesen zu stellen.

Mit einem guten Protagonisten meine ich nicht »gut« im eigentlichen Sinne. Viele Schriftsteller sind der Meinung, dass sie einen sympathischen Protagonisten erschaffen müssen, einen, mit dem der Leser gern die Zeit verbringt, den er am liebsten kennenlernen würde. Das ist nicht grundsätzlich falsch, aber bedeutet nicht, dass der Protagonist »gut« sein muss und es bedeutet auch nicht, dass ein unsympathischer Protagonist seine Leser nicht ebenso fesseln kann. Oftmals sind es gerade die unsympathischen Züge, die uns faszinieren und jemand, der ganz ohne ist, langweilt uns schnell – außerdem nehmen wir niemandem ab, dass er nur Gutes tut und fühlt. Die zögerliche Haltung, Protagonisten mit Schwächen auszustatten, rührt oft daher, dass sie zu nah beim Schriftsteller selbst bleiben, und dass der Schriftsteller Angst hat, mit seinem Protagonisten in einen Topf geworfen zu werden, vor allem, wenn es um einen Ich-Erzähler geht.

Unvergessliche Protagonisten haben ihre Macken, und diese gehen uns ganz schön auf den Geist, gerade weil wir spüren, dass sie dem Protagonisten im Weg stehen. Holden Caulfield aus Salingers *Der Fänger im Roggen*, Olive Kitteridge aus Elisabeth Strouts *Mit Blick aufs Meer* –, Patty Berglund aus Jonathan Franzens *Freiheit*, der verzogene, grausame, vorurteilsbehaftete Teenager aus Elsa Morantes *Arturos Insel*, wie oft mag man sie schütteln ob ihrer Borniertheit, ihrer Unbelehrbarkeit, ihres Handelns wider den gesunden Menschenverstand. Interessant sollte ihr Protagonist sein, faszinierend, mit Ecken und Kanten, einem rauem Äußeren, das, wie wir sogleich erahnen, aus schlimmen Erfahrungen resultiert, bei dem wir den verletzlichen guten Kern, den er weggeschlossen hat, zu spüren meinen, jemanden, bei dessen Wiederherstellung des seelischen Gleichgewichts wir live dabei sein dürfen. Ein fehlerhafter Mensch, bei dem nicht alles verloren ist. Einer, der wie wir selbst nicht perfekt ist. Einer, der das Potenzial zur Entwicklung hat, ja, sich entwickeln muss, damit wir und andere ihn wieder sympathisch finden. Ein Paradebeispiel für solch einen Protagonisten finden wir in *Miss Lonelyhearts* von Nathaneal West. Obwohl er ein so zynischer, pessimistischer Mensch ist, schreibt er beruflich für den Kummerkasten einer Zeitung und ist sehr beliebt, weil seine Ratschläge in den meisten Fällen die Hilfesuchenden wirklich zu trösten scheinen, das trägt zu seiner Komplexität bei – und erklärt sie auch. Oder denken Sie nur an *Lolita*; es ist die Geschichte eines Pädophilen, mag sein Opfer auch noch so frühreif sein; wir verfolgen mit großem Interesse, wie ein erwachsener Mann ein Kind verführt und sprichwörtlich über Leichen geht, um an sein Ziel zu kommen. McMurphy aus *Einer flog übers Kuckucksnest* ist auch nicht der ideale Schwiegersohn, und dennoch ist es seine

Geschichte, die wir gespannt verfolgen, und wir stehen auf seiner Seite, mag er auch noch so gemein zu den anderen Patienten sein. Kafkas Protagonisten sind das Gegenteil von sympathisch, nicht mutig, nicht entschlossen, würde man ihnen im echten Leben begegnen, drehte man ihnen ziemlich schnell den Rücken zu; wer hat nicht mehrmals gedacht, dass Josef K. selbst an seiner Misere schuld ist, es ihm sogar ein wenig gegönnt, dass ihm eine Lektion erteilt wird, schließlich kann man so auch wirklich nicht leben? Wer hat sich nicht über die Passivität des Besuchers der Strafkolonie geärgert? All diese Protagonisten haben etwas, das uns ärgert, sie sind feige oder niederträchtig, sie haben eine dunkle, unberechenbare Seite, und dennoch – oder gerade deshalb – können wir solche Bücher nicht mehr beiseitelegen, denn wir wollen wissen, was aus solchen Menschen wird. Die Geschichte eines Dalai Lama oder einer Mutter Theresa interessiert uns nur, wenn Dinge zum Vorschein kommen, die im Widerspruch zu dem stehen, was sie in der Öffentlichkeit verkörpern.

Die uns am meisten faszinierenden Protagonisten, deren Entwicklung wir mit Spannung und Mitgefühl verfolgen, sind jene, die sich am Anfang der Geschichte auf dem Weg zur Isolation befinden, und die Dinge, die ihnen passieren, sie zwingen, sich zu entscheiden, ob sie wieder Anschluss an ihre Umgebung finden wollen oder nicht. Alle Protagonisten, die ich vorhin aufgezählt habe, sind Menschen, die an ihrem Umfeld (Arbeitsstelle, Gesellschaft, Schule, Ehe) immer mehr verzweifeln, aus ganz unterschiedlichen Gründen, aber noch nicht komplett aufgegeben haben – sonst hätten sie sich schon umgebracht oder die Bombe gezündet. Am Ende wollen die Leser wissen, ob diese Protagonisten wieder einen Schritt auf ihre Umgebung zumachen und erkennen, dass sie zwar nicht perfekt ist, aber dass sie auch ihre guten Seiten hat, oder sich ganz abwenden. Deswegen hat das Ende von vielen Geschichten Raymond Carvers oft einen schockierenden Effekt, weil er kurz vor diesem für uns befriedigenden Ausgang abbricht und uns nichts als einen *Freeze Frame* anbietet – François Truffaut benutzte dieses Stilmittel, bei dem der Effekt entsteht, dass der Film angehalten wird, zum Beispiel in *Sie küssten und sie schlugen sich.*

Lassen Sie Ihren Protagonisten durch das Tor mit Pech gehen, genauso wie Sie den Antagonisten auch einmal durch das Goldtor führen sollten. Bei Märchen mag es noch eindeutig gewesen sein, wer der Gute und wer der Böse ist und wen wir am Ende gern als Sieger hätten, aber in Ihren Geschichten sollten Sie fantasievoller sein und uns überraschen, sodass wir unser Urteil immer wieder überdenken müssen.

Motivation

Eine Geschichte wird erst interessant, wenn es ein Problem gibt. John Le Carré hat dazu geschrieben: *»Eine Katze liegt auf der Decke« ist keine Geschichte. »Eine Katze liegt auf der Hundedecke« ist eine Geschichte.* Wir brauchen den Konflikt, um eine Geschichte zu erzählen. Diesen Konflikt müssen wir genau studieren, steuern und am Ende lösen.

Um einen Konflikt überzeugend erzählen zu können, müssen wir die Motivation der Charaktere kennen. Ich sitze schon eine ganze Weile an der Geschichte eines 17-jährigen, der das Mädchen, in das er verliebt ist, unter dem Vorwand, sich von ihr Mathe erklären zu lassen, mit nach Hause nimmt. Es gibt ein paar amüsante Missverständnisse, der Dialog ist frisch, die beiden Jugendlichen sind komplex. Trotzdem bewegte die Geschichte mich nicht, und solange sie das nicht tut, würde sie meine Leser auch nicht bewegen.

Der Schlüssel zu meinem Problem war folgender: Ich hatte mir nicht genug Gedanken über die Motivation des Mädchens gemacht. Mein verknallter Protagonist wollte unbedingt das Mädchen küssen, aber was das Mädchen wollte, hatte ich mir nicht überlegt. Wenn nur einer am Seil zieht, haben wir keine Geschichte, der andere muss auch ziehen, und zwar in die entgegengesetzte Richtung. Ich musste also herausfinden, wieso das Mädchen auf seine Einladung eingehen wollte. Weil sie in ihn verknallt ist? Schön, dann haben die beiden sich gefunden, aber was ist mit meinem Konflikt? Kein Konflikt – keine Geschichte.

Der schwere Weg zum Ziel

Im wirklichen Leben würden wir nach ein paar Niederlagen aufgeben, aber in unseren Geschichten müssen wir dafür sorgen, dass unser Protagonist weiterkämpft. Rache, Liebe, Hass, Neid, Verlust, Trauer, ein Versprechen, Rivalität, Rebellion, Ehrgeiz oder der Wunsch zu überleben motivieren unseren Protagonisten, seinen nicht selten aussichtslosen Kampf weiterzuführen.

Das Ziel des Protagonisten hilft Ihnen dabei, Ihrer Geschichte eine klare Struktur zu geben. Es wird Ihnen leichter fallen, die entsprechenden Szenen zu finden, in denen er die Hindernisse, die ihm seine Antagonisten in den Weg gelegt haben, überwinden muss. Hat der Protagonist kein Ziel, so haben Sie Schwierigkeiten mit Ihrer Geschichte. Das Ziel gibt die Richtung vor. Sie müssen nicht jedes Detail wissen, bevor Sie sich an die Erstfassung setzen. Wir haben oft Einfälle, wenn wir nicht damit rechnen, deswegen halten Sie Ihren Notizblock parat, auch in der Nacht. Es kann passieren, dass Sie wochenlang nach einem Grund suchen, warum Ihr Protagonist dieses oder jenes macht, und dann wissen Sie plötzlich, was ihn dazu gebracht hat. Sie entdecken eine neue, überraschende Seite an ihm, die alles in ein neues Licht taucht. Und dann wissen Sie auch, was sich am besten als Angriff auf seine Persönlichkeit anbietet, bei welcher Bemerkung er zu zittern anfangen würde oder zu rennen. Ein wichtiges Detail fällt wie vom Himmel, während Sie mit Freunden im Park frühstücken. Während Sie den Küchenboden wischen oder Ihrem Sohn bei den Hausaufgaben helfen. Während Sie am Samstagabend kurz vor Ladenschluss beim Supermarkt an der Kasse warten müssen.

Lassen Sie sich Zeit. Erzwingen Sie nichts, aber bleiben Sie mit Ihren Gedanken bei der Geschichte (wahrscheinlich sind sie das sowieso). Denken Sie an Ihren Protagonisten wie an Ihren Partner und stellen Sie sich vor, er würde für ein paar Tage wegfahren. Stellen Sie sich vor, er hätte einen Brief liegen gelassen. Es ist kein Liebesbrief, aber Sie kennen den Verfasser nicht und auch das, was in dem Brief steht, gibt Ihnen das Gefühl, dass Ihr Partner eine Seite hat, die ihn nach all den gemeinsamen Jahren erschreckend fremd vorkommen lässt. Und das vordergründige Ziel Ihres Partners ist, dass Sie diese Seite an ihm niemals entdecken.

In David Cronenbergs *A History of Violence* geht es genau darum. Wenn wir einmal der Meinung sind, dass wir jemanden gut kennen, wollen wir den noch so klaren Beweisen keinen Glauben schenken, die uns ein ganz anderes Bild liefern. Können wir einen geliebten Menschen auch akzeptieren, wenn er nicht so ist, wie wir dachten? Was, wenn diese fremde Seite ihn noch attraktiver macht, obwohl wir sie eigentlich verabscheuen? Können wir mit dieser neuen Person leben? Haben wir selbst eine Seite, die wir vor anderen verbergen wollen? Gibt es Ereignisse, die wir verdrängt haben, und die nur bestimmte Menschen aus der Vergangenheit kennen? Was, wenn einer davon plötzlich vor uns auftaucht und uns an etwas erinnert, was wir getan haben? Was, wenn uns nach und nach klar wird, dass wir nicht die Person sind, für die wir uns gehalten haben? Die wenigsten von uns beschäftigen sich kritisch mit ihrer Vergangenheit, und selbst die Psychologie arbeitet immer weniger analytisch, sondern am Verhalten. Aber wenn wir dazu gezwungen würden, uns mit der Tiefe unserer Seele auseinanderzusetzen, würden wir vermutlich alle einen Schock bekommen.

Seien Sie neugierig. Fragen Sie sich, welches Geheimnis der Blumenhändler, die Lehrerin Ihrer jüngsten Tochter, Ihr Chef haben könnte. Fragen Sie sich, wie er reagieren würde, wenn es herauskäme. Dann gehen Sie zurück zu Ihrem Protagonisten: Was ist sein innerstes Geheimnis und was würde er dafür tun, dass keiner etwas davon erfährt?

Ziel und Konflikt

Ein Protagonist muss ein Ziel haben, damit die Antagonisten diesem Ziel in die Quere kommen können. Wird das Ziel nach kurzer Zeit und ohne Mühe erreicht, haben wir einen glücklichen Protagonisten, aber keine Geschichte. Wir müssen alles dafür tun, dass er sein Ziel nicht erreicht und dafür brauchen wir Gegenspieler, die Antagonisten. Es gibt innere und äußere Antagonisten, die dafür sorgen, dass Ihr Protagonist ständig geärgert wird. Mit dem inneren Antagonisten, der Tatsache, dass unser Protagonist sich selbst im Weg steht, lassen wir ihn erst einmal allein. Wir beschäftigen uns jetzt mit dem äußeren Antagonisten, der es im Grunde gar nicht böse meint, aber allein durch seine eigenen Bedürfnisse denen des Protagonisten in die Quere kommt.

Es führt zum Konflikt, wenn jemand bewusst oder unbewusst etwas tut, was den anderen verletzt oder dessen Bedürfnisse ignoriert. Zwei Menschen, die in einer Beziehung sind, in einen abgeschlossenen Raum zu platzieren, bedeutet Krieg; im wahren Leben dauert es vielleicht länger, bis es eskaliert, in Ihrer Geschichte sorgen Sie dafür, dass es knallt, und zwar in jeder Szene. Oft reicht schon ein geschlossener Raum, um Konflikte aufzubringen, dazu müssen sich die Menschen noch nicht einmal kennen. In Sherman Alexis Geschichte »Der härteste Indianer der Welt« nimmt ein bestens assimilierter Indianer einen mit, der es (mental) nicht aus dem Reservat geschafft hat, und selbst wenn die beiden sich vorher noch nie begegnet sind, tragen ihre Persönlichkeiten dazu bei, dass sie zu Gegnern werden. Es ist egal, ob Sie Ihren Protagonisten mit einer anderen Person in ein Auto, einen Fahrstuhl oder auf einen Balkon setzen, diese andere Person wird zum Gegner, sobald sie den Mund aufmacht – oder schweigt, obwohl sie den Mund aufmachen sollte.

Stellen wir uns folgende Situation vor: Stefan will seinen Urlaub an einem einsamen See in Schweden verbringen, seine Frau Katja möchte gern das Angebot eines befreundeten Pärchens annehmen, mit ihnen auf einem Campingplatz auf Korsika Urlaub zu machen. Keiner von beiden will dem anderen bewusst wehtun, aber beide möchten ihren einzigen Urlaub im Jahr so verbringen, dass er ihnen genügend Kraft gibt das folgende Arbeitsjahr zu überstehen. Wären beide vernünftig, könnten sie beschließen, getrennt zu verreisen, das sollte ihnen eigentlich nichts ausmachen, da sie zusammen wohnen und sowieso viel Zeit miteinander verbringen. Aber wir sind selten vernünftig, wenn es um Gefühle für einen Menschen geht, der uns nahesteht.

Fragen Sie sich, was hinter den Wünschen Ihrer Charaktere stehen könnte: Warum will Stefan mit Katja allein sein? Geht es ihm wirklich nur um das Angeln? Hätte er vielleicht gar nichts dagegen, wenn sie getrennt verreisen würden? Ist genau das Katjas Problem? Welches Bedürfnis will Katja befriedigen, wenn sie mit Bernd und Maria auf einen Campingplatz fährt? Sie hat ein großes Interesse daran, den Urlaub mit diesen beiden zu verbringen. Vielleicht langweilt ihr Mann sie, vielleicht mag sie keinen Fisch und ihr wird allein bei dem Gedanken schlecht, dass sie drei Wochen Fisch essen muss. Vielleicht ist sie in Bernd verliebt. Vielleicht weiß sie, dass Maria und ihr Mann ein Verhältnis haben und will die beiden auf die Probe stellen.

Wenn Sie Stefan vorschlägt, mit den beiden zusammen Urlaub zu machen, weiß dieser nichts von ihrer Motivation (vielleicht weiß sie es selbst nicht). Sie könnten nach einem Kompromiss suchen: Stefan könnte vorschlagen, dass sie zu viert an den einsamen See fahren. Katja könnte vorschlagen, dass sie einen Campingplatz am See suchen, der Anglern besonders empfohlen wird. Aber auch im wirklichen Leben ist es meistens nicht so einfach. Wir haben unsere Gründe, warum wir an unseren Positionen festhalten. Wir sind stolz oder stur, wir sind misstrauisch oder ängstlich. Es kann auch sein, dass wir nicht erkennen, worum es eigentlich geht. In Konfliktsituationen gehen wir selten darauf ein, was der andere denkt. Meistens hören wir noch nicht einmal richtig zu. Wir beharren auf unserer Position und rücken keinen Millimeter davon ab, egal wie albern und kindisch wir uns benehmen.

Werte und Identität

Unsere Motivation wird durch unser Wertesystem gesteuert. Wir haben etwas versprochen – uns selbst gegenüber oder einer dritten Person – und deswegen geben wir nicht nach. Wir bezeichnen uns als jemanden, der immer die Wahrheit sagt, und deshalb machen wir bei dieser Lüge nicht mit. Moralische Gründe wie Ehrlichkeit, Respekt, Pflichtbewusstsein können unsere Motivation sein.

Nehmen wir an, dass hinter Katjas Wunsch, mit ihren Freunden zusammen Urlaub zu machen, der Wunsch steckt, den beiden zu helfen, ihre Ehe so zu retten. Hinter diesem Wunsch steckt Katjas

Überzeugung, dass es sich lohnt, für eine Beziehung zu kämpfen. Wenn sie zu viert sind, kann sie den beiden zeigen, wie sie und ihr Mann eine schwere Phase gemeinsam überstanden haben. Als nächstes müssten wir die Gründe herausfinden, die Stefan dazu bewegen, seinen Urlaub zu zweit am See verbringen zu wollen. Vielleicht will er seiner Beziehung wieder neue Kraft geben, nachdem sie durch eine schwierige Phase gehen mussten. Vielleicht hilft dieselbe Ursache, die hinter ihren gegensätzlichen Bedürfnissen steht, dass die beiden trotzdem einen Kompromiss finden.

Wenn wir die Ursachen für die unterschiedlichen Haltungen kennen, werden der Konflikt und der Lösungsweg bzw. die Lösung komplexer. Aber diese Komplexität kann den Konflikt natürlich auch schwerwiegender und tiefgehender machen. Ein ursprünglich nebensächlicher Konflikt kann zum Ende von Katjas und Stefans Ehe führen. Er kann der Anfang von einem zermürbenden Scheidungskrieg sein, vor allem, wenn beide nicht mehr in der Lage sind, die Situation mit Abstand zu betrachten. Sie verstricken sich in immer seltsamere Argumentationen, die ihnen noch mehr Recht zu geben scheinen und die sie noch mehr auf ihrer jeweiligen Position verharren lassen. Hier haben wir unseren Plot.

Menschen sind besonders empfindlich, wenn es um ihre Identität geht. In Bezug auf unser Pärchen ist es ziemlich wahrscheinlich, dass es eigentlich gar nicht um den Jahresurlaub geht, sondern um die Bewahrung der eigenen Identität, die durch dieses Thema in Frage gestellt werden kann. In dem Fall kann ein harmloser Konflikt zu einer Explosion führen.

Was uns Menschen am meisten beschäftigt sind Fragen wie: Bin ich ein guter Mensch? Bin ich kompetent? Bin ich liebenswert? Alle Menschen haben emotionale Grundbedürfnisse:

- Wir brauchen es, dass andere uns schätzen, dafür, was wir tun und dafür, wie wir denken und fühlen; wenn andere unsere Person, unsere Liebe für selbstverständlich nehmen, werden wir zu einer tickenden Zeitbombe.

- Wir müssen uns zugehörig fühlen. Wir wollen dabei sein, wenn etwas passiert oder etwas entschieden wird. Wenn wir ausgeschlossen werden, werten wir das als einen Angriff auf unsere Persönlichkeit.
- Wir brauchen es, uns autonom zu fühlen. Wir wollen nicht herumkommandiert werden und wir wollen unsere eigenen Entscheidungen treffen.
- Wir sorgen uns um unsere Position in der Gruppe. Das betrifft nicht nur den Status, sondern alle Bereiche.

.... *Wenn wir wissen, welche dieser Bedürfnisse unseren Charakteren am meisten Sorge bereiten, können wir Szenen erschaffen, in denen sie authentisch um sie kämpfen.* ....

Die Frage nach der Identität lässt sich gut skizzieren, wenn man die klassischen fünf Persönlichkeitstypen aus der Psychologie zu Rate zieht. Diese Persönlichkeitsmerkmale beziehen sich auf das Verhalten und die Einstellung eines Menschen und definieren ihn mehr oder weniger sein ganzes Leben.

- Extro-/Introversion: ruhig oder lebhaft, zurückhaltend oder kontaktfreudig, schüchtern oder fröhlich, in sich gekehrt oder gern in Gesellschaft
- Verträglichkeit: misstrauisch oder vertrauensvoll, wettbewerbsorientiert und durchsetzend oder nachgiebig, mehr oder weniger hilfsbereit
- Gewissenhaftigkeit: unverkrampft oder penibel, flexibel und lässig oder sorgfältig, ehrgeizig und pflichtbewusst
- Emotionale Stabilität: besorgt, angespannt und ängstlich oder selbstsicher, gelassen und stressstabil
- Offenheit: engstirnig, traditionsbewusst und pragmatisch oder neugierig, fantasievoll und kreativ

Diese Züge sind bei jedem von uns in unterschiedlichem Maße vorhanden und unsere Aufgabe als Schriftsteller ist es, sie für unsere Charaktere zu entwickeln, oder falls Sie ihre Charaktere schon vor Augen haben, herauszufinden, was für Persönlichkeiten sie sind. Manche Konflikte sind situationsspezifisch, aber wenn unterschiedliche Persönlichkeiten miteinander zu tun haben, gibt es irgendwann Momente, wo die unterschiedlichen Eigenschaften aufeinanderprallen – und sei es allein dadurch, dass das Verständnis für ein gewisses Verhalten nicht mehr da ist oder noch nie da war. Ist Stefan eher der introvertierte Typ, kann ein Urlaub auf einem Campingplatz für ihn eine Horrorvorstellung sein, auch wenn er sonst gern einen Abend mit Bernd und Maria in der Bar verbringt. Braucht Katja den Beistand anderer, um mit Stefan Tacheles zu reden? Finden Sie die Ursache der Bedürfnisse heraus und Sie können den Konflikt komplex und hoffnungslos gestalten und damit ganz nebenbei einen spannenden Plot entwickeln.

In Jhumpa Lahiris Kurzgeschichte »Eine vorübergehende Sache« gerät ein Ehepaar in Konflikt, deren gegensätzliche Charaktere vorher nie wirklich problematisch waren, mit Nachsicht akzeptiert und sogar als liebenswürdig betrachtet wurden, aber die Totgeburt ihres Babys stellt ihre Beziehung das erste Mal in Frage. Durch einen Stromausfall können die beiden sich nicht mehr aus dem Weg gehen und müssen den Konflikt austragen; der geschlossene Raum ist hier der von einer Kerze beleuchtete Abendbrottisch. Bei Stefan und Katja war es der Urlaub. Schaffen Sie eine Situation, in der der Protagonist und der Antagonist gezwungen werden, gegeneinander zu kämpfen. Die meisten Menschen sind keine geborenen Krieger, die meisten wollen lieber in Ruhe gelassen werden. Sorgen Sie dafür, dass Ihre Charaktere zu Kriegern werden, egal wie bequem sie sonst sind.

Die Bürden der Vergangenheit

Um den Konflikt richtig zu steuern, müssen Sie wissen, welche Erfahrungen Ihre Charaktere gemacht haben. Inwieweit sind ihre Bedürfnisse bis jetzt gestillt worden? Wie war die Kindheit, die Zeit, in der der Mensch am anfälligsten ist? Wurde Ihr Protagonist in der Schule gemobbt? War er Schülersprecher? Wie war die Jugend? Die erste Liebesbeziehung? Vor allem negative Erfahrungen wiederholen sich, und vielleicht ist Ihre Geschichte der richtige Moment für den Protagonisten zu sagen: »Jetzt reicht's.«

Die Vergangenheit der Charaktere ist voller Rohdiamanten, die Sie schleifen sollten, auch wenn nur manche davon in Ihrer Geschichte auftauchen, nämlich die, die für das Thema relevant sind. Sie wissen Bescheid und können das Verhalten und die Gedanken Ihrer Charaktere dementsprechend entwickeln. Wenn Sie ein paar Szenen geschrieben haben, in denen die Persönlichkeit Ihrer Charaktere angegriffen wird, können Sie die Geschichte besser erzählen. Jhumpa Lahiri schafft es, auf sehr geschickte Weise in Rückblicken zu erzählen, welche Ereignisse dazu geführt haben, dass aufgrund einer vorübergehenden Sache auch die Ehe von Shukumar und Shoba vorübergehend sein wird. Die Totgeburt allein reicht nicht aus, um zu verstehen, warum die beiden Eheprobleme haben. Wir müssen tiefer gehen, in jeden einzelnen, zurück in die Zeit, als die beiden sich noch nicht gekannt haben. Wir müssen erforschen, welche Erfahrungen die beiden als Kinder gemacht haben, um zu verstehen, wie sie sich als Eltern fühlen, deren Kind nicht überlebt hat.

Der wohl berühmteste Anwalt in der Literatur, Atticus Finch aus *Wer die Nachtigall stört*, riet seiner Tochter Scout, der Protagonistin des Romans, dass sie andere Menschen nur verstehen könne, wenn sie in ihre Haut schlüpfe und darin herumlaufe. Dazu gehören auch die Päckchen – mögen sie auch noch so schwer sein –, die wir noch aus der Vergangenheit mit uns herumtragen. Deswegen sollten wir immer auch Szenen über die Zeit schreiben, die lange vor der eigentlichen Geschichte stattgefunden haben, auch wenn sie nicht darin auftauchen. Es ist niemals Zeitverschwendung, für Ihre Charaktere solche »unsichtbaren« Szenen zu entwickeln; sie schweben zwischen den Zeilen und sie sind es, die sich im Unbewussten des Lesers festsetzen.

Die Entwicklung des inneren Konflikts

Um die Stellen herauszufinden, an denen unser Protagonist besonders empfindlich ist, schreiben wir Szenen, in denen Antagonisten sich bewusst oder unbewusst diesen nähern. (Betrachten Sie diese Szenen zuallererst als Übungen, die Sie ganz unabhängig von Ihrer Geschichte machen, aber sollte sie am Ende in die Geschichte passen, können Sie sie natürlich einfügen.) Es braucht viele dieser »Übungsszenen«, um sich ein Bild zu machen, wie Ihr Protagonist tickt, wenn er in eine für ihn prekäre Situation gerät. Und genau da wollen Sie ihn haben. Sie wollen ihn nicht am Freitagabend gemütlich vor dem Fernseher sitzen lassen, während seine Frau ihm die Füße massiert. Sie wollen ihn in höchstem Grade angespannt haben, mit einem im tiefsten Inneren schwelenden Konflikt, den er schon lange mit sich herumträgt. Aber die Zeit der Späße ist vorbei, denn Sie sorgen dafür, dass jemand genau dort ansetzt.

ÜBUNGEN

- Nehmen Sie sich drei Bücher vor und beschreiben Sie Protagonisten inklusive Konflikt, Motivation und Wunde, und nennen Sie die wichtigsten Antagonisten.
- Nehmen Sie sich eine Ihrer Geschichten vor und gehen Sie den Charakterfragekatalog mit dem Protagonisten und mindestens einem der Antagonisten durch.
- Machen Sie sich Gedanken zu Konflikt und Motivation Ihres Protagonisten. Bestimmen Sie seinen wunden Punkt. Bestimmen Sie die Antagonisten, die ihn bewusst oder unbewusst dazu bringen, sich diesem zu stellen.

LEKTION 3

Die Struktur einer Geschichte

Legt ein Leser Ihre Geschichte nach wenigen Seiten enttäuscht beiseite, ist er nicht zu prüde, zu dumm oder zu beschäftigt, sondern Sie haben es nicht geschafft, eine gute Geschichte zu schreiben. Es liegt nicht am falschen Thema oder daran, dass der Leser sich nicht mit Ihrem Protagonisten, einem pädophilen, Opern liebenden Schlachtermeister anfreunden konnte, sondern daran, dass Sie dessen Geschichte nicht so erzählt haben, wie sie es erfordert. Damit eine Geschichte spannend bleibt, muss sie auf eine Art und Weise erzählt werden, die den Zuhörer in die Handlung miteinbezieht. Er muss sie miterleben dürfen. Das kann er nur, wenn er sich permanent fragen muss, was als nächstes passiert, und warum das eine Ereignis zu dem nächsten führt.

Wenn Sie am Anfang Ihrer Geschichte eine Frage suggerieren, mit der Sie Ihren Protagonisten losgehen lassen, eine Frage, die Sie am Ende Ihrer Geschichte beantworten werden, geben Sie Ihrem Leser einen triftigen Grund, bis zum letzten Satz lesen zu wollen. Diese Frage ist die Kraft, die alle Elemente der Geschichte zusammenhält und auf die Auflösung zutreibt. Ist diese Frage beantwortet, sind wir am Ende der Geschichte angekommen.

Im Englischen nennt man diese Frage Major Dramatic Question. Ich werde im Folgenden die Abkürzung MDQ benutzen. Die MDQ wird am Ende mit *ja*, *nein* oder *vielleicht* beantwortet. Lautet sie »Schafft Odysseus es, lebend nach Ithaka zurückzukehren?«, kann die Antwort nicht sein, dass er einen Sack Gold findet, die Besitzerin heiratet und zwanzig Kinder mit ihr bekommt, sondern unsere Antwort ist: Ja, er schafft es, lebend nach Ithaka zurückzukehren. Für Scarlett O'Hara aus *Vom Winde verweht* haben wir ein klares Nein auf die Frage, ob sie Ashleys Liebe gewinnen wird, und weil wir wissen wollen, ob sie es schafft oder nicht, lesen wir Seite um Seite, bis wir zur letzten kommen.

Lassen Sie Ihren Protagonisten, gern auch in einer Übungsszene, sein Ziel klar formulieren, in einem Gespräch, als Tagebucheintrag, in seinen Gedanken. Donna Tartt zeigt nicht nur überaus deutlich, wie ihr Protagonist in *Der Distelfink* mit Problemen umgeht, sie lässt es ihn auch mehrmals erwähnen – der Jugendliche hat im Abstand von zwei Jahren unter tragischen Umständen beide Eltern verloren, muss von seinen temporären Zufluchtsstätten immer wieder fliehen, verliert immer wieder die wenigen Freunde, die er hat, und fängt mit vierzehn Jahren an, sich täglich mit Alkohol und Drogen zu benebeln. »Ich konnte tun, wonach mir war. Ich hatte es schon einmal getan: alles ausblenden und vorwärts marschieren.« Oder an anderer Stelle: »Ich wollte bloß durchkommen, den Kopf über Wasser halten.« Jedes Hilfegebot wird abgelehnt, niemals hören wir ihn um etwas bitten, alles wird kommentarlos hingenommen, als stünde er 24 Stunden am Tag unter Valiumeinfluss. Solch ein Zombiedasein kann auf Dauer nicht gut gehen, und so fiebern wir die ganze Zeit mit, dass es endlich einer der Antagonisten schafft, diesen Jungen zu schütteln und zurück zu den Lebenden zu bringen, aber im Nacken sitzt gleichzeitig die Angst, dass er bei den Toten landet, so wie er sich benimmt. Weil wir aber die Hoffnung haben, dass Menschen auch unter noch so schwierigen Umständen überleben können und weil wir wissen wollen, ob er es am Ende schafft, wieder so etwas wie ein glückliches Leben zu führen, mit einem Zuhause, in dem er geliebt und akzeptiert wird, verschlingen wir die mehr als tausend Seiten an einem Wochenende, und das im Zeitalter von Whatsapp, NetfliX, und ständiger Erreichbarkeit.

Ursache und Wirkung

Das Geschichtenerzählen steckt in uns allen, wir sind damit groß geworden; würde man uns eine Pistole an die Brust halten und wir könnten nur mit einer Geschichte unser Leben retten, es würde uns gelingen. Wir brauchen kein besonderes Talent, um Geschichten zu erzählen, wir brauchen nur den Mut, das aus uns herauszuholen, was seit unserer frühesten Kindheit in uns gewachsen ist. Wir müssen uns umsehen, zum Beobachter werden, und wir finden eine Fülle von Geschichten. Dann müssen wir einfach erzählen, was wir sehen, und unsere Zuhörer wollen wissen, wie es weitergeht. Aber wie wir die Ereignisse aneinanderreihen, passiert in erster Linie nicht chronologisch, sondern nach dem »Ursache und Wirkung«-Prinzip. Wenn wir Fakten haben, suchen wir automatisch nach deren Verknüpfung, wir wollen wissen, warum ein Ereignis zum nächsten führt, und wir wollen spüren, dass dieses Ereignis unvermeidlich ist.

Wir beginnen mit dem Konflikt und führen die einzelnen Ereignisse nach Kausalität zusammen. Bei allen Ereignissen wählen wir nur diejenigen auf der Zeitschiene, die für den Konflikt relevant sind. Der Spannungsbogen diktiert, welche Ereignisse wann erzählt werden.

Der Leser nimmt den Stoff auf zweierlei Arten auf: er sieht ihn isoliert als neuen Fakt und in Relation zu dem, was auf den restlichen Seiten steht. Vielleicht versteht er noch nicht alles sofort, aber er kann sich gedulden, bis er alle Teile zu einem Ganzen zusammenfügen kann. Der Leser ist ständig bereit, neu zu ordnen und neu zu entscheiden, aber er wendet sich ab, wenn er das Gefühl hat, man wolle ihn mit Absicht in die Irre führen oder ihm etwas vorenthalten. Wie bei einem Puzzle ist jedes Teil notwendig, hat nur einen richtigen Platz und es darf kein einziges Teil fehlen.

Gehen Sie jedes Mal, wenn Sie sich ans Schreiben setzen, davon aus, dass Sie einen intelligenten, kritischen, selbstbewussten Menschen vor sich haben, mit dessen Zeit und Geduld Sie nie fahrlässig umgehen würden. Sie wollen ihn nicht maßregeln oder belehren, Sie wollen ihn nicht verwirren oder ihn mit melodramatischen Gefühlsausbrüchen verärgern. Sie wollen ihm eine Geschichte präsentieren, die es wert ist, dass er Zeit und Mühe darauf verwendet, sie zu lesen. Eine Geschichte mit einer ausgearbeiteten Struktur anstatt eines heillosen Durcheinanders, das Ihr Leser erst einmal sortieren muss.

Der Aufbau des Plots

Viele Schriftsteller verlassen sich darauf, dass die Geschichte von ihrem Protagonisten getragen wird, aber auch ein komplexer, hochinteressanter Charakter wie Salingers Holden Caulfield reicht nicht aus, um eine spannende und berührende Geschichte zu erzählen. Gute Geschichten brauchen eine sinnvolle Anordnung von Ereignissen, die auf eine Auflösung zusteuern. Das Leben mag interessant und spannend sein, aber es verfügt selten über einen Plot. Hier beginnt die Arbeit des Schriftstellers:

.... ***Das reale Ereignis wird so transformiert, dass es eine allgemeingültige Aussage bekommt, und so strukturiert, dass ein Plot daraus wird.*** ....

Ein guter Plot basiert auf der Drei-Akt-Struktur des klassischen Dramas: Der erste Akt führt den Protagonisten und die Umgebung ein, auch Exposition genannt, und erzählt von dem Ereignis, dem Auslöser, der die Geschichte ins Rollen bringt. Der zweite Akt schildert den zunehmenden Kampf des Protagonisten und führt im dritten Akt zur Krise mit abschließendem Höhepunkt und Auflösung der Geschichte.

.... ***Motivation, Entscheidung und Veränderung sind die wichtigsten Bestandteile des Plots. Der Motor des Plots ist der Konflikt.*** ....

Schauen wir uns Adam Hasletts »Der Ursprung der Verzweiflung« diesbezüglich einmal an: Im ersten Absatz wird uns der Protagonist vorgestellt, ein Ich-Erzähler im vorletzten Jahr an der High School, und wir erfahren sofort, dass seine Mutter sich ein Jahr zuvor umgebracht hat. Die eigentliche Geschichte wird durch den tödlichen Verkehrsunfall – vermutlich auch ein Selbstmord – des Vaters ins Rollen gebracht. Nun muss der Protagonist zu seinen Nachbarn ziehen, Mutter und Tochter, die jüngere über sechzig. Der Wunsch unseres Protagonisten ist, die Zuneigung seines Mitschülers Gramm zu gewinnen, der ihn im Gegensatz zu den anderen nicht ignoriert, sondern wegen seiner Homosexualität demütigt. Das, was unseren Protagonisten antreibt, ist die Liebe zu Gramm, und dass dieser zunehmend brutaler reagiert, scheint unseren Protagonisten nur noch mehr anzutreiben. Allerdings weckt Gramm auch immer wieder Hoffnung, indem er sich auf Unterhaltungen einlässt, wenn die beiden allein sind, oder ihn sogar einlädt, als seine Mutter eines Nachmittags außer Haus ist. Vordergründig handelt es sich also um eine Liebesgeschichte, zugegeben keine alltägliche, aber im Kern geht es darum, dass unser Protagonist endlich seine Trauerarbeit beginnt, wie auch schon im Titel deutlich wird. Gramm wie auch alle anderen Antagonisten in dieser Geschichte dienen allein dem Zweck, den Protagonisten dazu zu bringen, um seine Eltern zu weinen.

Die Reise des Protagonisten

Geschichten haben zwei Umgebungen: Am Anfang befindet sich der Protagonist in der gewohnten Umgebung, in der er gelernt hat, mehr oder weniger zurechtzukommen. Zeigen Sie dem Leser, wer Ihr Protagonist ist und wo er sich gerade befindet. Nach dem Anfang bewegt er sich auf eine neue Welt zu, eine, in der sein normales Verhalten und seine Strategien nicht mehr funktionieren.

Der Schlüssel zum Plot ist der sehnliche Wunsch des Protagonisten. Holden Caulfield aus *Der Fänger im Roggen* macht sich auf den Weg nach New York, um jemanden zu finden, der ihn nicht seltsam und den er nicht heuchlerisch findet. Daraus ergibt sich die MDQ: Wird Holden einen Platz finden, an dem er aufrichtig geliebt und mit seiner ganzen Persönlichkeit akzeptiert wird?

Am Anfang Ihrer Geschichte bekommt der Leser einen Einblick in den Alltag des Protagonisten. Wir erfahren, wie seine Beziehungen zu seinen Mitmenschen aussehen und bekommen eine Ahnung von seiner Gefühlswelt. Damit ein Charakter sich ändern kann, muss er sich auf eine Reise begeben. Hat der Protagonist den sicheren Anfang unserer Geschichte verlassen, wartet in der Mitte die neue, fremde Welt, in der er kein Sicherheitsnetz mehr hat. Die alten Regeln gelten nicht mehr. Der Protagonist muss anfangen, alles neu zu überdenken.

.... *In der Mitte, dem längsten Teil der Geschichte, muss eine Szene auf der anderen aufbauen und zunehmend zur Krise führen.* ....

Die eigentliche Geschichte beginnt, wenn der Protagonist sich auf den Weg in die fremde Welt begibt. Überlegen Sie sich, was alles dazu beitragen kann, diese neue Welt feindlich wirken zu lassen. Arbeiten Sie daran, dass jeder Schritt in eine Falle führen könnte. Aber achten Sie auch darauf, dass jeder Schritt, jedes Detail für die Geschichte relevant sein müssen. Es muss für unseren Protagonisten stetig ins »Verderben« gehen: Er wird als neuer Mensch aus der Sache herauskommen und das hat seinen Preis.

In der Mitte der Geschichte geht es vor allem darum, dass der Protagonist sich auf sein Ziel zubewegt. Er erkennt irgendwann, dass niemand ihm helfen wird, dieses Ziel zu erreichen, und dass er neue Fähigkeiten braucht, um voranzukommen. Aber immer wieder stellen sich ihm Hindernisse in den Weg und er muss immer mehr Kampfgeist zeigen. Je mehr und je größer die Hindernisse, umso verbissener der Protagonist. Je mehr er davon abgehalten wird, sein Ziel zu erreichen, umso tiefer die Gefühle, beim Protagonisten und beim Leser. Der Protagonist erkennt nicht nur, dass all sein vorheriges Verhalten nicht mehr zum Erfolg führt, er erkennt auch, dass eine Rückkehr unmöglich ist. Sieht er zurück, fühlt er nur noch Bitterkeit, Traurigkeit, Hass und Schuld. Die Zeit der Ignoranz ist ein für alle Mal vorbei. Ein Beispiel dafür ist Kafkas *Der Prozess*: Der Protagonist ist die ganze

Zeit damit beschäftigt, sich bei anderen (vor allem Frauen) Hilfe zu suchen, aber erst am Ende, kurz vor seiner Hinrichtung, erkennt er, dass die (Er)Lösung nur in ihm selbst zu finden ist – und paradoxerweise ist genau das der Moment, in dem er wieder mit der Welt in Verbindung tritt, von der er sich so entfremdet gefühlt hat. Genauso verhält es sich in Flannery O'Connors Geschichte »Ein guter Mensch ist schwer zu finden«: Die egoistische, selbstverliebte Großmutter zeigt erst ihre gute Seite, als die todbringende Pistole auf sie gerichtet ist.

Gegen Ende der Geschichte würde der Protagonist sich am liebsten in Luft auflösen, aber er weiß, dass er seinen Weg zum Ziel gehen muss, egal, ob er überlebt oder nicht. Er sieht jetzt, dass es die Sicherheitszone nicht mehr für ihn gibt.

Jetzt ist der Moment gekommen, in dem der Antagonist die Überhand zu haben scheint, aber der Protagonist kämpft und kämpft. Der Protagonist zeigt die negativsten Gefühle. Seine Schwächen, die vorher nur angedeutet waren, kommen jetzt vollständig zur Geltung. Der Antagonist ist auf der Höhe, der Protagonist auf seinem Tiefpunkt. Was er noch nicht weiß: Der Antagonist hält ihm nur den Spiegel vor. Die Krise spitzt sich zu. Unser Protagonist wird sich seinem ärgsten Antagonisten stellen müssen – sich selbst.

Der Makel des Protagonisten

Die meisten Menschen haben ein tiefsitzendes Problem, das durch schmerzhafte Erfahrungen in der Kindheit verursacht wurde. Diese Erfahrungen hängen fast immer mit den Menschen zusammen, die man liebt. Um emotional zu bestehen, musste die Psyche Strategien entwickeln. Den meisten Menschen ist gar nicht klar, dass sie dieses tiefsitzende Problem mit sich herumtragen. Wir als Schriftsteller haben bei der Entwicklung unserer Charaktere die Aufgabe, nach diesem Problem zu graben, denn am Ende der Geschichte wird sich unser Protagonist diesem stellen müssen. Ein Protagonist hat also ein oberflächliches Problem, dessen Lösung die Grundlage für den Plot bildet, und ein tiefsitzendes Problem, das nicht nur die Ursache für das oberflächliche Problem ist, sondern den Protagonisten davon abhält, glücklich und erfüllt zu leben.

In einer meiner Geschichten hat die Protagonistin ein gestörtes Verhältnis zu ihrem heranwachsenden Sohn, aber erst die Konfrontation mit einem verwaisten Vater macht ihr bewusst, dass Sie Ihren Sohn »aufgegeben« hat. Warum das so ist, wurde mir erst klar, nachdem ich ihre Beziehung zu ihrer eigenen Mutter entwickelt hatte, und auch wenn diese Details später mit keinem Wort in der Geschichte erwähnt werden, waren sie notwendig, um das tiefsitzende Problem meiner Protagonistin zu erkennen und daraus den Plot zu entwickeln. Viele für eine Geschichte wichtige Szenen sind bei der finalen Version nicht mehr vorhanden, was nicht heißt, dass der Leser sie nicht trotzdem mitbekommt (gerade die unterschwelligen Szenen sind die effektivsten, genauso wie unausgesprochene Worte uns am empfindlichsten treffen können). Deswegen kann ich nur immer wieder dazu raten, beim Erstentwurf den Zensor komplett auszuschalten und alles aufzuschreiben, was einem durch den Kopf geht, mag es auch noch so irrelevant erscheinen, denn oftmals sind es gerade die frühen Entwürfe, die den Hintergrund unserer Charaktere erforschen. Nicht alles muss am Ende erwähnt werden, aber erst einmal müssen wir jeden Einfall zulassen, um unseren Protagonisten kennenzulernen. Erst bei der Überarbeitung entscheiden wir, wie ausführlich wir auf ein Detail eingehen müssen und ob es wirklich wichtig für die Geschichte ist. Aber bevor der Leser die Reise Ihres Protagonisten nachvollziehen kann, müssen Sie selbst sie erst einmal verstehen, Sie müssen wissen, was er verlässt, was er sich von dem Ziel erwartet, und was er geben würde, damit er es erreicht.

.... ***Eine Geschichte handelt davon, wie ein Mensch sich auf den Weg macht, ein von außen kommendes Problem zu lösen, und dabei erkennt, dass das Problem in ihm selbst steckt.*** ....

Die Auswirkungen des tiefsitzenden Problems bezeichnen wir als Makel. Wenn Sie diesen entwickelt haben, können Sie Ihren Protagonisten in Situationen bringen, in denen er damit immer weniger klarkommt. Seine Antagonisten werden allein dafür erschaffen, ihn auf seinen Makel aufmerksam zu machen. Hat er am Anfang noch nicht einmal realisiert, dass er ihn hat, wird er im Laufe der Geschichte zunehmend darauf zurückgeworfen. Er kann seine Schuld an der Misere nicht mehr leugnen. Nicht die anderen haben ihn dahin gebracht, sondern er selbst mit seinem Makel.

Beispiele für Makel

- Angst vor dem Alleinsein
- Geiz
- Arroganz
- Das Gefühl, dass man immer ungerecht behandelt wird
- Neid
- Verklärung der Vergangenheit
- Abwesenheit
- Suchtanfälligkeit
- Unehrlichkeit
- Taktlosigkeit/übertriebene Direktheit
- Heuchelei
- Bigotterie
- Übertriebener Pessimismus oder Optimismus
- Intoleranz
- Ungeduld
- Der ewige Märtyrer
- Angst, Fehler zuzugeben
- Immer die Schuld bei den anderen suchen
- Autoritätsprobleme (Probleme damit, Autoritäten zu gehorchen oder Probleme, sich vor Autoritäten zu behaupten)
- Rachsucht
- Prokrastination
- Bindungsangst (vielleicht, weil man früh Waise geworden ist, aus Angst noch einmal jemanden zu verlieren, den man liebt)

- Übertriebene Angst, das dem eigenen Kind etwas passieren könnte (vielleicht, weil man ein anderes verloren hat)
- Sturheit
- Mangelndes oder übersteigertes Selbstwertgefühl
- Der Wunsch, dass alle einen lieb haben
- Einzelgänger (weil man einmal enttäuscht wurde von jemandem, dem man vertraut hat)
- Übertriebener Aktionismus
- Das Aushalten von sadistischen Menschen (so hat man meist in der Kindheit die Bedeutung von »Liebe« erfahren)
- Übertriebene Angst, andere zu enttäuschen
- Mangelndes (Selbst)vertrauen
- Kontrollsucht
- Gefühlsarmut/ mangelnde Empathiefähigkeit
- Angst vor Veränderungen

.... ***Der Makel entsteht, weil der Protagonist zu einem Zeitpunkt, bevor die Geschichte losgegangen ist, eine große Enttäuschung erlebt hat, an der er sich mitverantwortlich sieht. Als Konsequenz gibt er den Umständen die Schuld an dem, was aus ihm geworden ist. Er sieht keinen Bedarf, sich mit den Ereignissen seiner Vergangenheit auseinanderzusetzen, aber seine Antagonisten zwingen ihn dazu.*** ....

In jeder Szene reagiert der Protagonist auf die Handlungen der Antagonisten. Die Reaktionen spiegeln das, was ihm in der Vergangenheit passiert ist, die Ursache seines Makels. Nach dem Anfang der Geschichte entfernt sich der Protagonist von seiner gewohnten Umgebung (physisch und/oder psychisch) und betritt eine neue Welt (physisch und/oder psychisch), um sein Ziel zu erreichen. Je tiefer er in diese neue Welt dringt, umso mehr Hindernisse stellen sich ihm in den Weg. Seine gewohnten Strategien helfen ihm nicht weiter, er sieht sein Ziel in Gefahr und wird angreifbar, was ihn noch mehr verunsichert. Jede Gefühlsentwicklung führt den Protagonisten ein Stück näher zur Transformation.

.... ***Eine Szene führt zur nächsten. Diese macht alles noch schlimmer. Der Protagonist reagiert in einer Szene auf einen Angriff und diese Reaktion führt zum nächsten Angriff. Der Spannungsbogen bewegt sich kontinuierlich auf den Höhepunkt zu, wird aber immer wieder durch Angriffe gestört.*** ....

Raymond Carvers »Kathedrale« zeigt uns einen Protagonisten mit einem beispielhaften Makel (die »Blindheit« seiner Umgebung gegenüber) und einer sehr bewegenden Transformation am Ende. Der namenlose Erzähler kommt nicht damit zurecht, dass seine Frau von ihrem langjährigen blinden Freund besucht wird. Der Blinde fordert ihn immer wieder dazu auf, aus seiner Passivität herauszukommen und genau hinzusehen, Dinge zu erkennen und wertzuschätzen, er zwingt ihn immer mehr dazu, seine Augen zu öffnen, und am Ende erlebt der Erzähler endlich wieder eine Verbundenheit mit der Welt.

Gerade bei Kurzgeschichten reicht es oft schon aus, wenn ihr Protagonist eine leise Ahnung davon hat, dass das Problem in ihm selbst steckt. Geben Sie Ihrem Leser eine Richtung vor und er wird sich das Ende selber denken, wie es werden könnte, wenn es so oder so weitergehen würde. In jedem Fall haben Sie Ihren Leser dann dahin gebracht, dass er Ihre Geschichte – und Ihren Protagonisten – so schnell nicht wieder vergisst.

.... ***Am Ende Ihrer Geschichte muss der Protagonist sich seinem tiefsitzenden Problem stellen, und nichts Anderem. Die Geschichte kann vordergründig um tausend andere Ereignisse gehen, aber die eigentliche Geschichte ist die Heilung des Protagonisten von seinem inneren Makel.*** ....

Der Antagonist

Wenn wir unseren Protagonisten mit widersprüchlichen Charakterzügen, Ängsten, Schwächen und Sehnsüchten sowie einem konkreten Ziel ausgestattet haben, kommt der nächste Schritt: die Erschaffung all dessen, was sich ihm entgegenstellt, die Aufstellung der Antagonisten. Antagonisten (innere und äußere) sind dazu da, den Protagonisten davon abzuhalten, sein Ziel zu erreichen. Sie zwingen ihn dazu, sein wahres Ich zu zeigen. Sie zwingen ihn dazu, sich zu verändern. Eine Veränderung, eine Transformation ist nie einfach. Der Protagonist will lieber in seiner vertrauten Umgebung bleiben, so schlecht es ihm dort gehen mag, aber er hat ein Ziel und deshalb lässt er sich auf den Kampf ein.

Der gefährlichste Antagonist ist der Protagonist sich selbst gegenüber mit seinem Makel. Diese Art von Antagonist hat eine besonders große Wirkung auf den Leser, denn wir alle kennen das Gefühl, uns selbst im Weg zu stehen. Unsere Ängste sind unsere Antagonisten. Die Angst zu versagen, die Angst vor Verlust, die Angst vor der falschen Entscheidung oder die Angst vor dem Tod hindern uns daran, unserem Ziel näher zu kommen. Hass ist ein weiterer wirkungsvoller Antagonist: Jede Szene, die den Protagonisten damit konfrontiert, was er hasst, treibt die Spannung in die Höhe.

Das Ziel der Antagonisten ist, den Protagonisten davon abzuhalten, sein Ziel zu erreichen. Je schwerer Sie es Ihrem Protagonisten machen, umso besser. Antagonisten tauchen jedes Mal auf, wenn der Protagonist einen entscheidenden Schritt in die neue Welt wagt. Sie verunsichern ihn, schütteln ihn durch, greifen ihn offen an. Je weiter der Protagonist in die neue Welt eindringt, umso härter die Angriffe. Je härter die Angriffe, umso weniger kann sich der Protagonist hinter seiner Maske verstecken. Antagonisten konfrontieren den Protagonisten mit seinem Makel und bringen ihn immer mehr dazu, sich diesem zu stellen.

Je weiter die Geschichte vorankommt, umso mehr muss sich der Protagonist von seiner wahren Seite zeigen. Immer mehr Antagonisten tauchen auf und bringen ihn dazu, immer mehr über sich preiszugeben. Er begeht immer mehr Fehler, benimmt sich immer alberner, zieht sich immer mehr zurück; er zeigt sich immer mehr von seiner schlechten Seite. Wichtig ist, dass die Angriffe sich nicht wiederholen. Sie müssen weitreichender, komplexer, vernichtender werden. Alles und jeder scheint sich gegen den Protagonisten zu stellen. Er kommt immer weniger dazu, sich von den Schlägen zu erholen. Am Ende sind alle Masken gefallen; er denkt nur noch ans Überleben.

Setzen Sie Ihren Protagonisten auf einen Baum: Die Steine werden immer größer und werden immer gezielter geworfen, bis der größte ihn am Ende so hart trifft, dass er herunterfällt. Sein Makel ist nicht mehr zu verbergen. Er muss sich ihm stellen.

Am Anfang der Geschichte wird der Protagonist mit seinem Makel eingeführt. In der Mitte beginnen die Mauern, die der Protagonist um sich gebaut hat, zu bröckeln und sein Makel kommt immer deutlicher zutage. Am Ende zeigt sich die Transformation in seinem neuen Verhalten und/oder in seiner neuen Denkweise.

Schreiben Sie zuallererst Ihre Geschichte. Sie müssen nicht schon vorher ganz genau wissen, wie der Protagonist tickt und Sie müssen auch nicht alle Antagonisten kennen. Wenn Sie beim Schreiben und Überarbeiten Ihren Protagonisten entwickeln, werden Sie selbst erkennen, was sich ihm in den Weg stellen muss. Je gründlicher Sie bei der Erschaffung Ihrer Protagonisten sind, umso natürlicher entstehen die Antagonisten. Je öfter Sie die Reise eines Protagonisten entwickeln, umso mehr geht Ihnen diese Struktur ins Blut und Sie wenden sie instinktiv auch schon beim Erstentwurf an. Der Makel ist das Interessanteste an einem Menschen; er ist das, was wir entdecken, wenn wir jemanden näher kennenlernen; er ist das, was uns am Ende am meisten verbindet. Wenn wir den Makel eines Menschen kennen und akzeptieren, ist dieser Mensch für uns Teil unseres Lebens geworden. Der Makel Ihres Protagonisten macht ihn beim Leser unvergesslich, deswegen lohnt es sich, hier die größte Energie hineinzustecken.

Wenn Sie den Makel herausgearbeitet haben, ergibt sich der Rest wie von selbst.

Die Krise

Geschichten handeln von Menschen. Selbst wenn Ihr Protagonist eine Katze, ein Monster, ein Roboter oder eine Meerjungfrau ist, sollte er menschliche Züge haben, aber das wird er automatisch, da Sie selbst Mensch sind und nicht außerhalb dieser Kategorie denken können.) Sie berichten, wie Menschen sich in kritischen Situationen verhalten und wie sie sie bewältigen. Wenn wir Geschichten lesen, möchten wir für unser eigenes Leben lernen. Indem wir anderen dabei zusehen, wie sie sich grundlegend verändern, erkennen wir, wozu wir selbst fähig sind. Die Krise ist dazu da, uns aufzuwecken, den Protagonisten, den Leser, den Schriftsteller. Sie ist der Schlag ins Gesicht, sie zeigt uns die hässlichste Seite unseres Lebens. Sie bringt alles, an das wir geglaubt haben, durcheinander.

Die Krise ist der Punkt, an dem wir unserem Antagonisten unterliegen. Er steht über uns, drückt seinen Springerstiefel in unseren Solarplexus und grinst uns hämisch an. Er zeigt uns, dass wir schon die ganze Zeit unterlegen waren und niemals eine Chance hatten. Er zeigt uns, dass er uns genau da haben wollte, wo wir jetzt liegen: im Dreck. Und wir wissen: Wir haben nichts mehr zu verlieren. Wir liegen auf dem Boden und ringen nach Atem und fragen uns, wie wir in diese Situation kommen konnten, und erkennen das erste Mal, dass wir selbst uns dorthin gebracht haben.

In der Krise passieren Dinge, die den Protagonisten zum Handeln zwingen. Er spürt, dass er am tiefsten Punkt seines Lebens angekommen ist. Er erkennt seinen größten Antagonisten: sich selbst. Angst, Verlust, Versagen und Leere sind typische Gefühle für diese Phase. Wir befinden uns am Wendepunkt unserer Geschichte. Die Krise ist der Moment, wo alles, was für den Protagonisten in der Zukunft stattfindet, festgelegt wird. Die Krise ist das Ende dessen, was der Protagonist vorher war. So wie er ist, wird er nie wieder sein. Die Krise bedeutet immer, dass etwas endet. Sie ist die größte Enttäuschung, der größte Verlust für den Protagonisten. Sie ist der finale Schlag, der ihn zu Boden bringt. Aber sie bringt ihn auch dazu, neue Stärken in sich zu entdecken. Sie suggeriert, dass etwas Neues entsteht.

Nach der Krise leckt der Protagonist seine Wunden (er und die Leser brauchen eine kurze Verschnaufpause) und überdenkt sein Ziel. Dann steht er wieder auf, um seine Reise abzuschließen.

Der Höhepunkt

Im letzten Teil erleben wir den Protagonisten, wie er erschöpft, verletzt und dennoch entschlossen auf sein Ziel zumarschiert. Alle Elemente bewegen sich nun auf den Höhepunkt zu. Der Protagonist hat sich seiner Vergangenheit gestellt, er hat in der Krise seinen Makel erkannt und kann dementsprechend handeln. Er hat das Gefühl, als neuer Mensch durch eine exotische Welt zu gehen. Ab jetzt ist kein Platz mehr für Hintergrundinformationen oder andere Erklärungen, die das Tempo verlangsamen könnten.

········ *Der Protagonist hat durch die Krise gelernt, dass alles ein System hatte und nichts zufällig passiert ist.* ········

Er hat durch seine Fehler gelernt. Er sieht sich nicht mehr isoliert, sondern als Teil des Ganzen. Er entdeckt neue Fähigkeiten an sich. Er sammelt alle positiven Kräfte, um für den letzten Kampf bereit zu sein, den Kampf gegen sich selbst. Im Höhepunkt kommen alle Elemente der Geschichte zusammen. Der Höhepunkt ist der Moment, wo die Spannung am höchsten ist und dem Leser das Thema klar vor Augen gebracht wird. Prüfen Sie, in welcher Szene Ihr Protagonist seine neue Persönlichkeit am deutlichsten zeigt: Das ist der Höhepunkt!

········ *So wie der Protagonist am Ende handelt, wäre es an jeder anderen Stelle der Geschichte fehl am Platz. Er kann nur so handeln, weil die Krise ihn so weit gebracht hat.* ········

Der Höhepunkt ist der letzte Kampf unseres Protagonisten. Im Gegensatz zu den vorherigen Kämpfen kann er jetzt die Handlungen des Antagonisten vorhersehen und für sich zum Vorteil nutzen. Sein neues Ich gibt ihm Fähigkeit, gegen sein altes Ich zu kämpfen. Sein Makel hat ihn von sich selbst entfremdet, aber jetzt ist er wieder vollständig bei sich. Er mag jetzt Angst haben, aber er rennt nicht mehr weg. Er lässt sich von nichts mehr abbringen. Der Antagonist – das alte Ich – erkennt, dass der Gegner sich verändert hat und schärft die Waffen, aber der Protagonist – das neue Ich – gibt nicht auf. Er hört jetzt auf das, was er in der Geschichte gelernt hat. Er weiß, dass alles, was er tut, Konsequenzen hat, und er ist bereit, diese auf sich zu nehmen. Jetzt erst kann er die richtige Entscheidung treffen und die Frage, die unsere Geschichte am Anfang aufgeworfen hat, kann beantwortet werden.

.... ***Am Höhepunkt der Geschichte ist der Protagonist von allen Altlasten befreit. Er befindet sich in einem losgelösten Zustand. Sein früheres Ziel wird zu etwas Größerem, Allumfassenden, jetzt, wo sein Bewusstsein sich geöffnet hat. Er ist nicht mehr verzweifelt, isoliert oder im Konkurrenzkampf. Er ist mit sich im Reinen und spürt seine Verbindung zur Welt, weil er gelernt hat, dass nichts, was er tut oder denkt, allein für sich steht. Er entscheidet ohne zu zögern, verlässt sich auf seine Intuition und auf seinen Instinkt. Seine Entscheidungen spiegeln seine Transformation. Er übernimmt endlich die Verantwortung für sein Leben.*** ....

Die Auflösung

Nach dem Höhepunkt fällt die Energiekurve. Die Geschichte Ihres Protagonisten, Ihre Geschichte ist zu Ende. Sie haben nicht mehr viel Zeit für eine Zusammenfassung oder ein Gleichgewicht. In dem Moment, wo der Leser erfahren hat, was Ihrem Protagonisten passiert ist, ist der Konflikt gelöst. Der Protagonist hat Frieden mit seiner Vergangenheit geschlossen und tritt wieder in Verbindung mit seiner Welt. Die Transformation ist abgeschlossen (das war das, was den Leser interessiert hat). Selbst, wenn jetzt noch Fragen offen bleiben (sie sollten es, damit der Leser weiterhin über die Geschichte nachsinnen kann), müssen Sie zum Ende kommen. Die Auflösung der Geschichte zeigt die neue Persönlichkeit Ihres Protagonisten. Die Auflösung zeigt, wie der Protagonist sich von seinen eigenen Ketten befreit hat.

Wenn Sie in Romanen Subplots benutzen, müssen diese den Hauptplot unterstützen und komplexer machen. Haben Sie nichts mit dem Hauptplot zu tun, weg damit. Subplots sind ideal, um die Schwächen des Protagonisten und seine Entwicklung zu zeigen, auch im Umgang mit seiner Umwelt. Subplots gehören in die Mitte. Jeder Subplot ist wie ein Plot zu betrachten, mit Anfang, Krise, Höhepunkt und Auflösung. Jeder Subplot zeigt die Entwicklung des Protagonisten.

Es gibt einige wenige sehr berühmte Beispiele – William Shakespeares *Hamlet*, John Updikes *Der Sportreporter*, Kazuo Ishiguros *Was vom Tage übrigblieb* – in denen der Protagonist bis zum Schluss blind bleibt. Haben Sie einen solchen Typen entwickelt, sorgen Sie dafür, dass er am Ende zehnmal so unglücklich ist wie am Anfang. Zeigen Sie, dass er mindestens ebenso leidet wie Butler Stevens, der mit all seiner »Würde« im wahrsten Sinne des Wortes am Leben vorbei gelebt hat.

Auch wenn solch ein Ende sehr frustrierend für den Leser ist, hinterlässt es doch einen bleibenden Eindruck. Versuchen Sie beides; lassen Sie Ihren Protagonisten in einer Version sein Problem angehen, in einer anderen weiterhin verdrängen. Schauen Sie, was Ihnen besser gefällt. Lassen Sie andere vergleichen. Manchmal wird man als Verfasser selbst blind und erkennt nicht das beste Ende, weil man nicht mehr genügend Abstand hat, oder weil wir schlichtweg nicht wollen, dass jemand, den wir zum Leben erweckt haben, für immer verloren ist. Aber wenn die Geschichte mit solch einem Protagonisten dafür sorgen kann, dass Ihr Buch unvergesslich bleibt, wie die drei hier genannten Beispiele, sollten Sie so grausam sein.

Der emotionale Spannungsbogen

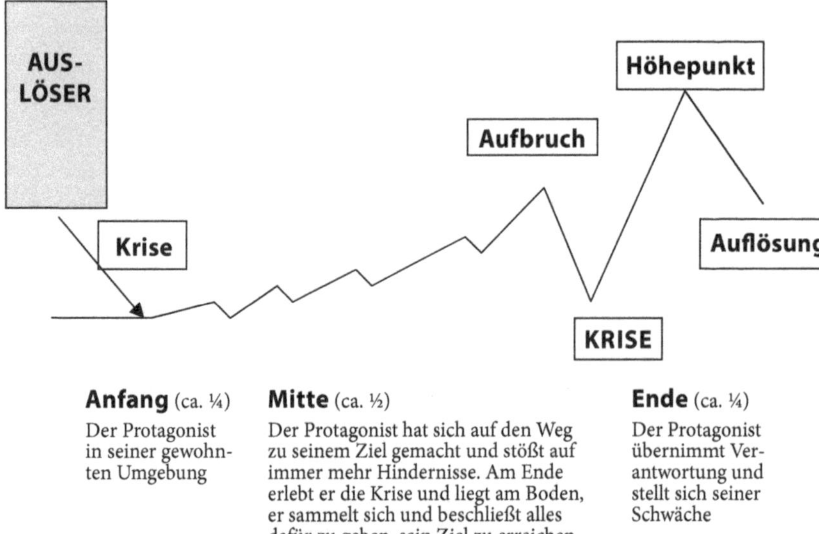

Sie müssen dieses Gerüst nicht befolgen, wenn Sie die erste Fassung Ihrer Geschichte schreiben. Dabei lassen Sie sich am besten vollständig von Ihren Gefühlen und Ihrem Instinkt treiben. Erst bei der Überarbeitung schauen Sie nach den Schlüsselszenen und der Entwicklung. Sie werden sehen, nach und nach werden Sie instinktiv Ihre Geschichten so entwickeln. Je mehr wir lesen und schreiben, umso mehr werden wir Erlebnisse nach dem Schema Aufbruch-Krise-Höhepunkt-Auflösung erarbeiten. Es ist die natürliche Art, auf die Geschichten erzählt werden, seitdem die Menschen in der Höhle um das erste Feuer saßen.

Die Rolle des Plots

Die Entwicklung des Plots und die des Protagonisten mit seinem Makel laufen Hand in Hand. Der Leser erwartet eine Geschichte, und in einer Geschichte muss etwas passieren. Durch den Plot wird die Entwicklung des Protagonisten für den Leser sichtbar gemacht; die

Szenen zeigen, wie er sich verändert. Der Plot ist das Vehikel für seine Transformation. Wenn Sie den Makel Ihres Protagonisten entwickelt haben und wollen, dass er sich diesem am Ende stellt, ergibt sich der Plot ganz von allein. Versuchen Sie doch einmal, sich anhand folgender Beispiele einen Plot zu überlegen:

1. Ihr Protagonist hat sich entschieden, allein zu leben, weil er von einem geliebten Menschen verlassen worden ist. Bringen Sie ihn in Situationen, in denen er sich immer einsamer fühlt. Sorgen Sie dafür, dass er die Stille und das Alleinsein in seiner Wohnung immer weniger erträgt. Lassen Sie ihn spüren, was er vermisst, indem Sie ihn mit Menschen konfrontieren, die füreinander da sind, wenn es schwierig wird. Lassen Sie ihn beobachten, wie Menschen einander vertrauen. Stellen Sie ihn am Ende vor die Wahl: Bleibt er in seiner sicheren Höhle oder wagt er es, sich wieder auf jemanden einzulassen, mit dem Risiko, erneut verlassen zu werden?
2. Wenn Ihr Protagonist den Makel hat, es jedem Recht machen zu wollen, weil er Angst davor hat, sonst nicht geliebt zu werden, müssen Sie Situationen schaffen, in denen ihm genau das immer unmöglicher wird. Am Ende sorgen Sie dafür, dass er einen von zwei geliebten Menschen opfern muss. Lassen Sie ihm keine andere Wahl als diese.

Der Plot entwickelt sich aus dem Makel, der sich wiederum aus dem Protagonisten entwickelt. Dem einen Schriftsteller mag es leichter fallen, sich einen Plot zu überlegen, dem anderen, seine Charaktere zu entwickeln, aber eine gute Geschichte zeigt das perfekte Zusammenspiel von beidem. Die Herangehensweise kann unterschiedlich sein: Wenn Sie anfangs einen Plot vor Augen haben, können Sie passend dazu einen Protagonisten entwickeln, der diesem Plot Tiefe verleiht und ihn im Gedächtnis bleiben lässt.

Hier zwei Beispiele, wie ein Schriftsteller beim Planen des Plots vorgegangen sein könnte:

Nehmen wir an, Harper Lee hat in der Zeitung gelesen, dass ein Schwarzer trotz bewiesener Unschuld zum Tode verurteilt wurde. Vielleicht hat sie gedacht, dass er einen besseren Anwalt hätte haben sollen. Aber wenn der die Geschichte erzählt hätte, wäre sie vermutlich moralinsauer und nicht wirklich spannend geworden, allein durch den vorbildlichen Charakter, den dieser Anwalt haben muss (er lässt sich immerhin auf einen harten Kampf mit der Gesellschaft ein, in einer Zeit, in der die Sklaverei in den Köpfen noch lange nicht abgeschafft war). Ein »guter« Mensch eignet sich nicht als Protagonist, sondern eher einer, dem der Leser mit gemischten Gefühlen gegenübersteht, einer, der mit sich selbst ringt. Einer, der sich am Ende vom Saulus zum Paulus entwickeln kann, mit einem Makel, der zum Plot passt. Der Sohn des Anwalts eignet sich nicht, weil er durch seine Erziehung eine ähnlich integre Haltung wie sein Vater hat. Er hat auch keinen offensichtlichen Grund, mit seiner Identität zu hadern, auch wenn der frühe Tod der Mutter für eine Wunde gesorgt hat. Eine Tochter, die keine positive Identifikationsfigur mehr hat, bietet sich eher als Protagonistin an, eine wie die ständig um sich schlagende Scout, die sich vehement dagegenstemmt, erwachsen zu werden, zur Frau zu werden. Keine andere würde so darunter leiden, wenn sie erkennen müsste, wie alles, woran sie geglaubt hat, zusammenbricht. Scout wird sich schwer damit tun, wenn sie merkt, dass es im Leben oft unfair zugeht, und sie wird sich am Ende noch schwerer damit tun, den Glauben an das Gute trotzdem nicht zu verlieren. *Wer die Nachtigall stört* ist in erster Linie eine Geschichte über den Abschied von der »unschuldigen« Kindheit.

Oder Sie lesen eine Zeitungsmeldung, die Sie zu einer Geschichte inspiriert, zum Beispiel eine über einen stinkreichen Partylöwen, der vor ein paar Monaten aus dem Nichts auftauchte und am Ende erschossen neben seinem Pool aufgefunden wird. Sie könnten darauf kommen, dass er als junger Mann arm war und von seiner damaligen Geliebten deswegen verlassen wurde. Nachdem er es mit zwielichtigen Mitteln zu Geld gebracht hat, könnte er wieder auftauchen und versuchen, seine große Liebe zurückzuerobern. Dumm nur, dass diese inzwischen verheiratet ist, wenn auch unglücklich, aber so leicht wird sie ihre Position in der Gesellschaft nicht wieder aufgeben wollen. Unser Millionär sucht sich einen Verbündeten, den wir dann die Geschichte erzählen lassen, denn unser Protagonist kann es nicht mehr tun, wenn er erschossen wird. Da unser Protagonist aber ein Problem damit hat, seine Vergangenheit ans Licht kommen zu lassen, braucht es eine Person, die unseren Erzähler aufklärt. Und dieser Erzähler muss wiederum so gestrickt sein, dass er in einer Mischung aus Abscheu und Faszination dicht am Geschehen dranbleibt, denn eigentlich ahnt er schon zu Beginn, dass alles ein böses Ende nehmen wird.

Sie sehen, je tiefer Sie in ein Ereignis tauchen, auf umso mehr Schichten stoßen Sie, mit weiteren Ereignissen und Personen, denn jedes Ereignis ist wiederum die Konsequenz aus einem vorherigen. Wenn Sie einmal damit angefangen haben, sich die möglichen Geschichten hinter einer Begebenheit zu erschließen, werden Sie das bald bei jeder tun. Dann werden Sie nicht mehr nach Geschichten suchen müssen, sondern eher Mühe haben, zu selektieren. Ein Rat noch: Bedenken Sie bei der Meldung über unseren reichen Junggesellen, dass sich diese Geschichte schon einer ausgedacht hat, nämlich F. Scott Fitzgerald, mit *Der große Gatsby*.

Egal, wie Sie es angehen, zuallererst sollten Sie einfach drauflosschreiben und darauf vertrauen, dass Ihre Idee Sie schon irgendwohin bringt und dass am Ende ein sinnvoller Erstentwurf dabei herauskommt, mit dem Sie arbeiten können. Schreiben Sie stets den Erstentwurf, bevor Sie sich einen kompletten Plot überlegt haben, damit Sie nicht wie ein Roboter vorgehen. Lassen Sie Ihrer Fantasie freien Lauf, gehen Sie jedes Risiko ein, machen Sie die schlimmsten Fehler, schreiben Sie sich die Seele aus dem Leib, lassen Sie Ihren Protagonisten in alle erdenklichen Richtungen gehen. Lassen Sie sich von ihm führen, egal wohin. Öffnen Sie Ihren Horizont anstatt mit ihn mit bereits fertigen Plänen zu verringern. Bei der Erstfassung sollten Sie wie ein Medium für alles empfänglich sein, bei der Überarbeitung können Sie dann

Schöpfer sein, der bestimmt, was getan werden muss und was wann gut ist. Flannery O'Connor, deren Kurzgeschichten noch heute Maßstäbe setzen und die beim berühmten *Iowa Writers' Workshop* sowohl studiert als auch unterrichtet hat, rät folgendes:

> *(…) je mehr Sie schreiben, umso mehr werden Sie verstehen, dass die Form etwas Organisches ist, dass sie sich aus dem Material entwickelt, dass sie in jeder Geschichte einzigartig ist. Eine gute Geschichte lässt sich nicht verkleinern, sie kann sich nur ausdehnen. Eine Geschichte ist dann gut, wenn Sie jedes Mal mehr in ihr sehen, wenn Sie Ihnen jedes Mal weiter zu entfleuchen scheint. In Literatur macht 2 und 2 immer mehr als 4.*
>
> *Der einzige Weg, das Schreiben von Kurzgeschichten zu lernen, ist meiner Meinung nach, sie herunterzuschreiben und anschließend herauszufinden, was Sie getan haben. Erst wenn Sie Ihre Geschichte vor sich liegen haben, sollten Sie anfangen, über Technik nachzudenken.*

ÜBUNGEN

- Suchen Sie aus den Polizeimeldungen eine heraus und entwickeln Sie den dazu passenden Plot. Schreiben Sie die Geschichte. Legen Sie sie einen Monat weg, bevor Sie sie überarbeiten.
- Wählen Sie einen Makel und entwickeln Sie einen Protagonisten, der diesen Makel hat. Schreiben Sie die Geschichte. Legen Sie auch diese erst einmal weg, damit Sie Abstand gewinnen und sie mit frischem Blick überarbeiten können.
- Nehmen Sie sich eigene Geschichten oder solche Ihrer Kollegen vor und füllen Sie für diese einen Plotpan aus.

LEKTION 4

Wie beginne ich meine Geschichte?

Wenn Sie einer Person das erste Mal begegnen, sind Sie besonders aufmerksam. Wie sieht diese Person aus? Wie bewegt sie sich? Was lesen Sie in Ihren Augen? Finden Sie sie anziehend? Ist der erste Eindruck positiv, wollen Sie mehr über diese Person erfahren. Genauso ist es mit einer Geschichte; Sie haben die Chance, den Leser sofort in den Bann zu ziehen und den Anfang so zu gestalten, dass er unbedingt weiter lesen muss. Wenn Sie ein Buch aufschlagen, bringen Sie wahrscheinlich mehr Geduld und Ausdauer mit als ein Leser, der nicht schreibt. Einerseits, weil Sie auch aus schlechten Büchern Ihre Lehren ziehen können und dadurch für Ihre eigenen Geschichten Fehler vermeiden lernen, andererseits, weil Sie eine Art Solidarität mit einem Kollegen empfinden könnten. Aber im normalen Fall dürfen Sie weder mit Geduld noch mit Ausdauer rechnen, wenn ein Leser nach Ihrem Buch greift, sondern müssen es so beginnen, dass er mit dem ersten Satz am Angelhaken hängt. Das bedeutet nicht, dass es gleich zu Anfang Mord und Totschlag geben muss, aber irgendetwas muss den Leser dazu bringen, sich auf die Welt Ihrer Geschichte einzulassen, und das am besten sofort.

Sprachlich müssen die ersten Sätze natürlich perfekt sein, sie müssen fließen und wie ein Strudel auf den Leser wirken. Das bedeutet nicht, dass Sie schon beim Erstentwurf den perfekten ersten Satz finden müssen, im Gegenteil, je mehr Zeit Sie auf den Anfang verwenden, umso mehr stören Sie den Fluss Ihres Entwerfens, deswegen schreiben Sie zuerst einfach drauf los. Es ist wahrscheinlich, dass Sie die hart erarbeiteten ersten Zeilen wieder verwerfen, es kann auch sein, dass die Geschichte erst mit dem dritten Kapitel starten sollte – manchmal braucht es ein paar Seiten, bis man sich mit der Erzählerstimme wohlfühlt. Der Anfang einer Geschichte kann sich Ihnen erst offenbaren, wenn Sie wissen, worum es geht, sprich, Sie müssen Ihr Thema klar vor Augen haben. Um den richtigen Anfang zu finden, müssen Sie Ihren Protagonisten erst auf die Reise schicken und diese beenden lassen.

Wenn im Anfang Ihrer Geschichte das Ende suggeriert wird, ist der Leser gespannt, ob er mit seiner Ahnung Recht hat. Schon die Klassiker haben sich nicht gescheut, ihren Lesern klar zu sagen, was in den folgenden Seiten passieren wird – und damals musste man nicht mit zahlreichen anderen Beschäftigungen konkurrieren. Im neunzehnten Jahrhundert konnte man sich zwar noch die Zeit lassen, auf mehreren Seiten zu erzählen, wo die Geschichte sich abspielen wird, aber auch eine Jane Austen scheute sich nicht in *Stolz und Vorurteil* gleich im ersten Satz zu sagen, um welche Art von Geschichte es sich handelt: »Es ist eine weltweit anerkannte Wahrheit, dass ein allein stehender Mann, der im Besitz eines ordentlichen Vermögens ist, Verlangen nach einem Weibe haben muss.«

Heutzutage wollen die Leser nicht lange auf den Auslöser warten, den Moment, in dem die Geschichte wirklich beginnt.

Die gängige Struktur zeitgenössischer Geschichten sieht so aus: Ein Charakter befindet sich in einer stabilen, aber unbefriedigenden Situation, mit dem Auslöser gerät seine Welt aus den Fugen, und er macht sich auf den Weg, mit dem Wunsch, die Stabilität wiederherzustellen.

Am Ende entsteht eine neue Stabilität, basierend auf den Erkenntnissen, die der Protagonist aus der Geschichte erworben hat und seiner eigenen Persönlichkeit.

Heute wird die Darstellung der stabilen Ausgangslage sehr viel kürzer präsentiert als vor hundert Jahren; in Kurzgeschichten reicht dafür meist schon ein Satz. Es kommt sogar vor, dass mit dem Auslöser gestartet wird wie in Raymond Carvers »Kathedrale«: »Dieser blinde Mann, ein alter Freund meiner Frau, war auf dem Weg, um die Nacht bei uns zu verbringen.« Normalerweise müssen wir erst eine Ahnung davon haben, wie unser Protagonist tickt, um die Tragweite eines Auslösers zu verstehen, aber der aufmerksame Leser erkennt gleich an den ersten drei Worten, ja schon am ersten, dass der Erzähler ein echtes Problem mit diesem Besucher hat. Vielleicht fing das Original an mit »Ein alter Freund meiner Frau…«, und Carver ist erst nach vielen anderen Versuchen darauf gekommen, dass es nur drei vorangestellte Wörter braucht, um zu erkennen, was dieser Besuch für unseren Protagonisten bedeutet.

Nach dem Auslöser sieht der Protagonist sich einem oberflächlichen Problem gegenübergestellt, das er lösen muss. Er muss aus seiner Starre herauskommen, die es ihm ermöglicht hat, die unbefriedigende Ausgangssituation so lange zu ertragen. Gleichzeitig muss der Leser eine Ahnung davon haben, was das tiefsitzende Problem unseres Protagonisten sein könnte, sein Makel. Die Geschichte erzählt, wie er sich aufmacht, sein oberflächliches Problem zu lösen, obwohl Antagonisten unterschiedlicher Natur ihn davon abhalten.

……. ***Am Ende des Anfangs muss Ihr Protagonist ein massives Problem haben, auf das er emotional reagiert, es reflektiert und anschließend ein Ziel formuliert.*** …….

Damit Ihr Leser gleich am Anfang Ihrer Geschichte wissen will, wie es weitergeht, müssen Sie dafür sorgen, dass er die Geschichte auf die gleiche Art und Weise wie der Protagonist erlebt. Das bedeutet, dass Sie auch bei der Beschreibung seiner Umgebung, sollten Sie Ihre Geschichte so beginnen wollen, die Wahrnehmung durch Ihren Protagonisten schildern sollten. Und weil eine Geschichte immer bedeutet, dass Ärger in Sicht ist, befindet er sich sofort in feindlicher Umgebung, auch wenn er sich selbst dessen nicht bewusst ist. Aber *erzählen* Sie nicht, dass Ihr Protagonist ein Problem hat, *zeigen* Sie es.

.... *Am Anfang müssen Sie den Auslöser, das daraus resultierende Problem, den Makel des Protagonisten und seine Umgebung umreißen. Sie können Details aus der Vergangenheit erwähnen, aber sparsam und überlegt. Besser ist es, darauf einzugehen, wenn die Entwicklung der Geschichte es erfordert.* ....

Auch wenn Dialoge besonders fesseln, rate ich davon ab, eine Geschichte sofort damit zu beginnen, weil der Leser den Protagonisten noch nicht kennt. Graham Greene tut es trotzdem in *Unser Mann in Havanna* und es funktioniert sehr gut. Sie können natürlich jede Regel brechen, aber zunächst sollten Sie sie kennen und vor allen Dingen genau wissen, warum Sie sie brechen. Dem Leser muss sofort klar sein, wer spricht, in welchem Kontext und mit wem. Bedenken Sie, dass Dialoge automatisch Szenen sind, sprich, ihr Zweck liegt darin, den Konflikt auf der Bühne auszutragen, und ohne die Opponenten zu kennen, kann Ihr Leser nicht Partei ergreifen. Wir kommen immer wieder darauf zurück, wie wichtig es ist, dem Leser unsere Charaktere nahezubringen. Nur so ist es ihm möglich, empathisch zu sein. Ansonsten kann Ihrem Protagonisten alles erdenklich Schreckliche passieren, und der Leser zuckt nicht mit der Wimper, wenn er Ihr Buch überhaupt noch in den Händen hält.

Der Anfang Ihrer Geschichte ist besonders wichtig, denn er soll den Leser dazu bringen, seine Zeit dafür herzugeben. Der erste Satz muss ihn sofort hineinziehen und unbedingt den zweiten lesen lassen wollen. Der zweite muss bewirken, dass er den dritten lesen will und so fort. Vertrauen Sie darauf, dass Sie ein intelligentes Wesen vor sich haben, das sehr wohl in der Lage ist, eigene Schlüsse zu ziehen. Ihr Leser braucht keine minutiöse Charakteranalyse oder Beschreibung des äußeren Erscheinungsbildes, um zu wissen, mit wem er es die nächsten Minuten, Stunden oder Tagen zu tun hat. Ein oder zwei

Details reichen aus, damit der Leser das Bild in seinem Kopf komplettieren kann. »Dieser blinde Mann, ein Freund meiner Frau, war auf dem Weg, um die Nacht bei uns zu verbringen« sagt ihm, dass der Erzähler keinen Anzug und Schlips trägt, Vorurteile hat, eifersüchtig ist, dieses aber nicht zugeben will und deswegen alles ins Lächerliche zieht, und seine Ruhe haben will. Alles, was Sie am Anfang erwähnen, löst beim Leser Erwartungen aus; zeigen Sie eine Pistole, sollte damit laut Tschechow im Laufe der Geschichte geschossen werden.

Beginnen Sie Ihre Geschichte so nah wie möglich an dem Punkt, wo die Welt für Ihren Protagonisten aus den Fugen gerät. Zeigen Sie dem Leser, dass es für den Protagonisten eng wird. Beschränken Sie sich dabei auf das Schlimmste und lassen Sie erahnen, wie tief der dunkle See ist (Gefahren, die man sich nur im Kopf vorstellt, sind viel bedrohlicher als die tatsächlichen). Zeigen Sie, dass es für Ihren Protagonisten, möge er normalerweise noch so ein lethargischer Langweiler sein, ums Ganze geht. Deuten Sie an, dass er am Ende ein neuer Mensch sein wird. Wir Menschen lieben Geschichten über Menschen, die neu geboren werden, auch wenn wir uns im echten Leben selbst davor scheuen.

Der Auslöser

Das Ereignis, das die Welt unseres Protagonisten aus den Fugen hebt, bezeichnen wir als Auslöser. Dabei muss es sich nicht um ein Erdbeben oder eine Bombendrohung handeln, es reichen oft schon Kleinigkeiten, die uns zwingen, unsere Komfortzone zu verlassen, und wenn Sie Ihren Protagonisten genau kennen, kennen Sie auch seine Komfortzone und Sie wissen, wie ein Angriff darauf auszusehen hat. Für Raymond Carvers Protagonisten, der sich damit abgefunden hat, nichts mehr wirklich wahrzunehmen, ist der schlimmste Angriff, dass jemand ihn dazu zwingt, seine Sinne zu reaktivieren; der sinnbildlich Blinde kann nur durch jemanden, der wirklich blind ist, dazu gebracht werden, genau hinzusehen.

Der Auslöser setzt die Geschichte in Bewegung. Er löst ein an der Oberfläche sitzendes Problem aus, das der Protagonist in Ihrer

Geschichte lösen muss. Er macht auf das tiefsitzende Problem, den Makel, Ihres Protagonisten aufmerksam. Im Laufe der Geschichte wird er immer mehr erkennen, dass der Makel daran schuld ist, dass es überhaupt zu dem oberflächlichen Problem gekommen ist. Im vorherigen Kapitel habe ich bereits Ratschläge gegeben, welche Makel Ihre Protagonisten haben könnten. Wenn Ihnen immer noch kein passender eingefallen ist, denken Sie darüber nach, welche Sehnsüchte und Ängste Sie selbst haben.

Damit Ihre Leser verstehen, dass es für Ihren Protagonisten schwierig wird, müssen sie mitfühlen können. Lassen Sie ihn in Szenen selbst erleben, wie der Protagonist aus seiner Komfortzone vertrieben wird. Machen Sie den Konflikt erlebbar, erzählen Sie nicht nur davon. Wenn Ihr Protagonist und seine Wunde schon am Anfang klar umrissen sind, kann der Leser sofort einschätzen, was der Auslöser und die dadurch veränderte Lage für den Protagonisten bedeutet. Carver schreibt nicht: Ich hatte keine Lust darauf, dass ein Blinder uns besuchen kommt, sondern: *Dieser blinde Mann…*, und in dem kleinen Wörtchen »dieser« steckt die gesamte Haltung des Erzählers. Jedes Mal, wenn Sie schreiben wollen, wie Ihr Protagonist sich fühlt, sollten Sie sich überlegen, ob Sie dieses Gefühl nicht auch subtiler zum Ausdruck bringen können. Carvers Erzähler muss nicht erwähnen, dass er eifersüchtig ist, alles, was seine Frau tut und sagt, und alles, was er tut und sagt, lassen uns selbst seine Eifersucht spüren und die Spannung, die die ganze Zeit herrscht, solange sie im Raum ist. In dieser Geschichte geht es die ganze Zeit um Gefühle, und dennoch wird nicht einmal gesagt, wie jemand sich fühlt. Weint Ihr Protagonist, bleiben keine Tränen für Ihre Leser übrig. Wie verhalten Sie sich, wenn Sie von einer Person, die eine Bedeutung in Ihrem Leben hat, in die Ecke gedrängt werden? Meistens machen Sie seelisch zu und wollen sich nicht anmerken lassen, wie verletzt Sie sich fühlen. Das sind die Momente, in denen der Leser an Ihrer Stelle schluckt. In denen er Ihre Verletzung am eigenen Leib spüren kann. Aber niemand lässt sich gern vorschreiben, wie er zu fühlen hat.

Feilen Sie an Ihren ersten Zeilen, wenn alle Komponenten klar sind. Wenn Sie Ihre Geschichte so oft überarbeitet haben, dass Sie wirklich zufrieden sind. Zerlegen Sie sie in ihre Einzelteile wie bei Chang Rae Lees Roman *Turbulenzen*:

Hintergrund: Hobbyflieger Jerry Battle fühlt sich am wohlsten, wenn er in seinem Flugzeug sitzt und sein Leben aus der Luft betrachten kann, denn der direkte Kontakt zu seinem Vater, seinen mittlerweile erwachsenen Kindern und seiner langjährigen Freundin ist problematisch.

Auslöser: Die langjährige Freundin trennt sich.

Oberflächliches Problem: Die Schwierigkeiten, mit denen sein Vater und seine Kinder sich auseinandersetzen müssen, überfordern ihn, zumal er der Meinung ist, dass sie als erwachsene Menschen selber klarkommen sollten.

Ziel: Er will sich nicht um andere kümmern, sondern seinen eigenen Bedürfnissen nachkommen, sprich fliegen, deswegen beschließt er, sich ein eigenes Flugzeug zu kaufen.

Tiefsitzendes Problem: Nach dem Selbstmord seiner Frau hat er emotionale Bindungen gemieden, aus Angst, eine weitere Bezugsperson zu verlieren.

Bedürfnis, das dem Protagonisten anfangs noch nicht bewusst ist: Auch in emotionaler Hinsicht die Verantwortung für seine Familie zu übernehmen.

Dieser Roman zeigt beispielhaft, wie ein Protagonist sich auf eine physische und psychische Reise begibt und durch seine Erfahrungen zum neuen Menschen wird, sprich, er erkennt endlich seine Wunde, verarztet sie und lässt sie heilen. Wenn Sie einen Protagonisten vor Augen haben, fragen Sie sich, was das Schlimmste ist, das ihm passieren könnte. »Von hier oben, eine halbe Meile über der Erde, sieht für mich alles perfekt aus«, lautet der erste Satz. Das Schlimmste für unseren Protagonisten ist also, ihn herunterzuholen und ihn mit der chaotischen Realität am Boden zu konfrontieren und dazu noch von ihm zu verlangen, für Ordnung zu sorgen. Für Jerry Battle gibt es nichts Schlimmeres als zur Verantwortung gezwungen zu werden und

Chang Rae Lee richtet es so ein, dass plötzlich alle ihn brauchen und die Freundin, die die Familienbelange in der Vergangenheit übernommen hat, ihn verlässt.

Jerry Battle mit seinem Unabhängigkeitsdrang, der aus wiederholten Verlusterfahrungen resultiert, kann man nur »heilen«, indem man ihn dazu zwingt, sich an Menschen zu binden, trotz der Gefahr, sie irgendwann wieder zu verlieren. Man muss ihn einen erneuten Verlust erleben lassen, den er diesmal nicht verdrängen kann und will, weil er derjenige ist, an dem sich alle orientieren. Am Ende verlässt er seine Vogelperspektive und baut im wahrsten Sinne des Wortes das Fundament für ein Heim, um seine durch vielerlei Unglücke zerrüttete Familie wieder zusammenzuführen, einschließlich der nächsten Generation und Angeheirateten. Der Anfang des Romans, ja sogar der erste Satz, lässt uns deutlich erahnen, um welche Art Geschichte es sich handelt, und wir stellen uns sofort die Frage, was passiert, wenn der Protagonist wieder auf die Erde zurückkehrt, wo das Gegenteil von Perfektion herrscht. Und natürlich wollen wir wissen, wie er sich in der unperfekten Welt zurechtfindet und ob er es am Ende schafft, sich damit abzufinden, dass es Perfektion nicht gibt, und man aus dem, was man hat, das Beste machen muss.

Wenn der Anfang stimmt, spiegelt er sich in allen darauffolgenden Sätzen wider und dann ist das Ende genau das richtige Ende. Schauen Sie sich Ihren Anfang an: Zieht er den Leser sofort in die Geschichte und enthält er den Keim für alles, was noch kommt? Oder waren Sie einfach nur vom Klang des Satzes fasziniert? War es vielleicht dieser Satz, der Sie zu der Geschichte inspiriert hat, und können Sie sich deswegen nicht von ihm trennen? Es geht nicht um Sie als Autor, der Protagonist ist derjenige, der alles bestimmt. Wenn Ihnen Ihr Anfangssatz so gut gefällt, er aber mit der Geschichte nichts zu tun hat oder, was noch schlimmer ist, in eine falsche Richtung führt, heben Sie ihn für eine andere Geschichte auf. Lesen Sie noch einmal den Mittelteil der Geschichte und überlegen Sie, welcher Anfang das beste Fundament ist.

Vor allem Agenten und Lektoren achten besonders auf den Anfang, weil er ihnen sofort zeigt, ob sie es mit einem geübten Schriftsteller zu tun haben. Die meisten Verlage wollen nur die ersten zehn Seiten lesen – Noah Lukeman, der ein Buch darüber geschrieben hat, wie man ein Zuhause für sein Manuskript findet, spricht sogar von den ersten fünf Seiten – und machen davon abhängig, ob Sie das ganze Manuskript anfordern. Stellen Sie sich vor, Ihr Anfang muss mit mehreren hundert anderen konkurrieren, denn so viele Manuskripte erhalten Verlage im deutschsprachigen Raum monatlich. Ein bereits veröffentlichter Schriftsteller kann es sich vielleicht leisten, beim Anfang etwas nachlässiger zu sein, aber die ersten Seiten eines Unbekannten sorgen dafür, dass nach dem gesamten Manuskript gefragt wird oder nicht. Überarbeiten Sie, bis Sie auch nach ein paar Wochen Abstand immer noch der Meinung sind, dass Sie den perfekten Anfang für Ihre Geschichte geschrieben haben. Geben Sie sich erst damit zufrieden, wenn er dieselbe Wirkung hat wie die Anfänge der Bücher, die Sie bewundern. Stellen Sie sich vor, sie wären unter den im Folgenden zitierten Beispielen. Stellen Sie sich vor, wie ein Verleger oder Agent sich angesichts der Flut schlechter Manuskripte fühlen muss, wenn es ein Anfang plötzlich schafft, dass er sich wieder auf das konzentrieren kann, was ihn vermutlich dazu gebracht hat, diesen Beruf zu wählen: Die Liebe zur Literatur.

Beispielhafte Anfänge

> *Die Großmutter wollte nicht nach Florida fahren. Sie wollte ihre Verwandten im Osten von Tennessee besuchen und sie versuchte bei jeder Gelegenheit, Bailey dazu zu bringen, seine Pläne zu ändern. Bailey war der Sohn, mit dem sie zusammenlebte, ihr einziger Junge. Er saß auf der Stuhlkante am Tisch, den Kopf über die farbigen Sportseiten des Journals gesenkt. »Jetzt schau mal, Bailey«, sagte sie, »schau her und lies das«, und sie stand da, die eine Hand in ihre dürre Hüfte gestemmt, und schlug mit der anderen die Zeitung gegen seine Glatze.*
>
> »Ein guter Mensch ist schwer zu finden«
> von Flannery O'Connor

Selbst heute noch meine ich manchmal, ich sähe ihn auf der Straße, hinter einem Fenster oder in einem Coffee-Shop über ein Buch gebeugt. Und in dem Augenblick, bevor mir klar wird, dass es jemand anders ist, ziehen sich meine Lungen zusammen, und es verschlägt mir den Atem.

Die unsichtbare Frau von Siri Hustvedt

Okonkwo war weithin bekannt in den neun Dörfern, und noch darüber hinaus. Sein Ruhm gründete auf handfesten eigenen Verdiensten. Als junger Mann von achtzehn Jahren hatte er seinem Dorf Ehre bereitet, als er Amalinze, die Katze umwarf. Der große Ringer Amalinze war sieben lange Jahre, von Umuofia bis Mbaino, unbesiegt geblieben. Man nannte ihn Katze, weil sein Rücken nie die Erde berührte. Diesen Mann bezwang Okonkwo in einem Kampf, wie es nach Meinung der Alten seit jenem Tag, an dem der Gründer ihres Dorfes sieben Tage und sieben Nächte mit einem Buschgeist rang, einen härteren kaum gegeben hatte.

Alles zerfällt von Chinua Achebe

Stephen kam ohne Lippen aus dem Krieg zurück.

»Was du im Schützengraben gelassen hast« von Aimee Bender

Es gab in der Stadt zwei Taubstumme, die man immer zusammen sah. Jeden Morgen traten sie zeitig aus dem Haus, in dem sie wohnten, um Arm in Arm die Straße hinunter zur Arbeit zu gehen.

Das Herz ist ein einsamer Jäger von Carson McCullers

Wir sollten einen Klassenaufsatz zu dem Thema schreiben: »Der glücklichste Tag in meinem Leben«.

»Der glücklichste Tag in meinem Leben«
von Viktoria Tokarewa

Die 124 war böse. So tückisch wie ein Kleinkind. Die Frauen im Haus wussten das, und die Kinder auch. Jahrelang fand sich jeder auf seine Weise mit der Bosheit ab, aber im Jahre 1873 litten bloß noch Sethe und ihre Tochter Denver darunter.

Menschenkind von Toni Morrison

Als Miss Emily Grierson starb, ging unser ganzes Städtchen zum Begräbnis: die Männer aus einer Art verehrungsvoller Anhänglichkeit an ein gestürztes Monument, die Frauen meistens aus Neugier, um das Innere des Hauses zu sehen, das in den letzten Jahren niemand außer einem alten Diener – der gleichzeitig Koch und Gärtner war – gesehen hatte.

»Eine Rose für Emily« von William Faulkner

Du schickst dich an, den neuen Roman Wenn ein Reisender in einer Winternacht *von Italo Calvino zu lesen. Entspanne dich. Sammle dich. Schieb jeden anderen Gedanken beiseite. Lass deine Umgebung im Ungewissen. Mach lieber die Tür zu, drüben läuft immer der Fernseher. Sag es den anderen: »Nein, ich will nicht fernsehen!« Hebe die Stimme, sonst hören sie dich nicht. »Ich lese! Ich will nicht gestört werden!« Vielleicht haben sie es bei all dem Krach nicht gehört; sag's noch lauter. Rufe: »Ich fang gerade an, den neuen Roman von Italo Calvino zu lesen.« Oder sag's auch nicht, wenn du nicht willst; sie lassen dich hoffentlich in Ruhe.*

Wenn ein Reisender in einer Winternacht von Italo Calvino

Mein Vater liegt auf der Bettdecke, gegen einen Berg zusammengeknüllter Kissen gelehnt, den Muschelaschenbecher auf der Brust, rauchend, die Bibel durchblätternd, lächelnd aus dem Fenster starrend. »Der heilige Geist ist von mir gewichen«, sagt er manchmal.

»Die Zeugin« von Joyce Carol Oates

Edna und ich waren in Karispell losgefahren, in Richtung Tampa, St. Pete, wo ich noch ein paar Freunde aus guten alten Zeiten hatte, die mich nicht anzeigen würden.

»Rock Springs« von Richard Ford

Es gab diesmal keine Hoffnung für ihn: es war der dritte Schlaganfall. Abend für Abend war ich an dem Haus vorbeigegangen (es war Ferienzeit) und hatte das erleuchtete Fenster studiert: und Abend für Abend hatte ich es in jener Weise erleuchtet gefunden, schwach und gleichmäßig. Wenn er tot wäre, dachte ich, würde ich den Widerschein von Kerzen auf dem dunklen Rouleau sehen, denn ich wusste, dass zu Häupten eines Leichnams zwei Kerzen aufgestellt werden müssen.

»Die Schwestern« von James Joyce

Der Kommandeur der 6. Division meldete, dass Nowograd-Wolynsk im Morgengrauen eingenommen wurde. Der Stab verließ Krapiwno, und unser Tross zog lärmend die Straße zwischen Brest und Warschau entlang, die einst Nikolai I. auf Bauernknochen erbaut hatte.

»Die Reiterarmee« von Isaak Babel

1972 geriet eine gute Freundin von mir in Schwierigkeiten mit dem Gesetz.

»Das rote Notizbuch« von Paul Auster

Als die letzten Geräusche der Generalprobe verklungen waren, blieben die Laurel Players noch eine Weile stumm und hilflos stehen und schauten blinzelnd über das Rampenlicht in den leeren Zuschauerraum. Sie wagten kaum zu atmen, als die gedrungene Gestalt des Regisseurs zwischen den verwaisten Sitzreihen auftauchte und gemessen zu ihnen auf die Bühne trat; scheppernd zog er eine Trittleiter aus der Kulisse, erstieg sie auf halbe Höhe und wandte sich den Schauspielern zu, um ihnen unter mehrfachem Räuspern zu sagen, dass sie eine verdammt talentierte Truppe seien, eine wundervolle Truppe, mit der sich arbeiten lasse.

Zeiten des Aufruhrs von Richard Yates

Ich wurde als farbiger Mann geboren, vergiss das nicht. Aber siebzehn Jahre habe ich als farbige Frau gelebt.

Das verrückte Tagebuch des Harry Shackleford
von James McBride

Jemand musste Josef K. verleumdet haben, denn ohne dass er etwas Böses getan hätte, wurde er eines Morgens verhaftet.

Der Prozess von Franz Kafka

Ich wollte es nicht wissen, aber ich habe erfahren, dass eines der Mädchen, als es kein Mädchen mehr war, kurz nach der Rückkehr von der Hochzeitsreise das Badezimmer betrat, sich vor den Spiegel stellte, die Bluse aufknöpfte, den Büstenhalter auszog und mit der Mündung der Pistole ihres eigenen Vaters, der sich mit einem Teil der Familie und drei Gästen im Esszimmer befand, ihr Herz suchte.

Mein Herz so weiß von Javier Marías

Als wir meine Mutter das dritte Mal in die Klinik brachten, waren mein Vater und ich schon nach Jacksonville in Florida gezogen. An einem Freitagabend rief ein Polizist um elf Uhr an und sagte, dass man sie schlafend in der U-Bahn gefunden hatte, betrunken, mit einem gebrochenen Arm.

»Elefantenkönig« von Kevin Canty

Man redete, dass auf der Uferpromenade ein neues Gesicht aufgetaucht sei: eine Dame mit einem Hündchen. Auch Dmitri Dmiritsch Gurow, der sich seit zwei Wochen schon in Jalta aufhielt und eingewöhnt hatte, interessierte sich jetzt für neue Gesichter. Als er im Pavillon bei Vernet saß, sah er, wie auf der Promenade eine junge Dame vorbeiging, eine nicht sehr groß gewachsene Blondine, mit Barett; hinter ihr lief ein weißer Spitz.
»Die Dame mit dem Hündchen« von Anton Tschechow

ÜBUNGEN

- Suchen Sie sich fünf Anfänge aus und schreiben Sie sie mindestens eine Seite weiter.
- Schauen Sie sich die Anfänge von fünf Ihrer eigenen Geschichte an und überarbeiten Sie sie.
- Schreiben Sie zwanzig erste Sätze.
- Suchen Sie sich einen aus und schreiben Sie die Geschichte zu Ende.

LEKTION 5

Wie beende ich meine Geschichte?

Weck sie auf, bring sie dazu, die Melodie des Überlebens vor sich hinzusummen.

Bird by Bird – Wort für Wort, Anne Lamott.

Eine Geschichte muss an ihr natürliches Ende kommen, damit sie den Leser überzeugt. Sie muss die Fragen beantworten, die sie am Anfang aufgeworfen hat, vor allem die MDQ – Major Dramatic Question. In *Stolz und Vorurteil* erfahren wir, dass Elisabeth Bennet und Mr. Darcy zusammenkommen, und auf unvergessliche Art in *Ulysses*, dass Molly Bloom noch etwas für ihren Mann empfindet. Im letzten Kapitel haben wir besprochen, dass ein guter Anfang das Ende andeutet, also erübrigt sich auch die Frage, ob es überraschend sein darf. Weder Gott noch eine andere Kraft sollten Gold oder Liebe auf das Haupt Ihres Protagonisten streuen, sondern Ihr Protagonist hat bewusst oder unbewusst dafür gesorgt, dass es auf genau diese Art für ihn ausgeht.

Es ist eine Herausforderung, genau das richtige Ende zu finden, und oft kommt man nicht drum herum, viele verschiedene Möglichkeiten auszuprobieren, bis sich eine richtig anfühlt (Hemingway hat über vierzig Versuche für *In einem fernen Land* gebraucht). Flannery O'Connor beschreibt den Prozess bezüglich »Brave Leute vom Lande«

folgendermaßen: *Im Laufe der Geschichte gewinnt das Holzbein immer mehr an Bedeutung. Der Leser erfährt, was die junge Frau über ihr Holzbein denkt, was ihre Mutter darüber denkt, und was die gute Frau vom Lande darüber denkt. Als schließlich der Bibelverkäufer auftaucht, hat das Holzbein solch eine große Bedeutung angesammelt, dass es wie eine Pistole geladen ist. Und als der Bibelverkäufer es stiehlt, spürt der Leser, dass der Dieb einen großen Teil der Persönlichkeit der promovierten Joy an sich reißt, was dazu führt, dass sie zum ersten Mal mit ihrem großen inneren Leiden konfrontiert wird.*

Meistens finden Sie das »natürliche« Ende ganz von allein, wenn Sie im Schreibfluss bleiben. Je mehr Sie sich mit Ihrer Geschichte auseinandersetzen, umso klarer wird es, wie die Transformation des Protagonisten aussehen muss. Diese müssen Sie dann nur noch mit genau den richtigen Worten präsentieren. »Oh mein Gott«, ist der erste Gedanke, der einem am Ende kommen sollte, und der zweite: »Aber natürlich.«

Beim Schreiben einer Kurzgeschichte sollten Sie versuchen, den Erstentwurf in einer oder zwei Sitzungen zu Papier zu bringen, dann diktieren Ihre Charaktere Ihnen quasi, welches Schicksal ihnen blüht. Ein Roman sollte ebenfalls hintereinanderweg geschrieben werden, zumindest der Erstentwurf, damit Sie der Stimme und der jetzigen Situation der Charaktere, vor allem in Bezug auf den Protagonisten, treu bleiben. Versuchen Sie an jedem Tag zu Ihrer fiktiven Welt zurückzukommen, damit Sie nicht den Faden verlieren. Sie selbst verändern sich stetig, wenn Sie einmal für einen Monat ausgestiegen sind, wird es schwierig sein, in die Stimmung zurückzufinden, die Sie dazu bewogen hat, Ihren Protagonisten zum Leben zu erwecken und seine Welt zu erforschen. Wenn Sie an einem Tag viel zu tun haben, reicht es auch, das letzte Kapitel noch einmal zu lesen, dafür müsste sich immer Zeit finden. Schriftsteller sagen oft, dass sie Jahre an einem Roman gesessen haben, aber ich bin mir sicher, dass es vor allem die Überarbeitung war, die so lange gedauert hat. Zuallererst sollten Sie sich aber darüber keine Gedanken machen, sondern alles fließen lassen, Seite um Seite füllen, und falls Sie wirklich ins Stocken kommen, fangen Sie beim nächsten Kapitel an. Das Schreiben ist wie das Lesen Gewohnheitssache, es muss in Ihren Alltag eingehen; Sie fragen sich ja auch nicht, ob Sie die Zähne putzen sollten oder die Waschmaschine füllen, Sie tun diese Dinge einfach, mit einem erstaunlichen Selbstvertrauen, und hinterfragen weder Sinn und Zweck noch Qualität. Wenn Sie hintereinanderweg an einem Text schreiben, werden Sie irgendwann spüren, dass das, was gesagt werden musste, gesagt wurde. Auf diese Art und Weise, ohne Zensor und Vernunft, werden Sie schon ziemlich nahe an das richtige Ende gekommen sein, auch wenn es sich noch einmal ändern kann.

Wir haben besprochen, dass die meisten Geschichten Heilsgeschichten sind (das gilt auch für Hamlet, der sich mit Händen und Füßen dagegen wehrt), aber an welcher Stelle Sie sich zurückziehen und dem Leser zutrauen, sich den Rest selber zu denken, können Sie entscheiden. Sie können wie in Carvers »Kathedrale« die Erleuchtung des Protagonisten noch mit in Ihre Geschichte nehmen (wobei wir natürlich nicht wissen, ob er am nächsten Tag nicht alles vergessen hat, er war schließlich ziemlich betrunken und bekifft) oder Sie verlassen Ihren Protagonisten in dem Moment, wo er erkennt, dass etwas Essentielles an ihm nicht stimmt, wie in O'Connors Geschichte. Ich neige dazu, meine Protagonisten zu spät zu verlassen, und weil ich das weiß, kürze ich dann zu viel, und erst andere bringen mich darauf, dass an dieser Stelle noch vieles zu unklar ist, ich meinen Protagonisten – und den Leser – in der Luft hängen lasse. Wenn Ihre Probeleser am Ende nach der nächsten Seite fragen, wissen Sie Bescheid, dass das natürliche Ende noch nicht erreicht ist.

Verzweifeln Sie nicht, wenn es Ihnen nicht sofort gelingt; lassen Sie ihre Gedanken spielen, auch wenn oder gerade dann, wenn sie nicht am Schreibtisch sitzen.

> *Ich bezweifle, dass die meisten Schriftsteller wissen, worüber sie schreiben werden, wenn sie eine Geschichte beginnen. Als ich mit dieser Geschichte anfing, wusste ich nicht, dass es überhaupt eine promovierte Frau mit einem Holzbein geben würde.*

Ich hatte lediglich eines Morgens begonnen, über zwei Frauen zu schreiben, von denen ich einige Dinge wusste, und bevor ich es realisierte, war eine von ihnen mit einer Tochter ausgestattet, die ein Holzbein hatte. Als die Geschichte weiterging, brachte ich einen Bibelverkäufer ins Spiel, aber ich hatte keinen blassen Schimmer davon, was ich mit ihm anfangen sollte. Zehn oder zwölf Zeilen zuvor wusste ich noch nicht einmal, dass er das Holzbein stehlen würde, aber als mir klar wurde, dass genau das passieren würde, habe ich gemerkt, dass es unvermeidlich war. Diese Geschichte jagt dem Leser einen ganz schönen Schrecken ein, und ich glaube, einer der Gründe dafür ist, dass sie auch der Schriftstellerin einen Schrecken eingejagt hat.

»Das Schreiben von Kurzgeschichten«
aus Flannery O'Connors Essay

Nehmen Sie sich die Zeit, scheuen Sie keine Mühe, bis Ihr Ende sich perfekt anfühlt. Nutzen Sie die Chance, sich mit dem perfekten Ende ins Gedächtnis der Leser zu brennen. Nicht der Plot macht Ihre Geschichte unvergesslich, es ist derjenige, der sie erlebt; führen Sie Ihren Protagonisten nach Hause.

Das Ende gibt der Geschichte den Zusammenhang. Ohne Ende ist die Geschichte nicht vollständig. Stellen Sie sich Ihren Protagonisten vor, wie er seine Reise bewältigt hat. Er ist aus seinem sicheren Alltag herausgetreten und hat sich in eine fremde Welt begeben. Er hat ohne Sicherheitsseil einen Berg bestiegen, ohne darüber nachzudenken, wie er wieder herunter kommt. Das einzige, was er die ganze Zeit vor Augen hatte, war die Spitze des Berges. Vielleicht ist er sogar höhenängstlich, trotzdem hat er sich auf den Weg gemacht, weil er gespürt hat, dass es so wie es war nicht weitergehen konnte.

……. *Das Ende ist unvermeidlich.* …….

Am Ende Ihrer Geschichte steht der Protagonist auf dem Gipfel und blickt zurück. Was sieht er? Die ganze Geschichte, alles, was ihm passiert ist. Lassen Sie ihn eine Ahnung davon haben, dass er irgendwann seinen Frieden mit sich und der Welt finden wird. Wir lesen Literatur, um getröstet zu werden. Wir lesen, um uns nicht allein zu fühlen, wenn alles um uns zusammenzubrechen scheint. Wir lesen, weil es uns hilft, wenn andere es geschafft haben, mit Schwierigkeiten umzugehen. Dass sie es gelernt haben, wird allein dadurch bewiesen, dass sie die Kraft hatten, ihre Geschichte aufzuschreiben. Wir lesen, um anderen beim Überleben zuzusehen, damit wir wissen, dass auch wir am Ende überleben.

Wenn ihr Protagonist am Anfang Ihrer Geschichte losgegangen ist, um sich zu rächen, muss er am Ende entweder verzeihen oder an seiner Rachelust zu Grunde gehen. Wenn er am Anfang blind war, muss er am Ende sehen können oder an seiner Blindheit zu Grunde gehen. Wenn er am Anfang einsam war, muss er am Ende entweder nicht mehr einsam sein oder umso mehr daran verzweifeln. Entweder er löst sein tiefsitzendes Problem (oder er macht zumindest den ersten Schritt) oder es ist am Ende zehnmal so schlimm wie am Anfang der Geschichte. Ein gutes Ende zeigt deutlich die Veränderung unseres Protagonisten und vermittelt eine Ahnung, wie es für ihn weitergeht, wenn die Geschichte vorbei ist.

Ich sehe Geschichten als einen Kreislauf. Meine Protagonisten starten ihre Reise, stoßen auf ihre wunden Punkte und stellen sich diesen. Sie haben durch ihre neue Persönlichkeit einen anderen Zugang zu den Dingen bekommen. Der KZ-Überlebende und Psychoanalytiker Viktor E. Frankl hat mehrfach betont, unter anderem in *Trotzdem ja zum Leben sagen; ein Psychologe überlebt das Konzentrationslager*, dass wir Menschen viel aushalten, solange wir einen Sinn im Leiden sehen. Man kann den Verlust eines geliebten Menschen nicht rückgängig machen, aber man kann lernen, besser damit umzugehen, und genau das ist unsere Arbeit als Schriftsteller. Wie ein Psychologe bringen wir unsere Protagonisten dazu, dass sie ihre psychischen Probleme erkennen, bearbeiten und überwinden. Dabei müssen Sie jetzt nur entscheiden, an welcher Stelle des Prozesses die Bühne verlassen werden sollte, damit der Rest von der Fantasie des Lesers erledigt werden kann.

Ein berührendes Ende sichert sich einen Platz im Herzen Ihrer Leser. Nutzen Sie diese Chance. Lesen Sie Ihre Geschichte laut vor (Sind Sie stolz? Sie sollten es sein!). Lesen Sie sie immer wieder. Sie haben den Menschen erschaffen, der oben auf dem Gipfel steht und auf das blickt, was ihm passiert ist. Schließen Sie die Augen und träumen Sie. Versuchen Sie wieder dahin zu kommen, wo Sie beim Erstentwurf waren, als der Zensor oder Korrektor noch keinen Zutritt zu Ihrem glänzenden, pulsierenden Schlamassel hatte. Wie endet die Geschichte für Ihren Protagonisten?

Wenn Sie immer noch Schwierigkeiten haben, das richtige Ende zu finden, stellen Sie sich folgende Fragen:

- Warum habe ich meinen Protagonisten auf seine Reise geschickt?
- Was hat er am Ende gelernt?
- Welcher Makel ist schuld an dem Schlamassel, in dem er sich befindet?
- Wie hat er sich gefühlt, bevor er die Reise angetreten hat, wie fühlt er sich jetzt, da er sie beendet hat?
- Wie zeigt sich die Änderung der Persönlichkeit im Konkreten? Was denkt er jetzt, was tut er jetzt, nachdem er diese Geschichte überstanden hat? Wie sieht sein Weg nach der Geschichte aus?
- Wie sieht das Leben meines Protagonisten in zwei Wochen aus, zu Weihnachten, in fünf Jahren? Welche Vision hat er vor Augen? Was sieht er, wenn er sich vorstellt, dass er seinen Schmerz überwunden hat?

Kopieren Sie den Anfang und das Ende und setzen beides in einem neuen Dokument hintereinander. Wenn es nicht passt, schreiben Sie mehrere Versionen, bis Sie das perfekte Ende gefunden haben. So mache ich es und nicht selten bedeutet es, dass ich meine Geschichte an anderen Stellen umschreiben muss, aber das ist die Reise, die ich als Schriftstellerin gehen muss. Ansonsten: Schauen Sie sich bei Ihren Kollegen um. Ich vergleiche auch hier Anfang und Ende und denke an die Entwicklung, die die Protagonisten gemacht haben.

Beispielhafte Enden

Georgs Augen waren ernst, während er darauf wartete, dass sie weitererzählte. Es war jene kurze Phase des Abends, wenn die Dinge klar in den Himmel gezeichnet sind, kurz bevor sie ihre Getrenntheit aufgeben und im Dunkel verschwimmen. Trudi reckte sich. Was sie Georg anbieten konnte, war viel mehr als das, was passiert war – eine bestimmte Abfolge, die ihn zum Kern der Geschichte führen würde, einer Geschichte, die eine ganze Welt enthielt. Es hatte damit zu tun, was man zuerst erzählte – obwohl es nicht zuerst passiert war – und womit man aufhörte. Es hatte damit zu tun, was man hervorhob und was man wegließ. Und was man niemals vergessen wollte.

Die Andere von Ursula Hegi

Sie ging durch die dämmrige Wohnung und zurück ins Schlafzimmer. Er lag zusammengekrümmt in der Mitte des Bettes; die Decke bauschte sich über seinen Schultern, der Kopf lag halb unter dem Kopfkissen. Er sah verzweifelt aus in seinem schweren Schlaf, sein Arm war über ihre Seite des Bettes geworfen, seine Kinnladen waren zusammengepresst. Während sie guckte, wurde es in dem Zimmer sehr hell, und die fahlen Laken wurden vor ihren Augen grell weiß.

Sie befeuchtete sich die Lippen mit einem trockenen Laut und fiel nieder auf die Knie. Sie streckte ihre Hände auf dem Bett aus.

»Gott«, sagte sie. »Lieber Gott, wirst du uns helfen, Gott?« sagte sie.

»Die Frau des Studenten« von Raymond Carver

Ich sehe das Kind, das auf ihrem Schoße ruhte und meinen Namen trägt, zum Manne gereift, wie er sich aufwärts schwingt auf dem Pfade, der vordem der meinige war. Ich sehe ihn meinen Namen herrlich machen durch das Licht des seinigen und sehe, wie die Flecken, die er durch mich empfing, verblichen sind. Ich sehe ihn ganz vorn unter gerechten Richtern und geehrten Männern – sehe, wie er einen Knaben meines Namens mit dem goldenen Haar und der Stirn, die ich kenne, zu diesem Platze bringt – er ist jetzt schön anzusehen und zeigt keine Spur mehr von der Entstellung der Vergangenheit – und höre, wie er mit weicher, bebender Stimme dem Kleinen meine Geschichte erzählt.

Es ist etwas weit, weit Besseres, was ich tue, als was ich je getan habe, und es ist eine weit, weit bessere Ruhe, der ich entgegensehe, als ich es je gekannt habe.

Eine Geschichte aus zwei Städten von Charles Dickens

Er blickte hinauf zu dem riesigen Gesicht. Vierzig Jahre hatte er gebraucht, um zu erfassen, was für ein Lächeln sich unter dem dunklen Schnurrbart verbarg. O grausames, unnötiges Missverstehen! O eigensinniges, selbst auferlegtes Verbanntsein von der liebenden Brust! Zwei nach Gin duftende Tränen rannen an den Seiten seiner Nase herab. Aber nun war es gut, war alles gut, der Kampf beendet. Er hatte den Sieg über sich selbst errungen. Er liebte den großen Bruder.

1984 von George Orwell

Eine Minute lang saß Rose von Sharon still in der Scheune, auf deren Dach leise der Regen flüsterte. Sie ging langsam hinüber in die Ecke und blickte hinab in das verwüstete Gesicht, in die großen, angstvollen Augen. Und dann legte sie sich neben ihn. Er schüttelte müde den Kopf. Rose von Sharon lockerte ihre Decke an einer Seite und entblößte ihre Brust. »Du musst«, sagte sie. Sie drängte sich dichter an ihn und zog seinen Kopf zu sich heran. »Komm, hier!«, sagte sie. »So.« Sie schob ihre Hand hinter seinen Kopf und stützte ihn. Ihre Finger führten sanft durch sein Haar. Sie blickte auf und durch die Scheune, und ihre Lippen schlossen sich und lächelten geheimnisvoll.

Früchte des Zorns von John Steinbeck

Während wir durch den Sturm fuhren, sang Brian Eno How can moments go so slowly? *Abraham und ich ließen uns durch den verschwommenen Tunnel treiben, nicht mehr zu retten, aber einen Augenblick lang ruhig, ganz bei unserer Aufgabe, ein Vater, der seinen Sohn nach Hause in die Dean Street fährt. Dort gab es keinen Mingus Rude oder Barrett Rude Junior, keine Postkarten von Rennende Krabbe oder Briefe vom Camden College, die durch den Briefschlitz geschoben wurden. Damals waren wir in einem Zwischenraum, in einem weißen Kegel, Vater und Sohn, die mit einer gleichbleibenden Geschwindigkeit vorwärts kamen. Seite an Seite, nicht wirklich still, sondern stillhaltend, zwei Schlenker menschlichen Gekritzels, menschlicher Chiffren, menschlicher Träume.*

Die Festung der Einsamkeit von Jonathan Lethem

Aber ich weiß, dass ich mich bewegen werde. Dann wird sich die Tür langsam öffnen, und ich werde sehen, was sich dahinter befindet. Die Zukunft. Gleich wird sich die Tür zur Zukunft öffnen. Langsam. Erbarmungslos. Ich stehe auf der Schwelle. Nur diese Tür ist da und das, was dahinter lauert. Ich habe Angst. Und ich kann niemanden zu Hilfe rufen.

Ich habe Angst.

»Eine gebrochene Frau« von Simone de Beauvoir

Und nun das vermutlich berühmteste Ende der modernen Literatur:

> *und das Meer das Meer glührot manchmal wie Feuer und die herrlichen Sonnenuntergänge und die Feigenbäume in den Alamedagärten ja und die ganzen komischen kleinen Straßen und Gässchen und rosa und blauen und gelben Häuser und die Rosengärten und der Jasmin und die Geranien und Kaktusse und Gibraltar als kleines Mädchen wo ich eine Blume des Berges war ja wie ich mir die Rose ins Haar gesteckt hab wie die andalusischen Mädchen immer machten oder soll ich eine rote tragen ja und wie er mich geküsst hat unter der maurischen Mauer und ich habe gedacht na schön er so gut wie jeder andere und hab ihn mit den Augen gebeten er soll doch noch mal fragen ja und dann hat er mich gefragt ob ich will ja sag ja meine Bergblume und ich hab ihm zuerst die Arme um den Hals gelegt und ihn zu mir niedergezogen dass er meine Brüste fühlen konnte wie sie dufteten ja und das Herz ging mir wie verrückt ich hab ja gesagt ja ich will Ja.*
>
> *Ulysses* von James Joyce

Zu einem gelungenen Ende zu kommen ist für mich die schwerste Herausforderung beim Schreiben. Ich habe Ihnen zwar Regeln und Ratschläge geben können, und an diese denke ich auch selbst, wenn ich das Ende einer Geschichte bearbeite, aber je mehr Geschichten ich schreibe, umso schwieriger fällt es mir, vielleicht auch, weil meine Ansprüche immer höher werden. Ich habe gerade für einen Wettbewerb eine Geschichte überarbeitet und in der letzten Woche jeden Tag mindestens zehnmal das Ende umgeschrieben, was mich dazu gezwungen hat, jedes Mal den Anfang und den Mittelteil zu überarbeiten. Für gerade mal sechs Seiten. Selbst die letzte Version habe ich mehrere Tage verworfen und wieder zurückgeholt. Das Ende, das sich nachher am besten anfühlte, berücksichtigt keinen einzigen der Punkte, die ich Ihnen in diesem Kapitel genannt habe. Ich bin mir auch noch immer nicht sicher, es waren so viele andere dabei, befriedigender, eindeutiger, poetischer, aber dennoch fühlte sich nichts so richtig an wie das, welches ich zum Schluss stehen gelassen habe. Die eine Stimme sagt, dass dieses Ende daran schuld ist, wenn meine Geschichte nicht ausgewählt wird, die andere, dass sie nur deshalb eine Chance hat. So ist es mit Rezepten: Solange Sie sich an alle Vorgaben halten, kann nichts schiefgehen, aber es wird eben auch nur ein gut gelungener Marmorkuchen. Für Geschichten reicht das aber nicht aus; sie müssen den Leser stutzen lassen, ihn erstaunen, ihm den Atem rauben, vor allem bei Wettbewerben, wo Sie mit hunderten oder tausenden von anderen Schriftstellern konkurrieren. Dafür müssen Sie das Kochbuch auf dem Küchenschrank stehen lassen und sich sagen: Ich backe jetzt den besten Marmorkuchen aller Zeiten. Dann stellen Sie alle Zutaten vor sich hin und machen alles nach Gefühl. Und am Ende überlegen Sie sich, mit welcher geheimen Zutat Sie sich und Ihren Marmorkuchen unvergesslich machen.

ÜBUNGEN

- Suchen Sie sich drei der Enden aus, von denen Sie nicht wissen, wie die Geschichte beginnt, und überlegen Sie sich, wie sie beginnen könnten.
- Suchen Sie sich drei weitere Enden aus und setzen Sie die Anfänge dazu. Was fällt Ihnen auf?«
- Schreiben Sie zwanzig letzte Sätze.
- Suchen Sie sich einen Ihrer ersten Sätze und einen Ihrer letzten Sätze und schreiben Sie die Geschichte.

LEKTION 6

Worum geht es?

Wenn jemand wissen will, was das Thema Ihrer Geschichte ist, möchte er keinen langen Vortrag hören. Er möchte auch nicht, dass Sie mit den Schultern zucken und ihm womöglich noch empfehlen, es selbst herauszufinden. Unsere Leser gehen davon aus, dass wir wissen, was wir tun, und sie erwarten eine klare, kurze Antwort. Auch für uns Schriftsteller ist essentiell, diese klare, kurze Antwort vor Augen zu haben, spätestens bei der Überarbeitung unserer Geschichten.

Literarische Erfahrungen geben uns die Möglichkeit, auf zwei Arten zu bewerten: intellektuell und emotional. Die »Wahrheit«, die durch diese Erfahrungen transportiert wird, kann somit mehrere Wahrheiten, Paradoxien und Widersprüche enthalten. Fiktion muss nicht die Wahrheit vermitteln, sondern *eine* Wahrheit. Wie auch immer der Schriftsteller das Thema angeht, es zeigt seine Haltung.

Literatur ist Überzeugungsarbeit. Sie werden nicht die oder der Erste sein, wenn Sie sich einem Thema widmen, aber Sie werden es auf Ihre ganz persönliche Weise präsentieren. Indem Sie Ihre Geschichte erzählen, erfahren Sie selbst, was die Essenz des Ganzen ist. Anfangs bearbeiten Sie Ihr Thema intuitiv, später intellektuell. Sie denken über Ihre Ideen nach, um herauszufinden, was genau daran interessant ist – und was das für Ihren Protagonisten bedeutet.

Vor ein paar Jahren arbeitete ich lange an einer Kurzgeschichte, ohne wirklich voranzukommen. Sie handelt von einem Pärchen, dessen Auto im Schnee stecken bleibt und während sie im Berliner Umland auf den ADAC warten, konfrontiert die schwangere Frau ihren Mann damit, dass sie von seiner Geliebten weiß. Kurzum: wir bekommen eine uralte Geschichte präsentiert, und nur ein paar Eingeweihte können über die Anspielungen auf den Film *Immer nie am Meer* von Antonin Svoboda lachen. Die Dialoge, die inneren Gedanken der Charaktere können noch so gut gelungen sein, die Geschichte bleibt tausendmal gehört und, was noch schlimmer ist, die Charaktere haben in den Augen der Leser nicht viel mehr als ein Luxusproblem.

Zuallererst habe ich mich gefragt, was passieren muss, damit der Betrug des Mannes aus seiner Banalität herauskommt. Eine Kollegin hatte damals gerade eine Fehlgeburt hinter sich und so ließ ich meine Protagonistin dasselbe Schicksal erleiden, was mir auch die Möglichkeit gab, den unsensiblen Mistkerl in einen trauernden Vater zu verwandeln, der sich mit einer anderen Frau abzulenken versucht. Dann habe ich meine Protagonistin in eine Situation gebracht, die sie mit dem Verlust ihres Babys konfrontiert, um am Schluss endlich den Trauerprozess zu beginnen. Dabei habe ich verstanden, dass es gar keinen Ehebruch erfordert, im Gegenteil, dass er von den Problemen, die die beiden hatten, nur ablenken würde, deswegen ist nicht mehr ihr Mann der hauptsächliche Antagonist, sondern ein junger Vater, der in ihren Augen alles falsch macht, was es falsch zu machen gibt. Sie sieht sich schließlich als diejenige, die das Baby viel mehr verdient hat, und so ist es für die Geschichte unvermeidlich, dass sie es an sich nimmt und sogar bereit ist, den Vater erfrieren zu lassen.

Um eine Art Anleitung für die Entwicklung meiner Geschichte zu bekommen, brauchte ich eine organisierende Kraft, ein THEMA. Es ist die Antwort auf die Frage: »Worum geht es in der Geschichte?« Sie sollte in einer Phrase, am besten in einem Wort kommen, weil sie wie in der Mathematik der kleinste gemeinsame Nenner ist. Für meine Geschichte bedeutet das, dass ich selbst die Namen der Charaktere noch einmal prüfen muss, wenn ich das Thema gefunden habe.

……… ***Alles muss mit dem Thema im Einklang sein. Jedes Wort, jeder Satz, jeder Paragraf, jedes Element der Geschichte spiegelt das Thema wieder.*** ………

Der Prozess, über eine Geschichte nachzudenken, bis das Thema an die Oberfläche kommt, Zusammenhänge deutlich werden, Bilder wieder auftauchen, ein Muster sich herausbildet, ist ein bewusster Prozess. Eine Möglichkeit, das Thema herauszuarbeiten, ist die Zerlegung Ihrer Geschichte in ihre Einzelteile. Die Protagonistin verfolgt etwas, das sie unbedingt will. Etwas, das sie am Ende bekommt oder nicht.

1. Wer ist mein Protagonist?
2. Was bringt das Leben meines Protagonisten durcheinander? Was ist das Ereignis, das ihn zum Handeln zwingt?
3. Was ist sein Ziel? Zurück zum normalen Leben, sei es auch noch so eintönig? Raus aus dem Trott? Die Liebe einer Person zu gewinnen? Eine Person zurückzugewinnen? Die Zeit zurückzudrehen, wie Jay Gatsby?
4. Was setzt der Protagonist dafür aufs Spiel?
5. Was sind die Konflikte, die sich zwischen den Protagonisten und sein Ziel stellen?
6. Welche Krise wird er am Ende erleben?
7. Wie wird er diese Krise lösen und auf den Höhepunkt zugehen?
8. Wie geht die Geschichte zu Ende?

Fassen Sie jetzt Ihren Plot in einem Satz zusammen, der alle Elemente beinhaltet. In Bezug auf meine Geschichte bedeutet das:

Nina hat ihr Baby verloren, obwohl sie alles richtig gemacht hat, und als sie einem jungen Vater begegnet, wird sie wütend darüber, dass sein Baby trotz seines unverantwortlichen Handelns lebt, deswegen nimmt sie es an sich, doch am Ende erkennt sie, dass ihr eigenes Baby nicht zu ersetzen ist und sie dem fremden Baby nicht die Mutter ersetzen kann.

Was musste Ihr Protagonist lernen? Seine Lektion ist die des Lesers. Es ist das THEMA Ihrer Geschichte. Welche Lektion des Lebens möchten Sie vermitteln? Für meine Geschichte über das Pärchen ist das Thema »Loslassen«, ein Thema, um das sich all mein Schreiben bewegt. Die meisten Schriftsteller haben ein Thema, dem sie sich immer wieder zuwenden, oft mit der eigenen Biografie zusammenhängend. Was ist Ihr immer wiederkehrendes Thema? Welches Thema macht Ihnen Angst? Welches Thema würden Sie am liebsten angehen, weil Sie das Gefühl haben, dann besser schlafen zu können? Oder vielleicht gibt es ein Thema, das Sie zu verdrängen versuchen, und Sie müssen genau darüber schreiben. Ich habe beispielsweise nie über meine Erfahrungen als Tochter eines italienischen Gastarbeiters geschrieben, obwohl ich als Kind und Jugendliche sehr unter Rassismus gelitten habe und unter dem Gefühl der Zerrissenheit, allein schon dadurch bedingt, dass meine deutsche intellektuelle Mutter und mein Vater, der als Schafhirte kaum vier Jahre zur Schule gegangen ist, so unterschiedlich waren und es Zuhause viele Konflikte gab. Dennoch habe ich diese Thematik lange komplett aus meinen Geschichten ausgeblendet, bis ich irgendwann einen ersten Satz vor Augen hatte, der keine andere Geschichte als eine autobiografische erforderte. Und so entstand in nur wenigen Wochen ein Buch über meine Familie fast wie im Rausch, als hätte ich nur auf die Chance gewartet, endlich einmal über mich schreiben zu dürfen und zwar so, wie es wirklich war. Natürlich gibt es viele andere Themen, die mir wichtig sind, aber »Zerrissenheit« ist eines, das ich so gut wie gar nicht behandelt habe, vielleicht, weil ich in meinem Erwachsenenleben endlich damit abschließen wollte und dachte, dass ich das ebenso hinter mir lassen könnte wie die Stadt, in der ich aufgewachsen bin.

Auch die Krise kann Ihnen dabei helfen, das Thema Ihrer Geschichte zu finden. Hier muss Ihr Protagonist eine Entscheidung treffen. Diese Entscheidung zeigt, wer er wirklich ist und was die Erfahrung, die er in der Geschichte machen musste, ihm gezeigt hat. Die Samen wurden im Dilemma gesät und alle Konflikte haben zu genau dieser Krise geführt, zu genau dieser Entscheidung und zu genau dieser Auflösung.

Aber die Entscheidung darf nicht einfach sein, sonst ist der Leser enttäuscht. Die Entscheidung muss beides innehaben, schlechte und gute Konsequenzen, es muss etwas zu gewinnen und zu verlieren sein. Im bereits erwähnten Roman *Turbulenzen* von Chang Rae Lee muss Jerry Battle seine Tochter opfern, damit er seine Familie zurückgewinnt. Das Gute hat immer seinen Preis. Sorgen Sie dafür, dass Ihr Protagonist ihn zahlt.

1. Was ist das Ereignis, das die Krise auslöst?
2. Welche Entscheidung muss Ihr Protagonist treffen?
3. Inwiefern zeigt er dabei sein wahres Ich?
4. Wie zeigt seine Entscheidung, was ihm in dieser Geschichte passiert ist?
5. Was muss er opfern?
6. Was gewinnt er dabei?
7. Zu welcher Handlung führt die Entscheidung?
8. Inwiefern führt die Entscheidung zur Auflösung?
9. Was lernt er?

Wenn Sie all diese Schritte durchgegangen sind, wissen Sie genau, worum es in Ihrer Geschichte geht. Sie haben sich vom Ballast getrennt, der in die Irre führt, haben Ihre Charaktere klarer vor Augen, wissen, was sie wollen und was sie am Ende bekommen. Wenn wir einmal unser Thema gefunden haben, machen wir uns daran, jedes Wort, jeden Satz, jeden Paragrafen genau zu untersuchen, ob alles dieses Thema unterstützt. Wenn Sie nicht daran arbeiten, was genau Ihr Thema ist, wenn Sie nicht dafür sorgen, dass der Leser es erkennt, kommt dieser wahrscheinlich auf die Idee, Ihrer Geschichte selbst ein Thema zu geben, und vermutlich werden Sie mit seiner Wahl nicht besonders glücklich sein.

Graben Sie nach dem Thema, bis Sie es gefunden haben, aber erst, wenn die Geschichte komplett niedergeschrieben wurde. Erstens, weil die Fantasie nicht gern an der Leine geführt wird, und zweitens, weil es dann leicht dazu kommen kann, dass wir das Thema auf alle Elemente unserer Geschichte pressen, anstatt es aus ihnen herauswachsen zu lassen. »You want to send a message, call Western Union«, so hat Samuel Goldwyn es ausgedrückt. Sie schreiben nicht über Themen, seien sie auch noch so wichtig, sondern über Menschen. Halten Sie sich fern davon, Ihre Geschichten zum Vehikel für Ideen oder politische Haltungen zu machen. Diese haben eine kurze Haltbarkeitsdauer und sind meist kaum mehr als langweilige, vorhersehbare Pamphlete. Ein Schriftsteller muss zumindest Objektivität vortäuschen und alle Seiten zu Wort kommen lassen.

ÜBUNGEN

- Bestimmen Sie das Thema bei mindestens fünf Ihrer eigenen Geschichten.
- Bestimmen Sie das Thema bei mindestens fünf Geschichten ihrer Kollegen.
- Nehmen Sie sich eine Ihrer Geschichten vor, bei der Sie keine Ahnung haben, was das Thema ist und graben Sie so lange danach, bis Sie es gefunden haben. Überarbeiten Sie die Geschichte, bis jedes Wort das Thema erklingen lässt.

LEKTION 7

Live dabei sein

Eine Geschichte wird in einem Wechselspiel aus Szenen und Zusammenfassungen präsentiert. Eine Szene passiert in Echtzeit. In einer Szene befinden sich Charaktere in Aktion. Wenn die Szene beginnt, werden wir ins Geschehen hineingezogen. Sie präsentiert entscheidende Momente für den Protagonisten: eine Konfrontation, einen Wendepunkt, die Krise. Diese Momente können nicht zusammengefasst werden, weil sie den Leser um das Erleben bringen würden. Die Zusammenfassung schafft eine Distanz zum Geschehen und kann lange Zeiträume in wenigen Sätzen wiedergeben. Sie ist nützlich, weil sie zum Verständnis der Geschichte notwendige Informationen liefern, die Zeit zusammenraffen und ereignislose Phasen überbrücken kann. Hier können der Protagonist *und* der Leser kurz zur Ruhe kommen und Kraft für die nächste Szene sammeln.

.... *Momente der Veränderung müssen in Echtzeit erlebt werden. Sie müssen als Szenen dargestellt werden. In Phasen, die unser Leben entscheidend beeinflussen, erinnern wir uns später an jedes Detail.* ....

Arrangieren Sie Szenen und Zusammenfassungen so, dass Sie die Stimmung und die Spannung optimal transportieren. Wenn Ihre Geschichte zu langatmig erscheint, fügen Sie ein paar Szenen hinzu.

Unterbrechen Sie eine Zusammenfassung, wenn sie sich über Seiten hinzieht, um den Leser wieder in das Geschehen hineinzuziehen.

Zusammenfassungen spielen sich oftmals im Inneren des Protagonisten ab und können im Gegensatz zu Szenen, die meist nur wenige Minuten dauern, Wochen oder Monate abdecken. Eine Zusammenfassung ist nicht für die Bühne geschrieben, hierbei steht nicht die Handlung im Vordergrund. Jetzt bringen die Gedanken und die Gefühle des Protagonisten den Leser dazu, Empathie zu empfinden. Wie viel Raum Sie Zusammenfassungen geben, hängt von der Art Bücher ab, die Sie schreiben. Je schneller die Szenen aufeinander folgen, umso gespannter, aber auch oberflächlicher wird der Leser die Seiten verschlingen, je mehr Sie Zusammenfassungen Raum geben, umso tiefer kann der Leser in das Bewusstsein Ihres Protagonisten dringen. Im Allgemeinen leben Krimis von vielen Szenen mit kurzen Zusammenfassungen (manchmal nur ein Satz), Belletristik lässt sich mehr Zeit und spart sich manchmal sogar Szenen ganz oder bringt nur die Reflexion der Szenen, womit wir uns wieder in der Zusammenfassung befinden.

Wird zu viel Zeit mit scheinbar belanglosen Dingen verquasselt, machen Sie aus den Szenen Zusammenfassungen. Auf die richtige Mischung kommt es an. Aber überprüfen Sie stets, was sich gut als Szene darstellen lässt. Eine Taxifahrt von A nach B eignet sich nur dafür, wenn der Taxifahrer eine Bemerkung macht, die auf die Wunde des Protagonisten zielt oder eine andere Person ihn begleitet und im Taxi auf seine Wunde zielt. Ansonsten bleibt es bei *Ich hielt ein Taxi an und ließ mich zum Brandenburger Tor fahren,* auch wenn der Taxifahrer selbst eine spannende Geschichte zu erzählen hat. Oder Sie überspringen die Fahrt und platzieren Ihren Protagonisten in einem neuen Absatz oder Kapitel direkt am Brandenburger Tor: *Abends traf ich Maritta am Brandenburger Tor, obwohl sie mich darum gebeten hatte, zu ihr nach Hause zu kommen, aber wozu das führen würde war mir klar, deshalb: Brandenburger Tor oder gar nicht.*

Wenn Sie, wie im letzten Kapitel besprochen, nach dem Thema gegraben haben und es jetzt klar vor Augen haben, wissen Sie, welche Szenen Sie brauchen. Sie entscheiden, ob ein Taxi- oder Busfahrer, ein anderer Fahrgast oder das ehemals schönste Mädchen der Schule, die durch die U-Bahn schlurft und versucht, ein Obdachlosenmagazin gegen ein paar Cent oder etwas zu Essen zu tauschen, vielleicht eine Bemerkung machen könnte, die Ihren Protagonisten angreift. Dann erschaffen Sie noch einen weiteren Antagonisten, den Feierabendverkehr oder eine Absperrung, und schon haben Sie Ihren Protagonisten in einer wunderbaren Szene, bevor er überhaupt an den eigentlichen Schauplatz kommt.

Man kann unzählige Szenen für eine Geschichte schreiben, aber nur diejenigen haben Bestand, die dem Zweck der Geschichte dienen. Wenn Sie das Thema Ihrer Geschichte kennen, wissen Sie, welche Szenen Sie brauchen.

Sie als Schriftsteller müssen Ihr Material genau auswählen. Fiktion ist nicht das echte Leben, und auch wenn Sie über Ihr echtes Leben schreiben, sollten Sie die Szenen aussuchen, die für Ihr Thema interessant sind, denn Sie können gar nicht alles aufschreiben, dazu genügt Ihre Lebenszeit nicht. Außerdem würde es mich wundern, wenn Sie sich an jede Minute Ihres Lebens erinnern. Auch Karl Ove Knausgård überlegt für sein Mammutprojekt, sein gesamtes Leben aufzuschreiben, genau, wie er es strukturiert und wählt genau aus, welche Momente erzählt werden und wie (als Rückblende oder in der Erzählzeit, an welcher Stelle, in welcher Reihenfolge) und vor allem: was davon in Szene gesetzt wird, was in Zusammenfassungen. Seine besten Bücher präsentieren die Erzählung seines eigenen Lebens genauso wie ein erfundenes Leben, und dafür brauchte er nicht von der Wahrheit abzukommen, sondern musste sich nur überlegen, was von seinem Leben er für das jeweilige Thema des Buches gebrauchen kann und wie es bestmöglich zu strukturieren ist, nämlich wie bereits besprochen nach dem Ursache-und-Wirkung Prinzip.

Sie müssen genau überprüfen, was jede Szene zur Geschichte beiträgt. Es ist schwierig, eine Geschichte aus einem realen Ereignis zu entwickeln, weil wir Angst haben, dieses nicht wahrheitsgetreu zu schildern. Aber Menschen interessieren sich in erster Linie für Menschen und erst dann für Ereignisse. Wenn Sie also ein öffentliches Ereignis wählen wollen, müssen Sie nach der Trickkiste greifen, damit die Realität Sie nicht an der Leine führt und Sie Ihre Geschichte nicht als politisches oder philosophisches Manifest gestalten. Sie könnten eine Figur kreieren, die es gegeben haben könnte und mit den Details spielen, die man nicht so ohne weiteres recherchieren kann. Ich habe in einem Roman einem ehemaligen RAF-Mitglied eine entscheidende Rolle gegeben, von dem man aber nicht mit Sicherheit sagen kann, wo es sich aufhält oder ob es überhaupt noch lebt. Verwandte scheint es auch nicht zu geben, also kann ich über diese Person schreiben, was ich will. Und wenn man mir immer noch vorwirft, nicht die Wahrheit zu sagen, kann ich mich zurücklehnen, denn ich bin kein Journalist, sondern Schriftsteller. James McBride hat in seinem Roman *Das verrückte Tagebuch des Harry Shackleford* einen Jungen erschaffen, der John Henry bei seinem Kampf um die Abschaffung der Sklaverei begleitete, bis hin zur Besetzung des Waffenlagers in Harpers Ferry, und ihm somit eine entscheidende Rolle für den ganzen Verlauf des Bürgerkrieges gegeben. Das Endergebnis hat sich dadurch nicht verändert, aber es wurden auch nur die Ereignisse erzählt, die für die Entwicklung des Protagonisten entscheidend waren oder sie wurden so manipuliert, *dass* sie für seine Entwicklung entscheidend waren. Geschichtliche Details haben dem Schriftsteller also nicht Fesseln angelegt, sondern als perfekte Bühne und Inspiration gedient. Der Leser hat sich dadurch, dass der Protagonist keine geschichtlich berühmte Figur war, die er bei Wikipedia oder sonst wo hätte recherchieren können, die ganze Zeit denken können, dass ein Harry Shackleford vielleicht wirklich existiert hat, schließlich handelt es sich um einen Sklaven und über die wurde damals sowieso kaum geschrieben, vor allem nicht über einen, der sich als Frau verkleidete. Jedes Ereignis, sei es noch so sehr erforscht, erlaubt eine persönliche Sicht, und so können Sie es immer so erzählen, dass es Ihrem Protagonisten dient, dass er bestimmt, wann es relevant ist, und das sind die Momente, die

Sie für Ihre Geschichte in Szene setzen. Und gerade hier können Sie beweisen, dass Sie ein großer Schriftsteller sind, weil Sie eine neue Sicht auf bekanntes Material geschaffen haben. Wer einen Tatsachenbericht erwartet, würde ohnehin nicht zu einem Roman greifen, oder?

Szenen werden so unauffällig gestaltet wie die gesamte Geschichte. Sie müssen sich ganz natürlich in die Geschichte einweben. Die Szene endet, wenn man auf den Punkt gekommen ist. Szenen sind ökonomisch und verdichtet.

Szenen bedeuten Handlung, Veränderung und Konflikt

Konflikte müssen spürbar sein, sie müssen in erster Linie von dem Charakter gefühlt werden, mit dem der Leser sich identifiziert, aber auch von allen anderen.

Gehen Sie alle Ihre Szenen durch. Schreiben Sie das Thema auf einen Spickzettel und halten Sie es neben jede Szene. Ist das Thema auf dem Grund jeder Szene vorhanden? Ist es vielleicht besser, zwei Szenen zusammenzufassen? Wenn Sie Ihre Geschichte mit sechs Szenen erzählen können, anstatt mit neun, streichen Sie.

……. ***Jede Szene muss die Handlung vorantreiben oder dabei helfen, dass man ein klareres Bild vom Protagonisten bekommt.*** …….

Und falls es Ihnen trotzdem schwerfällt, sich von Szenen zu trennen, bewahren Sie sie einfach auf. Vielleicht kommt irgendwann genau die richtige Geschichte dafür oder es entsteht eine ganz neue daraus.

Der Aufbau einer Szene

Eine Szene ist eine Einheit, die wie die gesamte Geschichte einen Anfang, eine Mitte und ein Ende hat. Der Protagonist muss schlechter gestellt aus der Szene herauskommen, als er es beim Eintreten war; die Szene entfernt den Protagonisten von seinem Ziel, anstatt es näher zu bringen. Wenn das Ziel ist, dass Ihr Protagonist heiraten will und als Teilziel einen Ring für seine Verlobte kaufen will, den aber nur in Raten bezahlen kann, kann die Niederlage nicht sein, dass die Verlobte grundsätzlich keine Ringe trägt, sondern muss damit zu tun haben, dass der Protagonist Schwierigkeiten hat, einen Kredit zu bekommen.

Die Niederlage ist die Antwort auf die Frage, die am Anfang der Szene gestellt wird (»Wird der Protagonist es schaffen, dass der Juwelier sich auf Ratenzahlung einlässt?«). Die Niederlage muss einen deutlichen Bezug zum Gesamtkonflikt haben, der durch das Ziel des Protagonisten entsteht.

Jede Szene muss eine Steigerung sein, die logische Konsequenz der vorherigen. Wie der Protagonist gehen wir als Leser gestärkt und siegessicher auf unser Ziel zu, bekommen einen Faustschlag ins Gesicht und sehen unser Ziel anstatt näher plötzlich meilenweit entfernt. Eine Szene zeigt den Protagonisten beim Kampf, sie erfordert sowohl beim Protagonisten als auch beim Leser die ganze Aufmerksamkeit und es muss deutlich zu spüren sein, dass es anstrengend ist – für den Protagonisten *und* für den Leser. Am Ende sind beide erschöpft (wenn nicht, überarbeiten Sie!).

Schauen wir uns das Ende einer Szene genauer an:

- Es muss im Verhältnis zur Entwicklung der Geschichte sein; wenn der Held in der ersten Szene alle Trümpfe auffährt, gibt es keine Steigerung mehr, es darf aber auch nicht um zu wenig gehen, weil es sonst keine wirkliche Niederlage geben kann.
- Die eindeutige Niederlage muss am Ende der Szene stattfinden. Der Juwelier darf unseren Protagonisten also nicht auf die nächste Woche vertrösten, weil er zuerst seine Frau fragen will, die gerade im Krankenhaus operiert wird.
- Der Protagonist darf sich keine Hoffnung mehr machen dürfen, dieses Teilziel doch noch zu erreichen. Wenn der Juwelier sich nicht auf Ratenzahlung einlässt, darf es keinen anderen Juwelier um die Ecke geben, der es tut.
- Die Niederlage einer Szene gibt die Richtung vor, welches Ziel der Protagonist sich als nächstes setzen wird, das wiederum zu einem

Konflikt führt und mit einer Niederlage endet. Unser verliebter Protagonist kann dem Mädchen beichten, dass er sich den Ring nicht leisten kann, dann kann sie ihm vorschlagen, ihren Vater dennoch um ihre Hand zu bitten, also muss unser verliebter Protagonist sich jetzt eine neue Strategie überlegen, statt Reichtum muss die Ehe mit ihm einen anderen Vorteil bieten. Aber der Vater lässt sich natürlich nicht so ohne weiteres darauf ein, sondern stellt ihm ein weiteres Hindernis in den Weg, das wiederum genau seinen wunden Punkt trifft. Schauen Sie sich Märchen an, dort werden Sie immer wieder auf diese Struktur stoßen.

Haben Sie diese Punkte beachtet, überprüfen Sie Ihre Szene daraufhin, ob das Ziel in direkter Verbindung zum Hauptziel Ihres Protagonisten steht. Ist es ein konkretes Ziel, das klar formuliert ist? Es muss ein essentielles Ziel sein, in dem deutlich vermittelt wird, dass es ums Ganze geht. Ein Protagonist darf eine Szene nie lässig betreten. Der Westernheld mag entspannt aussehen, wenn er die Saloontür öffnet, aber stellen Sie ihn lieber nicht auf die Probe. Auch Ihr Protagonist darf in keiner Szene entspannt sein oder sich wohl fühlen. Keiner der Charaktere darf entspannen oder sich wohl fühlen.

.... ***Eine Szene bedeutet, dass alle – Protagonist, Antagonist, Leser, Schriftsteller – den Boxring betreten.*** ....

Und rechnen Sie nicht damit, dass es fair zugeht oder dass die Beteiligten sich an irgendwelche Regeln halten.

Eine Szene hat einen Konflikt zum Inhalt, der daher rührt, dass Ihr Protagonist sich auf dem Weg zum eigentlichen Ziel ein Teilziel gesetzt hat, eines, das erforderlich ist, um das eigentliche zu erreichen. Eines, das er am Ende der Szene nicht erreicht oder zumindest nicht komplett. Er kann natürlich Teilsiege erringen, die ihn bei der Stange halten, aber am Ende einer Szene muss er der Verlierer sein. Selbst wenn er sein Teilziel erreicht hat, muss er dann erkennen, dass es ihn nicht näher an sein Gesamtziel geführt hat. Jede Szene entfernt unseren

Protagonisten weiter von seinem eigentlichen Ziel, sodass sowohl er als auch der Leser immer mehr darum bangen müssen, ob er es jemals erreichen wird. Hierbei gibt es natürlich auch Ziele, die wir als Leser nicht gutheißen können, von denen wir selbst unseren Protagonisten am liebsten abbringen würden. Wir sind oft blind, wenn es darum geht, was wir wirklich brauchen. Erinnern Sie sich an Jerry Battle aus *Turbulenzen*, an sein Ziel, sein Leben in totaler Freiheit zu führen, vor allem in emotionaler Hinsicht? Jede Szene dient dazu, genau das zu verhindern, und am Ende ist er emotional involviert wie nie zuvor – und ziemlich zufrieden mit diesem Zustand. Bei Fords *Sportreporter* haben wir eine ganz ähnliche Ausgangslage und alle Szenen haben auch hier den Zweck, den Protagonisten davon abzuhalten, sich komplett von seinen Bezugspersonen zu entfremden, aber Frank Bascombe bleibt immun dagegen und zieht am Ende sogar weg, obwohl wir die ganze Zeit gehofft haben, dass er endlich erkennt, was er eigentlich braucht, um glücklich zu sein.

Sorgen Sie dafür, dass es ein Kopf-an-Kopf-Rennen mit dem jeweiligen Antagonisten wird, bis Ihr Protagonist nicht mehr kann und aufgeben muss. Denken Sie daran, dass es eine echte Niederlage sein muss. Am besten eine, die nicht so offensichtlich ist. Eine, mit der er nicht gerechnet hat. Der Antagonist kann auch versuchen, den Protagonisten von seinem Weg abzubringen. Und dann sorgen Sie dafür, dass er wieder dorthin zurückfindet.

Überlegen Sie sich mehrere Niederlagen und nehmen Sie die am wenigsten offensichtliche und gleichzeitig die härteste, die undenkbare. Ihre Leser denken mit und freuen sich über Überraschungen.

Wie viele Szenen braucht eine Geschichte?

Um Ihren Protagonisten zu Boden zu bringen, müssen Sie genau abwägen, wie viele Szenen Sie brauchen und wie heftig diese sein müssen. Anfangs reicht ein kleiner Rückschlag, sonst könnte er sich sagen, dass es die Mühe nicht wert ist. (Wäre der Protagonist in »Kathedrale« nur genervt, weil sein Kifferalltag durcheinandergebracht würde, hätte er sich vermutlich in sein Auto gesetzt und wäre ein paar Tage angeln gefahren; die Eifersucht auf den in seinen Augen minderwertigen Menschen, der seiner Frau viel näher ist als er selbst, hat ihn dazu gebracht, trotz der Unannehmlichkeiten die Stellung zu halten.) Je weiter er in seiner Geschichte voranschreitet, umso wichtiger wird ihm, sein Ziel zu erreichen. Überlegen Sie sich, wenn Sie das Ziel festgesetzt haben, was sich ihm alles in den Weg stellen könnte, und lassen Sie diese Hindernisse immer größer und unüberwindbarer erscheinen. Ist eine Szene im Gegensatz zu der vorherigen »harmlos«, gehört sie entweder an eine andere Stelle oder sie ist redundant. Keine Szene sollte von der Intensität eine Wiederholung der vorherigen sein. Eine Szene muss immer Neues über das Wesen des Protagonisten, seine Hintergrundgeschichte oder seine Umgebung (wenn diese ein weiterer Antagonist ist) ans Licht bringen

Eine Szene muss eine Verschlimmerung für den Protagonisten sein. Eine Szene verdient sich ihre Berechtigung, wenn sie im Zusammenhang mit dem Ziel der Geschichte steht. Eine Szene muss eindeutig, direkt und heftig sein.

Geben Sie Ihren Lesern keinen Raum für Interpretationen, damit sie den Schlag in den Magen genauso spüren wie Ihr Protagonist.

Prüfen Sie, ob eine Szene zur nächsten führt. Wie Dominosteine müssen all Ihre Szenen umfallen, nachdem Sie einmal die erste mit dem Auslöser angestoßen haben. Sie brauchen so viele Szenen wie nötig, damit Ihr Protagonist am Ende der Krise am Boden liegt. Dann weiß er, dass es keinen anderen Ausweg gibt, als sich noch einmal aufzuraffen und alles zu geben, was ihm bleibt, was er aus der Geschichte gelernt hat, was er aus seiner eigenen Persönlichkeit schöpfen kann. Wenn Sie am Ende beim Schreiben selbst ein wenig taumeln, auf unsicheren Beinen auf etwas zugehen, wovon Sie nicht einmal wissen, ob es wirklich gut ist, wenn Sie es aber trotzdem tun müssen, weil Ihr Instinkt nichts anderes mehr zulässt, sind Sie Ihrem Ziel ziemlich nahe, eine tiefgehende Erfahrung eines Menschen zu zeigen, die Reise zu sich selbst, den Abschied von der alten Persönlichkeit und die Andeutung, dass eine neue am Entstehen ist. Geschichten handeln von Erfahrungen in Krisensituationen, und wie der Mensch dadurch in geistig-emotionaler Hinsicht wächst.

Während die Geschichte nach vorn getrieben wird, scheint es für den Protagonisten rückwärts zu gehen; es wird immer unwahrscheinlicher, dass er sein Hauptziel erreicht. Für Shukumar ist das Ziel, dass alles so wird wie früher, die Rückkehr zu dem, was er und Shoba vorher hatten, in seinen Augen die ideale Ehe. Er will wieder der kleine, verwöhnte Prinz sein, um den sich alles dreht, mit einer Frau, die sich darum kümmert, dass alles zu Hause funktioniert. Wir wollen, dass dieser Mann endlich erwachsen und autonom wird, die Verantwortung für sich selbst übernimmt und zu einem verantwortungsbewussten Ehemann und Vater wird. Das, wogegen er sich die ganze Geschichte, sein ganzes Leben lang mehr oder weniger erfolgreich gewehrt hat, ist eigentlich etwas sehr Gutes, und dass er sein Ziel erreicht, können wir uns für ihn nicht wirklich wünschen, denn wir ahnen, dass er sich auf dem direkten Weg in eine Depression befindet. Donna Tartts Protagonist will nicht mehr über die Ereignisse, die ihm seiner Mutter beraubt haben, reden, aber wir wissen, dass es wichtig ist, damit der Trauerprozess beginnen und er heilen kann. Deswegen ist die Aufgabe eines jeden Antagonisten (und davon gibt es auf 1000 Seiten natürlich mehr als in einer Kurzgeschichte und dementsprechend mehr Szenen), ihn dazu zu bringen, dass er sich diesem Thema stellt, und jeder muss nach einer neuen, unerwarteten Methode greifen und ihn aus dem Hinterhalt treffen, damit er nicht immun dagegen wird oder ausweichen kann. Diese immer heftigeren Angriffe müssen in Szenen dargestellt werden, damit der Leser spürt, dass es für unseren Protagonisten immer schwieriger wird, sprich, dass er sich von seinem Ziel immer mehr entfernt.

Je weniger Optionen für den Protagonisten bleiben, umso spannender wird es. Es muss ihm kontinuierlich »schlechter« gehen, weil die Hoffnung auf ein gutes Ende immer geringer wird. Hier wird das »gute« Ende, das er sich wünscht, hoffentlich nicht erfüllt, aber um das zu erfahren, müssen Sie das überaus spannende Buch selbst lesen.

Die Atempausen zwischen den Szenen

Eine Geschichte kann nicht nur aus Szenen bestehen, weil Ihr Protagonist eine Auszeit braucht. Eine Zeit, in der er seine Wunden lecken und über das nachdenken kann, was schiefgegangen ist. Eine Geschichte besteht also aus dem Wechselspiel von Szenen und Zusammenfassungen. Die Zusammenfassung beginnt für unseren Protagonisten, wenn die Szene zu Ende ist (dafür ist es wichtig, bei der Perspektive konsequent zu bleiben, weil Sie sich entscheiden müssen, wen Sie beim Wundenlecken begleiten wollen). Zuerst ist der Protagonist emotional von dem Vergangenen überwältigt, er braucht seine Zeit, um zu reflektieren, was ihm in der letzten Szene geschehen ist. Dann ordnet er die Szene in das gesamte Bild ein, er überdenkt seine bisherigen Handlungen und trifft eine neue Entscheidung, wie er doch noch eine Chance haben könnte, sein großes Ziel zu erreichen, jenes, das er sich am Anfang vorgenommen hat, jenes, das seine durcheinander gebrachte Welt wieder in Ordnung bringen sollte. Und wenn er diese Entscheidung getroffen hat, macht er sich auf den Weg, sie umzusetzen und betritt die nächste Szene, wo er wieder auf einen Antagonisten stößt.

Zusammenfassungen verbinden Szenen. Sie zeigen, wie Ihr Protagonist aus der einen herauskommt und die nächste betritt. Sie zeigen, welche Entwicklung er zwischen den Szenen und in der ganzen Geschichte macht. Mit jeder Szene verliert er an Kraft und Hoffnung und gewinnt an Einsicht. Etwas passiert außerhalb von ihm und hat direkten Einfluss auf das, was in seinem Inneren passiert. Und die Zusammenfassung erlaubt ihm – und dem Leser – das Tempo wieder zu drosseln, denn die Geschwindigkeit einer Szene ist auf Dauer nicht auszuhalten. Eine Zusammenfassung lässt alle Beteiligten für einen Moment innehalten, um dann wieder gestärkt die nächste, noch schlimmere Niederlage ins Auge zu fassen.

Diese Struktur ist uns Menschen so vertraut, dass wir Leser verunsichern, wenn wir uns nicht daran halten. Manchmal erfordert eine

Szene, dass wir unseren Protagonisten sofort handeln lassen müssen, weil er zuerst seine Frau aus dem brennenden Auto retten muss und danach sofort seinen Sohn von der Polizei abholen muss, nachdem sie ihn beim Dealen erwischt haben, also eine Reihe von Niederlagen, die ihn zum direkten Handeln zwingen, ohne ihm die Zeit zur Reflexion zu geben. In diesem Fall können Sie ihn die Geschehnisse reflektieren lassen, wenn die Lage sich entspannt hat.

Auch der Leser braucht Atempausen zwischen den Szenen, wie die Protagonistin ist er erschöpft und sehnt sich nach einem kurzen Moment der Ruhe, bevor der Kampf wieder losgeht. Achten Sie beim Lesen einmal nur darauf, wie eine Kurzgeschichte oder ein Roman strukturiert wurde, nehmen Sie sich diesen Aspekt vor und markieren Sie Szenen und Zusammenfassungen in unterschiedlichen Farben, studieren Sie, wie Ihre Kollegen es mit Szenen und Zusammenfassungen halten und welche Stimmung dabei herauskommt. Sie werden sehr bald auch bei Ihren eigenen Texten sehen, wann etwas in einer Szene und wann in einer Zusammenfassung präsentiert werden sollte. Sie werden ein Gespür dafür bekommen, ob **Aktion** oder **Reflexion** angebracht ist.

Wenn Sie Ihre Geschichte kompetent strukturieren, wenn Sie eine solche Harmonie zwischen Szenen und Zusammenfassungen schaffen, üben Sie eine hohe Anziehungskraft auf den Leser aus, ohne dass er sich dessen bewusst wird. Schon die ersten Kinderbücher, die Märchen, die uns vorgelesen wurden, haben genauso funktioniert. Der Teddy (die Puppe, der Hase, Klein Hänschen) läuft von Zuhause weg, stößt auf ein Hindernis, überwindet es nach großer Anstrengung, legt sich hin, um auszuruhen, und sieht sich dem nächsten, noch größeren Hindernis gegenüber, bis er am Ende erschöpft in den Armen von Mama oder Papa liegt und schwört, nie wieder wegzulaufen. Eine harmonische Komposition von Szenen und Zusammenfassungen führt den Leser sicher durch die Geschichte, und es wird ihm schwerfallen, sie vor dem Ende wegzulegen.

ÜBUNGEN

- Nehmen Sie sich mindestens drei Ihrer eigenen Geschichten vor und markieren Sie Szenen und Zusammenfassungen farblich. Stimmt das Gleichgewicht? Sind Szenen überflüssig? Fehlen welche?
- Nehmen Sie alle Szenen raus. Was passiert?
- Nehmen Sie alle Zusammenfassungen raus. Was passiert?
- Überarbeiten Sie!

LEKTION 8

Der Vertrag mit dem Leser

Wenn der Leser anfängt, Ihre Geschichte zu lesen, geht er mit Ihnen einen Vertrag ein. Er hört nicht auf zu lesen, solange Sie die Illusion aufrechterhalten, dass er sich auf eine »wahre« Geschichte einlässt. Damit meine ich eine Geschichte, die von Menschen handelt und die in einem kontinuierlichen Fluss erzählt wird. Einen Tatsachenbericht erwartet niemand von Ihnen.

Sie versprechen dem Leser, eine Geschichte zu erzählen, egal ob der Plot komplex ist oder es keinen gibt, wie bei manchen Geschichten von Lydia Davis oder Donald Barthelme. Zum zweiten versprechen Sie, diese Geschichte so zu erzählen, dass Menschen oder menschenähnliche Wesen sie *erleben*, in Form von Handlungen und nicht Beschreibungen. Drittens versprechen Sie, dass es ein Ende geben wird, genauso wie einen Anfang. Dazu kommt noch das Versprechen, dass es eine fiktionale Handlung mit einer Veränderung, einem Konflikt und einer Auflösung geben wird. Ihr Trumpf sind Ihre Charaktere: Der Leser identifiziert sich mit einer oder mehreren Personen, die in der Geschichte vorkommen. (Je weniger, umso besser. Es ist anstrengend, sein Herz immer wieder neu zu verschenken und zu richtiger Liebe wird es dann auch meist nicht kommen.) Der Leser erlebt, was dem Erzähler widerfährt. Er ist Stingo. Er ist Holden Caulfield. Er will weder William Styron sein, noch J. D. Salinger.

Gleich zu Beginn müssen Sie sich auf eine Perspektive festlegen. Auch wenn noch gar kein Name oder Personalpronomen erwähnt wird, auch wenn es einfach nur eine Beschreibung ist wie bei Andre Dubus' Kurzgeschichte »Der Doktor«, betrachten wir ab dem ersten Satz das Geschehen aus dem Blickwinkel Art Castagnettos, auch wenn er erst im vierten Satz genannt wird.

> *Gegen Ende März begann der Schnee zu schmelzen. Zuerst rann er von den Hügeln und Straßen herab, und die Bäche begannen zu rieseln. Schließlich lag er nur noch an tiefgelegenen, schattigen Stellen im Wald. Im April gab es vier warme Sommertage, und am ersten Tag sagte Art Castagnetto zu Maxine, sie könne seinen Pyjama bis zum nächsten Jahr weglegen.*

Wahrscheinlich machen Sie sich gar keine Gedanken, wenn sie eine Geschichte beginnen, Sie legen oder besser ihr Erzähler legt einfach drauf los, oftmals haben wir ja die erste Idee zu einer Geschichte, weil wir jemanden in uns reden hören. Spätestens bei der Überarbeitung müssen wir uns aber genau fragen, warum wir diese Person erzählen lassen, wenn wir nämlich ausprobieren, ob die Geschichte besser wird, wenn sie aus einer anderen Perspektive erzählt wird. Der Erzähler ist zu wichtig, bei ihm bleibt der Leser und Sie können beeinflussen, wie nahe die beiden sich kommen. Viele Bücher haben sich genau aus diesem Grund in unser kollektives Gedächtnis eingenistet. Sie müssen nicht *Moby Dick* gelesen haben, um bei »Nennt mich Ishmael« eine Gänsehaut zu bekommen. (»Nennt ihn Ishmael« hätte weder damals noch heute solch eine Wirkung). Oder stellen Sie sich den *Fänger im Roggen* in der dritten Person vor. Dagegen wäre *Emma* oder *Effi Briest* in der ersten Person kaum erträglich.

Der Leser muss an jeder Stelle der Geschichte wissen, aus welchem Blickwinkel er das Geschehen betrachtet. Der Erfolg einer Geschichte misst sich daran, wie weit der Leser in das Geschehen involviert wird. Alles, was dabei unterbricht, vor allem die Stimme des Schriftstellers, trennt nicht nur den Leser von der Geschichte, sondern bricht die

Illusion. Genau das wollte Virginia Woolf doch mit *Zum Leuchtturm*, könnten Sie mir jetzt widersprechen, und eine Vielzahl von Beispielen aus diesem fantastischen Roman der Moderne nennen, vielleicht nach *Ulysses* das wichtigste Werk aus jener Zeit. Es stimmt, jede Person kann bei ihr zum subjektiven Er-Erzähler werden, manchmal wird das Staffelholz mitten im Satz übergeben, und durch die sehr häufig verwendete erlebte Rede gibt es keine wirklichen Anhaltspunkte, wer gerade denkt, wir müssen es also durch den Kontext und durch den Charakter der Personen erschließen. Auf der ersten Seite beginnt es noch ziemlich harmlos, da gleich zu Anfang des Paragrafen die Person genannt wird, aus dessen Perspektive wir das Geschehen nun betrachten, und noch ein weiterer Hinweis – »in ihren Augen« (im vorherigen Absatz war es Sohn James und wir haben erfahren, was er über seinen Vater und seine Mutter denkt):

> *»Aber es kann doch schön werden – ich denke, dass es schön wird«, sagte Mrs. Ramsay und drehte eine kleine Spirale aus dem rotbraunen Strumpf, an dem sie gerade strickte, ungeduldig. Falls sie ihn heute Abend fertig bekäme, sollte er, so sie denn am Ende wirklich zum Leuchtturm führen, dem Leuchtturmwärter für seinen Kleinen mitgebracht werden, bei dem Verdacht auf Hüftgelenktuberkolose bestand; zusammen mit einem Stoß alter Illustrierter und etwas Tabak, ja eigentlich allem, was in ihren Augen nur herumlag, nicht wirklich gebraucht wurde, sondern nur zur Unordnung des Zimmers beitrug, jenen armen Teufeln mitgebracht werden, die sich ja zu Tode langweilen mussten, wo sie doch den ganzen Tag nichts anderes zu tun hatten, als die Lampe zu putzen und den Docht zu stutzen und in ihrem Fetzchen Garten herumzuharken, damit sie etwas Abwechslung hätten.*

Später aber muss man sehr aufmerksam lesen, um zu wissen, aus welcher Sicht erzählt wird:

> *Sie hatten Zimmer und Ort, und so hatten sie, auf dem Rückweg, auf dem Hinweg, beim späten Auseinandergehen vor den Zimmertüren, die eine oder andere kleine Bemerkung über die Suppe gemacht, über die Kinder, über dies und jenes, das sie zu Verbündeten machte; so dass sie jetzt, als er auf seine abwägende Art neben ihr stand (er war zudem alt genug, um ihr Vater zu sein, ein Botaniker, ein Witwer, der nach Seife roch, sehr gewissenhaft und reinlich), einfach nur dastand. Er stand einfach nur da. Ihr Schuhwerk war ausgezeichnet, stellte er fest. Es erlaubt ihren Zehen, sich auszudehnen, wie es natürlich war. Da er in ihrem Haus bei ihr wohnte, hatte er auch bemerkt, wie ordnungsliebend sie war, vorm Frühstück schon draußen zum Malen, allein, glaubte er: arm, vermutlich, und ohne den Teint oder den Liebreiz von Miss Doyle gewiss, aber mit einem Verständnis begabt, das sie in seinen Augen jener jungen Dame überlegen machte.*

Und an manchen Stellen ist es ambivalent – wer denkt, dass er nun wahrlich genug gesagt hat, Tansley oder Mrs. Ramsay, in wessen Kopf befinden wir uns bei dem von mir unterstrichenen Satz?

> *»Morgen kann man nicht anlegen am Leuchtturm«, sagte Charles Tansley und schlug die Hände zusammen, während er mit ihrem Gatten an der Fenstertür stand. Er hatte nun wahrlich genug gesagt. Sie wäre froh gewesen, wenn die beiden sie und James allein gelassen und ihr Gespräch fortgesetzt hätten.*

Mrs. Woolf brach wie schon James Joyce mit dem autoritären Gebaren eines allwissenden Erzählers, und überlässt uns die Arbeit, in dem Gewusel von Haltungen und Meinungen unsere eigene zu bilden. Vor ihrer Zeit war es normal, wie wir im Folgenden erfahren werden, dass der Schriftsteller seine eigene Sichtweise einbringt, aber dann fingen Schriftsteller an, sich aus dieser Rolle zu lösen und heute müssen wir erst recht aufpassen, dass der Leser sich nicht belehrt fühlt. Der Leser erkennt sofort, wenn es nicht die Worte und Gedanken unseres Erzählers sind, sondern die des Schriftstellers. Es lohnt sich, jeden einzelnen Satz darauf zu prüfen, ob ich als Schriftsteller in meinen Worten erkläre (belehre) oder meine Charaktere in Aktion (Sprache, Erscheinung, Gedanken, Handlung) zeige und den Leser auf diese Art manipuliere. Und sollten Sie darüber nachdenken, Virginia Woolf nachzuahmen, bedenken Sie bitte, dass sie bereits eine anerkannte Schriftstellerin war und zu einer Zeit lebte – und in Kreisen verkehrte –, in denen es »normal« war, dass ein Buch nicht zur Unterhaltung und zur Ablenkung diente, sondern dass man es zur Hand nahm, um etwas zu lernen und seine eigene Haltung zu überdenken, den Text also eher zu studieren als ihn zu überfliegen. Aber wenn Sie erst einmal einen Bestseller geschrieben haben, können Sie sich einiges mehr erlauben, wahrscheinlich auch solch eine Perspektivenkür à la Mrs. Woolf.

Erste Person Singular

In Elizabeth Strouts *Die Unvollkommenheit der Liebe* erlebt der Leser alles durch die Augen (Nase, Ohren etc.) des Ich-Erzählers: »Vor Jahren, und zwar vor sehr vielen Jahren inzwischen, lag ich einmal fast neun Wochen im Krankenhaus.« Wir erfahren, was er erlebt, denkt und empfindet in seinen Worten. Der Erzähler entscheidet, was wichtig ist und was nicht. Er erzählt, was ihm passiert ist, gerade passiert oder passieren wird. Und der Leser hört zu, als würde er neben ihm sitzen. Auf dem Barhocker, in einem Konferenzsaal oder an einer Supermarktkasse. Es muss zum Charakter passen, wie und wo er redet.

Manchmal wird der Leser auch direkt angesprochen wie bei Salingers *Fänger im Roggen*:

> *Wenn Sie das wirklich hören wollen, dann möchten Sie wahrscheinlich als Erstes wissen, wo ich geboren bin, wie meine lausige Kindheit gewesen ist und was meine Eltern so gemacht haben, bevor sie mich gekriegt haben, und all dieses David-Copperfield-Zeug, aber eigentlich habe ich überhaupt keine Lust, das zu erzählen, wenn Sie's wirklich wissen wollen.*

Manchmal ist der Ich-Erzähler nicht der Protagonist der Geschichte, sondern ein Außenstehender (ich komme später ausführlicher darauf zurück). Ein berühmtes Beispiel dafür ist *Der große Gatsby* von F. Scott Fitzgerald. Wir erleben das Geschehen aus dem Blickwinkel Nick Carraways. Diese Perspektive gibt uns die Möglichkeit, reflektiert über einen Protagonisten zu schreiben, der es selbst nicht ist.

> *Im Krieg bewährte er sich hervorragend. Er ging als Hauptmann an die Front, und nach der Schlacht in den Argonnen wurde er zum Major befördert und erhielt das Kommando über die Maschinengewehrabteilung der Division. Nach dem Waffenstillstand bemühte er sich fieberhaft um seine Heimkehr, doch aufgrund irgendeiner Komplikation oder eines Missverständnisses wurde er nach Oxford geschickt.*

Der Nachteil an dieser Perspektive ist, dass der Erzähler nur das wiedergeben kann, was er wirklich mit eigenen Augen gesehen hat. Alles andere muss er den Berichten anderer entnehmen, genauso wie die Vorgeschichte und Nebenschauplätze. Auch *Moby Dick* ist voll von Ereignissen, die in Ishmaels Abwesenheit stattgefunden haben, aber mit ein paar mehr oder weniger überzeugenden Kunstgriffen ist er seiner Perspektive treu geblieben.

Viele bevorzugen den Ich-Erzähler wegen der Nähe, die der Leser so zum Geschehen haben kann. Aber sie hat ihre Nachteile: Erstens ist sie heutzutage derart häufig geworden, dass Verleger und Agenten es als reine Erholung empfinden, eine objektivere Stimme zu hören. Wenn man eine Geschichte nach der anderen als Beichtvater erleben muss, tut es gut, das Geschehen zur Abwechslung aus einem gepflegten Abstand zu betrachten. Außerdem ist es die erste Person Singular – oft begleitet von einem saloppen bis flapsigen Ton –, zu der ein Debütant am häufigsten greift.

Der andere Nachteil ist, dass man in der Person des Erzählers »gefangen« ist. Nur ein geübter Schriftsteller schafft den Spagat, seine achtjährige Protagonistin so sprechen zu lassen, dass der Leser überzeugt ist, einem Kind zuzuhören, und trotzdem eine nicht zu kindliche Sprache aufs Papier zu bringen. Harper Lee ist mit *Wer die Nachtigall stört* ein solcher Spagat gelungen:

> *Kurz bevor er dreizehn wurde, hatte mein Bruder Jem einen schlimmen Armbruch am Ellenbogen. Als es heilte und Jems Angst, niemals ein Footballspieler zu werden, beschwichtigt war, blieb er nur noch selten wegen seiner Verletzung befangen. Sein linker Arm war irgendwie kürzer als der rechte; wenn er stand oder ging, stand seine Hinterhand senkrecht zu seinem Körper, sein Daumen parallel zu seiner Hüfte. Es war ihm egal, solange er passen und schießen konnte.*

The Go-Between von L. P. Hartley handelt von den Ereignissen, die der Mitte Sechzigjährige Ich-Erzähler in seiner Kindheit erlebte, und auch wenn dem Leser überzeugend vermittelt wird, dass er das Tagebuch eines Dreizehnjährigen liest, entspricht die Sprache glücklicherweise nicht seinem Alter und Reifegrad:

> *Der achte Juli war ein Sonntag, und am drauffolgenden Montag verließ ich West Hatch, das Dorf in der Nähe von Salisbury, in dem wir lebten, um nach Brandham zu fahren. Meine Mutter hatte mit meiner Tante Charlotte, die in London wohnte, vereinbart, dass diese mich dort in Empfang nehmen und zum Umsteigebahnhof bringen sollte. Meine wilde Vorfreude auf diesen Besuch war von starker, schwindelerregender Unruhe begleitet.*

Derartige Dokumente haben einen sehr hohen Wahrheitsgehalt, und genau das ist es, was wir selbst von einem fiktiven Werk erwarten. Insbesondere bei einem Ich-Erzähler vertrauen wir darauf, dass er die Geschichte so erzählt, wie sie sich »wirklich« zugetragen hat. Sie können aber auch einen Erzähler wählen, der bewusst unzuverlässig ist. Einen Erzähler, der zwar der Meinung ist, die Wahrheit zu erzählen, den Leser aber schnell merken lässt, dass man nicht so viel auf diese Sicht der Dinge geben kann. Kazuo Ishiguros *Was vom Tage übrig blieb* wird aus der Sicht eines unzuverlässigen Erzählers präsentiert; der Erzähler, von Kindesbeinen an ein ergebener Butler, ist in seinem übertrieben professionellen Benehmen nicht nur blind gegenüber den Gefühlen der anderen – und seinen eigenen –, sondern auch gegenüber jeglichen Umständen, wie beispielsweise den politischen vor Ausbruch des Zweiten Weltkrieges und den nicht gerade ehrenhaften Handlungen seines Dienstherrn, Lord Darlington. Solch ein Erzähler sträubt sich besonders gern gegen seine Transformation; an dieser frühen Stelle können wir bereits erkennen, dass er zu der Sorte der Hamlet-Protagonisten gehört und ihm ein ähnliches Ende blüht:

> *Und somit möchte ich folgendes postulieren: »Würde« hat anscheinend zu tun mit der Fähigkeit eines Butlers, niemals die berufliche Identität preiszugeben, die ihn erfüllt. Butler geringeren Formats werden schon beim kleinsten Anlass ihre berufliche Identität zugunsten einer privaten preisgeben. Solche Menschen spielen als Butler lediglich eine Schmierenkomödie – ein kleiner Stoß, ein leichtes Stolpern, und schon fällt die Fassade und offenbart den Schauspieler dahinter. Die großen Butler sind groß aufgrund der Fähigkeit, ihre berufliche Identität bis zum äußersten auszufüllen und in ihr zu leben; sie lassen sich nicht aus ihr herausschütteln durch äußere Ereignisse, mögen sie noch so überraschend, beunruhigend oder irritierend sein.*

Auch in Italo Svevos Roman *Zenos Gewissen* finden wir einen unzuverlässigen Erzähler. Angesichts der Tatsache, dass er für seinen Psychoanalytiker ein Tagebuch schreiben soll, fast verständlich, aber auch, weil Zeno von Anfang an misstrauisch ist, was das Ganze bringen soll – und letzten Endes die Therapie auch abbricht.

> *Meine Kindheit betrachten? Mehr als fünf Jahrzehnte trennen mich von ihr, und meine weitsichtigen Augen könnten ja so weit reichen, wenn nicht das Licht, das immer noch von ihr aus-*

strahlt, durch Hindernisse aller Art aufgehalten würde, regelrechte hohe Berge; all meine Jahre und ein paar Stunden.

Der Doktor hat mir empfohlen, ich solle mich nicht darauf versteifen, so weit zurückzublicken. Auch Sachen, die gar nicht so lange her sind, können wertvoll sein, und vor allem die Fantasievorstellungen und Träume der letzten Nacht.

Das Wichtigste ist, dass Sie den Ich-Erzähler alles (jedes Wort, jeden Laut, jede Pause) aus sich heraus sprechen lassen. Auch wenn wir wissen, dass er uns etwas vormacht, dass wir seinem Bericht nicht wirklich trauen können, muss sich genau das in seiner Erzählung wiederfinden. Zeno ist und bleibt Zeno, und wenn der Schriftsteller es dreimal besser weiß, seine Meinung zählt nicht. Allerdings sollten Sie sich überlegen, ob Ihr Protagonist wirklich der richtige Erzähler ist. David Gates' Roman *Jernigan* wird von einem lallenden, unstrukturierten Alkoholiker, der ständig auf der Suche nach einem Drink ist, erzählt und soll somit vermutlich authentisch wirken, aber das Lesen ist eine Qual. In solchem Falle sollte der Erzähler aus einem großen Abstand von dieser Zeit berichten, wenn er jahrelang trocken ist und sein Leben wieder in den Griff bekommen hat und so auch die damaligen Begebenheiten ordnen und entscheiden kann, was wichtig ist und was nicht, oder man lässt wie bei *Der große Gatsby* oder *Moby Dick* einen Außenstehenden zu Wort kommen (seinen Therapeuten, seine Freundin, den Sohn). In dem in einer Psychiatrie spielenden Roman *Einer flog übers Kuckucksnest* erschuf Ken Kesey einen amerikanischen Ureinwohner, der durch sein kontinuierliches Schweigen und seine Beschäftigung als Putzmann überall auf der Station anwesend sein kann, ohne dass man ihn beachtet. Aus der Sicht des Protagonisten Mc Murphy wäre dabei nichts als ein von Sexfantasien überquellendes Geschwafel eines selbstherrlichen, egoistischen Alkoholikers in ständiger Gewaltbereitschaft herausgekommen. Durch die Augen des Häuptlings betrachtet erhält der Roman aber eine weitere Ebene, eine, mit der das Heimatland des Verfassers ein noch größeres Problem hat als mit seinem Psychiatriewesen, nämlich der Ausbeutung und Ausrottung der Ureinwohner, die wenigstens hier einen Teilsieg davontragen können. Und so ist die Sterbehilfeszene kurz vor Schluss nicht nur ein Gnadenakt, sondern auch die Begleichung einer lang ausstehenden Rechnung, auch wenn eine leise Kritik an Menschen(gruppen) mitschwingt, die unter der Unterdrückung zu lange abwarten, bevor sie handeln – und somit haben wir nicht mehr nur ein Ureinwohnerproblem, sondern ein universales:

Der große harte Körper hing zäh am Leben. Er wehrte sich lange dagegen, dass ihm das Leben weggenommen wurde, strampelte und sträubte sich so sehr, dass ich mich schließlich in meiner ganzen Länge drauflegen musste, um die zappelnden Beine in die Schere zu nehmen, während ich das Kissen auf das Gesicht drückte. So lag ich auf diesem Körper, tagelang, wie mir schien. Bis das Zappeln aufhörte. Bis es eine Weile ruhig war und einmal zusammenzuckte und dann wieder ruhig war. Dann wälzte ich mich herunter. Ich hob das Kissen hoch, und im Mondschein sah ich, dass sich an dem leeren, ausweglosen Gesichtsausdruck nicht das Geringste verändert hatte, auch nicht, als ihm die Luft wegblieb. Ich drückte mit meinem Daumen die Augenlider herunter und hielt sie so, bis sie von selber unten blieben. Dann legte ich mich wieder in mein Bett.

Dritte Person Singular

Auch mit dieser Perspektive können Sie es schaffen, eine große Nähe zum Geschehen aufzubauen. Der Erzähler berichtet, was er sieht oder sah, tut oder tat, und wenn er sich dabei auf eine Person konzentriert, zu dessen Gedanken und Gefühlen er ebenfalls Zutritt hat, dann sprechen wir von der **subjektiven dritten Person**. Die ganze Geschichte wird durch das Bewusstsein dieser Person gefiltert wie bei »Fundstücke« von Jennifer Egan:

Es fing an wie üblich, auf der Damentoilette des Lassimo-Hotels. Sasha tupfte gerade vor dem Spiegel ihren gelben Lid-

schatten nach, als sie neben dem Waschbecken auf dem Boden eine Tasche bemerkte, sicher die von der Frau, deren Pinkeln sie durch die massive Tür der Kabine vage hören konnte. Oben in der Tasche steckte, gerade noch erkennbar, eine Brieftasche aus verblasstem grünem Leder. Im Rückblick war es für Sasha sonnenklar, dass das blinde Vertrauen der Frau sie provoziert haben musste.

Jennifer Egans Kurzgeschichte befindet sich in der Sammlung *Der größere Teil der Welt*, und das Besondere an ihrem Buch ist, dass alle Kurzgeschichten miteinander verwoben sind, indem eine Nebenfigur zur Hauptfigur der anderen wird. Es wird nicht durchgängig in der dritten Person erzählt und auch die Stile und Präsentationsformen wechseln sich ab, sodass wir nicht nur ein äußerst spannendes, Dekaden umfassendes Kaleidoskop an verknüpften Lebensgeschichten bekommen, sondern auch ein beispielhaftes Lehrbuch für Perspektive, Ton, Stimme, Präsentation, Zeit, Setting und Charakterbildung. Darüber hinaus finden wir in mehreren ihrer Geschichten mindestens ein wunderbares Beispiel dafür, dass jede Regel gebrochen werden kann und manchmal genau ein Regelbruch dafür sorgt, dass eine Geschichte besonders berührt: »Leb wohl, Liebste« wird in der subjektiven dritten Person erzählt, aber gegen Ende mischt sich der allwissende Erzähler ein, nur einen Absatz lang, und eröffnet uns einen kurzen Blick in die Zukunft, bevor er wieder zurück in Teds Person schlüpft und mit seiner bescheidenen Stimme die Geschichte zu Ende erzählt.

In jedem Fall erfordert diese Perspektive viel Aufmerksamkeit, weil man als Schriftsteller leicht in Versuchung gerät, mehr preiszugeben, als diese Person aus ihrer Perspektive tun würde. Betrachten wir zum Beispiel folgenden Satz: »Michaela trank gerade ihr drittes Bier, als ihr Exmann auf sie zuging.« Wenn aus Michaelas Perspektive berichtet wird, muss er auf sie *zukommen*. Auf sie zugehen kann er nur, wenn aus seiner Perspektive berichtet wird, allerdings fragen wir uns dann, woher er wusste, dass sie ihr drittes Bier trank. Hat er sie die ganze Zeit heimlich beobachtet? Weiter geht es mit: »Unbewusst zog sie ihren

Rock über die Knie.« Allein das Wort »unbewusst« hat es geschafft, den Keil zwischen Michaela und den Leser zu treiben (sagt Michaela von sich selbst, dass sie etwas unbewusst macht?), jetzt kann der Leser nicht mehr in Michaelas Haut bleiben, er darf nur mehr Zuschauer sein. Um herauszubekommen, ob ich wirklich in der Perspektive des subjektiven Er-Erzählers bleibe, kann ich folgenden Trick anwenden: Ersetzen Sie jedes »er« mit einem »ich«, um Schwachstellen aufzuspüren. Vielleicht entscheiden Sie sich am Ende vielleicht doch für die erste Person, weil die Geschichte so besser wirkt. Es lohnt sich bei jeder Geschichte verschiedene Perspektiven auszuprobieren, denn mit jeder macht Ihre Geschichte essentielle Änderungen durch und meistens gibt es nur eine Sichtweise, die die optimale Wirkung auf Ihre Leser hat.

Die **objektive** dritte Person vermittelt eine größere Distanz zum Geschehen, weil der Erzähler ein anderer als der Charakter ist, der die Geschichte erlebt. Er hat Einblicke in die Gedanken des Protagonisten und beschreibt das Geschehen aus dessen Perspektive, ist aber nicht dieselbe Person. Hierbei ist zu beachten, dass es schwierig ist, zwischen dem Erzähler und dem Schriftsteller zu unterscheiden, also werden die Leser die Worte des Erzählers gern dem Schriftsteller zuordnen. Deswegen ist große Vorsicht geboten, dass man als Schriftsteller nicht auf die Idee kommt, persönliche Haltungen und Überzeugungen vermitteln zu wollen. Ein Beispiel für den objektiven Er-Erzähler finden wir in Adam Hasletts Kurzgeschichte »Der gute Doktor«:

> *Er hatte den Job in einem Bezirkskrankenhaus angenommen, zweitausend Meilen entfernt von seiner Familie und seinen Freunden, weil der Staatliche Gesundheitsdienst die Rückzahlung des Darlehens, das er für sein Medizinstudium erhalten hatte, übernehmen wollte, wenn er drei Jahre in einer unterversorgten Gegend arbeitete.*

Eine Steigerung der Distanz erhalten wir dann, wenn wir gar nicht mehr die Innenwelt des Charakters oder der Charaktere betreten, sondern uns auf Handlung und Dialog beschränken. Auch hier spricht man von der **objektiven dritten Person**, der Erzähler ist nur noch Beobachter, kommentiert nicht, reflektiert nicht, ordnet die Ereignisse nicht nach Relevanz oder nach dem bereits besprochenen Ursache-Wirkung-Prinzip. Das Geschehen wird 1:1 wiedergegeben, wie es ist. Die Wirkung ist fast journalistisch, wie ein Tatsachenbericht, und kann äußerst verstörend sein, da wir keine Einblicke in die Gefühlsebene der Charaktere oder ihrem Hintergrund bekommen und alles aus dem, was sie tun und sagen, schließen müssen. Bei einer geschickt erzählten Geschichte merken wir gar nicht, wie wir nach und nach ein komplettes Bild der Charaktere bekommen, und so erstaunt uns ihr Verhalten nicht. Aber stellen Sie sich vor, wir hätten bei Jhumpa Lahiris Geschichte einen objektiven Erzähler, der sich darauf beschränken würde, nur zu beschreiben, was er sieht und hört. Wir würden ein Pärchen beobachten, das sich weitestgehend meidet, von der Ankündigung hören, dass der Strom für ein paar Tage abgestellt wird, dem leicht depressiven Mann die meiste Zeit des Tages beim Nichtstun und abends bei den Vorbereitungen fürs Essen zusehen, den Unterhaltungen lauschen, ohne zu wissen, warum sie sowohl für den einen als auch für den anderen immer unangenehmer werden, kurz vor Schluss der Bettszene beiwohnen, die damit endet, dass die Frau ihrem Mann mitteilt, dass sie auszieht und erst auf der letzten Seite würden wir erfahren, dass es ein totes Baby gab. Es wäre eine völlig andere Geschichte mit einer völlig anderen Wirkung. Aber machen Sie sich den Spaß, diese Geschichte einmal so zu erzählen, es wird Ihnen dabei helfen, ein Gespür für diese Perspektive zu bekommen.

Ein meisterhaftes Beispiel für diese Perspektivwahl ist Raymond Carvers Kurzgeschichte »Volkstümliche Mechanik«:

> *Ich bin froh, dass du abhaust! Ich bin froh, dass du abhaust! sagte sie. Hast du gehört?*
>
> *Er machte weiter, packte weiter seine Sachen in den Koffer.*
>
> *Du Scheißkerl! Was bin ich froh, dass du abhaust! Sie fing an zu weinen. Du kannst mir nicht mal ins Gesicht sehen, wie?*

Dann bemerkte sie das Bild des Babys auf dem Bett und nahm es.
Er sah sie an, und sie wischte sich die Augen und starrte ihn an, ehe sie sich umwandte und wieder ins Wohnzimmer ging.
Bring es zurück, sagte er.
Pack einfach deine Sachen und verschwinde, sagte sie.

Gerade bei dramatischen Ereignissen ist ein solch emotionsloses Erzählen oftmals die einzig wirksame Weise, die Menschen zu erreichen. Je mehr wir kommentieren, umso denk- und gefühlsfauler wird der Leser. In John Bergers *Auf dem Weg zur Hochzeit* stirbt die Tochter des Protagonisten. Schauen Sie, wie davon erzählt wird, ohne auch nur einmal von Gefühlen zu reden, und schauen Sie, was das mit Ihren Gefühlen macht:

Sie wird nicht mehr imstande sein zu sprechen. Um ihr ein paar Tropfen Wasser in den ausgetrockneten Mund zu geben, wird er eine Injektionsspritze benützen müssen. Sie wird nicht die Kraft haben, irgendetwas zu bewegen, außer ihren Augen, die ihn befragen werden, und ihrer Zungenspitze, um an die Wassertropfen heranzukommen.

Die **multiple dritte Person** zeigt das Geschehen aus mehreren Perspektiven; Hannah Tintis »Trautes Heim« ist ein gutes Lehrstück, das einen Mord an einem Ehepaar aus allen möglichen Perspektiven erzählt und zwar auf kaum mehr als zwanzig Seiten. Wir fangen an bei dem Ehepaar Pat und Clyde kurz vor dem Mord, übergeben das Staffelholz an Clydes Schwiegermutter, die die Polizei informiert, dann geht es weiter zum Hund Buster, der Clydes Pantoffel vergräbt, bevor er zu seinen Besitzern zurückkehrt, den Nachbarn unseres ermordeten Ehepaars, und wir erfahren detailliert, wie die Mitchells sich kennenlernen, Jahre später plötzlich Eltern eines sechsjährigen Venezolaners werden und Mr. Mitchell daraufhin eine Affäre mit Pat beginnt. Wir begleiten die beiden Ehebrecher eine Weile, dann geht es weiter mit der noch lebenden Pat, die erzählt, dass ihr Mann Clyde impotent ist, und kurz bevor sie ermordet wird, mit Mr. Mitchell in ihrem eigenen Haus Sex hat, auf der Fußmatte mit der Beschriftung *Trautes Heim*, was uns wiederum überleitet zu dem untersuchenden Inspektor Sales, dem nicht auffällt, dass jene verschwunden ist. Wir erfahren Details aus seiner Vergangenheit und seinem aktuellen Leben, dann begleiten wir ihn bei der gründlichen Untersuchung des Tatorts und der Leichen, bis er auf die Hundespuren stößt und nach den Besitzern suchen lässt. Wir sind nun wieder bei den Mitchells, allerdings einen Monat vor dem Mord, und erfahren, wie Mrs. Mitchell in ihrer neuen Mutterrolle aufgeht, dann geht es noch weiter zurück in die Vergangenheit, zu ihrer eigenen Kindheit, die sie nach dem Tod ihrer Mutter bei drei Tanten verbracht hat, die ihr das Schießen beibrachten. Genau daran erinnert sie sich, als sie ihren Mann mit Pat beim Sex erwischt, und im nächsten Absatz hat sie Pat bereits erschossen und ist auf dem Weg in die Küche, um Clyde in seinen Pantoffeln umzubringen, dann nimmt sie die Fußmatte an sich und versenkt sie in einer Mülltonne, die sich am folgenden Tag über den Adoptivsohn ausleert, was uns die Gelegenheit gibt, zu erfahren, wie es dem Jungen seit seiner Ankunft in Amerika ergangen ist. Er bringt die Fußmatte seiner Mutter mit, die gerade mit Inspektor Sales in der Küche redet, wir sind kurz bei ihm, dann noch kürzer bei Clydes Mutter, bis es zu Mrs. Mitchell zurückgeht, die beobachtet, wie ihr Mann seine Koffer packt und geht, und danach die Geschichte mit ihren Gedanken zu Ende führt.

Hannah Tinti versteht es auf unglaubliche Weise, uns trotz der zahlreichen Personen und Begebenheiten, der Zeit- und Gedankensprünge, nicht zu verwirren, was vor allem an der selbstbewussten, eleganten Art des Erzählens liegt und uns immer das Gefühl gibt, dass sich letztendlich alle Puzzleteile, die wir präsentiert bekommen, zu einem großen Ganzen zusammenfügen werden. »Ein schlechter Geschichtenerzähler bringt uns dazu, dass wir uns wünschen, er möge endlich zur Sache kommen, ein guter Geschichtenerzähler bringt uns dazu, dass wir uns wünschen, er möge nie aufhören«, so beschreibt es Joan Silver in ihrem Lehrbuch *Time in Fiction*. Wenn »Trautes Heim« aufhört, sind wir fast enttäuscht, auch als alle Fragen geklärt sind, wünschten wir uns, dass noch eine Person – oder eine Katze, ein weiteres Beweisstück, wer oder was auch immer – auftaucht, weil es einfach so ein Genuss ist, dieser Erzählerin zuzuhören.

Die **multiple dritte Person** bietet sich vor allem bei Romanen an. Krimiautoren bedienen sich ihrer gern, um die Spannung zu erhöhen, indem sie, kurz bevor es bei einer Person knallt, zur anderen wechseln. Das Verstehen mehrerer Charaktere macht eine Geschichte komplexer, weil der Leser sie als mehrere Personen erleben kann. Carol Shields lässt in *Sie und er – Er und Sie* beide Ehepartner zu Wort kommen, auf genau der gleichen Anzahl von Seiten. Jeder Teil fängt vorne an, je nachdem, wie man das Buch aufnimmt, liest man entweder die Sicht der Frau oder die des Mannes zuerst und es wird keine Empfehlung gegeben, wer zuerst zu Wort kommen soll.

Vorbild dieser Perspektive könnte die 1914 erschienene Kurzgeschichtensammlung *Rashomon* von Ryūnosuke Akutagawa gewesen sein; sie schildert eine Vergewaltigung mit anschließendem Mord aus der Perspektive aller Beteiligter: Mit jeder weiteren Perspektive erweitert sich auch die Wahrnehmung des Lesers. Wollen Sie Ihre Geschichte also aus verschiedenen Perspektiven erzählen, müssen Sie einen Grund dafür haben, die verschiedenen Erzähler müssen verschiedene Dinge sehen, erleben, spüren.

Der Nachteil dieser Perspektive ist, dass der Leser seine Aufmerksamkeit und seine Sympathie aufteilen muss und dadurch keinem der Charaktere so nahe kommt, wie er einem einzelnen kommen könnte; Hannah Tintis Kurzgeschichte ist wohl eine große Ausnahme, manchmal genügt ein einziger Satz, um sich in die jeweilige Person hineinzuversetzen, allein deswegen sollte man diese einzigartige Geschichte genau studieren – auch weil sie unglaublich Lust darauf macht, diese Technik einmal auszuprobieren.

Erste und dritte Person Singular kombiniert

Vladimir Nabokovs *Professor Pnin* beginnt mit der objektiven dritten Person, so denken wir, unser Protagonist wird von einer zärtlich-mockierenden Erzählerstimme eingeführt (wie, werden Sie unter dem

Punkt Beschreibungen erfahren), aber dann meldet sich, als wir uns schon längst an diese Perspektive gewöhnt haben, plötzlich und ohne Vorwarnung ein Ich-Erzähler zu Wort:

> *War es etwas, das er gegessen hatte? Dieses eingelegte Gürkchen auf dem gekochten Schinken? War es eine geheimnisvolle Krankheit, die bislang allen seinen Ärzten entgangen war? Mein Freund fragte es sich, und ich fragte es mich auch.*

Die Attraktivität dieser Perspektive ergibt sich durch die Nähe, die der Ich-Erzähler zum Lesenden aufrechterhalten kann, und nachdem er sich einmal eingeführt hat, braucht er sich nicht mehr zu melden, man spürt seine Anwesenheit, als würde man mit ihm im selben Raum sitzen, und vielleicht handelt es sich sogar um Herrn Nabokov höchstpersönlich, stimmt doch so vieles mit der Biografie überein, sprich: extrem hoher Wahrheitsgehalt.

Allwissender Erzähler

Gottgleich weiß der Erzähler alles über jeden in der Geschichte. Hier wird das Geschehen nicht mehr durch das Bewusstsein eines oder mehrerer Charaktere gefiltert, sondern alles liegt offen auf dem Tisch, und der allwissende Erzähler kann seinen Lesern davon mitteilen, was er wünscht. Er kann in alle Köpfe hineinsehen, weiß über alle Gefühle und Sehnsüchte Bescheid, kennt die Vergangenheit und die Zukunft aller Beteiligten, ja, sogar die des ganzen Universums. Wie eine Kamera bei einem Basketballspiel springt der Reporter von einem Spieler zum anderen und auch wir Leser müssen ständig auf dem Sprung sein, um der Kamera zu folgen. Diese Stimme kennen wir vor allem aus den Romanen der 19. Jahrhunderts, die einen mehr oder weniger schulmeisterlichen Ton haben und sich nicht scheuen, den Leser immer wieder anzusprechen und ihn unter anderem auch zu ermahnen, im Folgenden ganz besonders aufzupassen.

Charles Dickens verlangt seinem Erzähler in *Eine Geschichte aus zwei Städten* viel ab; es wird uns nicht nur aus dem überaus ereignisreichen Leben von einer Vielzahl von Charakteren berichtet, nein, auch die Geschehnisse vor, während und nach der französischen Revolution werden auf geschickte Weise mit der seines Heimatlandes verwickelt. Blut und Kampf wechseln sich ab mit zarter Liebe und das oft in einem Absatz, und der allererste verrät uns schon, was wir zu erwarten haben:

> *Es war die beste und die schlechteste Zeit, ein Jahrhundert der Weisheit und des Unsinns, eine Epoche des Glaubens und des Unglaubens, eine Periode des Lichts und der Finsternis. Es war der Frühling der Hoffnung und der Winter des Verzweifelns. Wir hatten alles, wir hatten nichts vor uns; wir steuerten alle unmittelbar dem Himmel zu und auch alle unmittelbar in die entgegengesetzte Richtung – mit einem Wort, die Periode glich der unsrigen so wenig, dass ihre lärmendsten Tonangeber im Guten wie im Bösen nur den Superlativgrad des Vergleichens auf sie angewendet wissen wollten.*

Was für ein gefährliches Abenteuer liegt da vor uns, aber wir können uns beruhigt darauf einlassen, denn wir werden an der Hand geführt und sicher bis ans Ziel kommen. Dieser Erzähler weiß um alle Gefahren, selbst wenn es sich nur um eine Pfütze handelt, er wird uns darauf hinweisen, damit unsere eigenen Füße im Gegensatz zu denen der Charaktere trocken bleiben. Solch ein Erzähler hilft auch dabei, ein schwieriges Thema für den Leser erträglich zu machen; die von mir bereits erwähnte Geschichte von der Frau, die nicht über die Totgeburt ihres Kindes hinwegkommt, habe ich bei der letzten Überarbeitung von einem allwissenden Erzähler einleiten lassen, der in einem beruhigenden Abstand von einem harmlosen Ereignis zu berichten scheint, und sich nach einem Absatz zurückzieht, um am Ende wieder aufzutauchen, damit er die Protagonistin und somit auch die Leser trösten kann.

Ein wunderbares Beispiel für den allwissenden Erzähler finden wir in Alessandro Manzonis Roman *Die Verlobten*: Dem Leser wird an keiner Stelle auch nur der geringste Zweifel gelassen, wie er das Berichtete zu verstehen hat; er wird von einem wohlwollenden, weit herumgekommenen, hoch gebildeten Onkel sicher durch die Geschichte geführt und erfährt Hintergründe, Beweggründe, Einblicke in geschichtliche und soziale Aspekte, sogar Blicke in die Zukunft, und niemals würde er es wagen, die Worte des Onkels in Frage zu stellen.

> *Diese Sorte Menschen, die jetzt gänzlich verschwunden ist, florierte damals in der Lombardei aufs beste und war als Gilde schon sehr alt. Für den, der sich von ihr keine Vorstellung machen kann, führe ich einige verbürgte Angaben an, die hinreichend Aufschluss geben über ihre wichtigsten Eigenschaften, über die Anstrengungen, die man machte, um sie auszurotten, und über ihre zähe, ja, überschäumende Lebenskraft.*

Der Vorteil dieser Erzählerstimme ist, dass sie nicht von der Reife oder Bildung des Protagonisten abhängig ist und der Erzähler das Recht hat, Dinge zu erklären, von denen keiner seiner Charaktere eine Ahnung hat. Heutzutage wissen Schriftsteller, die mit dieser Perspektive arbeiten, dass sie bescheidener zu Werk gehen müssen, die Gedanken der Charaktere nicht allzu freimütig verraten sollten und auch mit Ihrem Wissen nicht herumprahlen dürfen, damit der Leser sich nicht ständig bevormundet fühlt. Meistens bedeutet der allwissende Erzähler unserer Zeit, dass die dritte multiple Person mit kleinen essayistischen Einschüben des Autors aufgemischt wird. Oder man spielt mit dieser Perspektive wie Milan Kundera oder Italo Calvino, um damit zu verdeutlichen, dass man gar nicht daran interessiert ist, die Wirklichkeit abzubilden, sondern gleich klarzustellen, dass der Roman nichts als eine Konstruktion ist.

Dennoch ist bei solchem Vorgehen Vorsicht geboten, denn der Leser ist sich bewusst, dass der Schriftsteller zu ihm spricht, was eine Distanz zum Geschehen bewirkt. Und auch zu den Charakteren lässt sich keine wirkliche Nähe aufbauen, wenn immer jemand von außen dazwischenfunkt. Wer sich an diese Perspektive dennoch trauen mag, sollte unbedingt Muriel Sparks *Die Blütezeit der Miss Jean Brodie* studieren, die in ihrem kurzen, aber so ereignisreichen, vielschichtigen Roman diese Perspektive zur Höchstform bringt. Allerdings spricht hier auch nicht Gott zu uns, sondern jemand, der es irgendwie geschafft hat, ganz nah am Geschehen zu sein, jemand, der wohl mit allen Beteiligten gesprochen hat und ihnen jedes noch so geheime Detail entlocken konnte, obwohl sie doch absolutes Stillschweigen gelobt hatten, höchstwahrscheinlich bei einer Tasse Tee im eigenen Wohnzimmer, und ein paar selbstgebackenen Keksen.

Zweite Person Singular

Der Erzähler redet seinen Leser direkt mit »du« an und macht ihn damit zum Protagonisten. Er erzählt, was »du« getan oder gesehen hast. Jay McInerney hat 1987 damit in seinem Roman *Ein starker Abgang* die Literaturwelt mit dieser Perspektive geschockt:

> *Du bist nicht der Typ, der sich morgens um diese Zeit an einem Ort wie diesem herumtreibt. Aber da bist du nun mal, und du kannst nicht behaupten, dass dir die Umgebung gänzlich unvertraut ist, auch wenn die Einzelheiten ein bisschen verschwommen sind. Du bist in einem Nachtclub und redest mit einem Mädchen mit kahl rasiertem Kopf. Bei dem Club handelt es sich entweder ums Heartbreak oder um die Lizzard Lounge. Vielleicht ließe sich alles klären, wenn du nur auf die Toilette verschwinden und noch ein bisschen von dem bolivianischen Marschierpulver schnupfen könntest.*

Wenn der Leser sich darauf einlässt, hat er das Gefühl, dass er selbst die Geschichte erlebt. Lorrie Moore hat diese Perspektive auf die Spitze getrieben – ihre Kurzgeschichtensammlung *Leben ist Glückssache* liest sich wie ein Ratgeber, was in der deutschen Übersetzung kaum berücksichtigt wurde, deswegen rate ich Ihnen, wenn Sie diese Perspektive einmal ausprobieren wollen, das Buch im Original zu lesen.

Ihr begegnet euch in teuren, beigen Regenmänteln, nachts, bei dickem gelbem Nebel. Wie in einem Detektivfilm. Du stehst vor dem Florsheim- Schaufenster in 57sten Straße, drückst dein Gesicht dicht ans Glas, betrachtest die nachgemachten Hummelfiguren aus Samt, die sich um die Wing Tips drehen; ein Paar weiße Schuhe, wie dein Vater sie trägt, stehen mit Girlanden verziert auf einem kleinen Hügel aus künstlichem Schnee. Alle Geschäfte sind geschlossen. Du kannst deinen Atem auf der Scheibe sehen. Du malst ein Peace-Zeichen. Und wartest auf einen Bus.

Das Einlassen auf diese extrem enge Identifikation ist für viele Leser nicht einfach, aber wenn Sie es schaffen, wird Ihre Geschichte noch lange im Gedächtnis bleiben und hoffentlich mehr Autoren hierzulande zur Nachahmung verleiten.

Erste und zweite Person Singular kombiniert

Im folgenden Beispiel hat der Leser den Eindruck, als würde er persönlich angesprochen, auch wenn er nicht bei den Geschehnissen dabei war. Er wird zum Akteur, indem der Protagonist die Geschichte wie ein Geständnis präsentiert.

Du sagst immer, ich würde nie von meiner Zeit in Moskau erzählen und davon, warum ich abgereist bin. Du hast Recht, ich bin dem ausgewichen und bald wirst du den Grund dafür verstehen. Aber du hast immer nachgehakt, und irgendwie muss ich in letzter Zeit ständig daran denken – ich kann es nicht lassen. Vielleicht, weil es nur noch drei Monate bis zu unserem »großen Tag« sind, und an den denke ich, wie an einen Tag der Abrechnung. Mich drängt es, jemandem von Russland zu erzählen, selbst wenn es weh tut. Und wenn wir uns schon dieses Versprechen geben, es vielleicht sogar halten, solltest du auch wissen, was gewesen ist.

Die eiskalte Jahreszeit der Liebe von A.D. Miller

Leichter machen wir es dem Leser, wenn immer wieder daran erinnert wird, dass die angesprochene Person jemand anderes ist, wie in Nawal el Saadawis Kurzgeschichte »Das Geständnis eines Mannes«:

> *Schenk mir noch ein Glas ein, mit viel Eis, lass mich reden und unterbrich mich nicht. Du kannst hin und wieder mit deiner Hand über meinen Kopf streichen oder über meinen Hals, über meine Brust oder über jede andere Körperstelle – unter der Bedingung, dass du mich nicht am Reden hinderst. Denn heute Nacht bin ich zu dir gekommen, um dir all das zu beichten, was ich sonst niemandem beichten würde, nicht einmal wenn es Gottes Stellvertreter auf Erden wäre.*

Der Leser wird hier nicht in die Geschichte hineingezogen, sondern ist nur Zeuge eines an die Geliebte gerichteten Monologs. Ganz ähnlich funktioniert diese Perspektive als Brief, wie zum Beispiel in Franz Kafkas »Brief an den Vater«:

> *Du hast mich letzthin einmal gefragt, warum ich behaupte, ich hätte Furcht vor Dir. Ich wusste Dir, wie gewöhnlich, nichts zu antworten, zum Teil eben aus der Furcht, die ich vor Dir habe, zum Teil deshalb, weil zur Begründung dieser Furcht zu viele Einzelheiten gehören, als dass ich sie im Reden halbwegs zusammenhalten könnte. Und wenn ich hier versuche, Dir schriftlich zu antworten, so wird es doch nur sehr unvollständig sein, weil auch im Schreiben die Furcht und ihre Folgen mich Dir gegenüber behindern und weil die Größe des Stoffs über mein Gedächtnis und meinen Verstand weit hinausgeht.*

Erste Person Plural (kollektiver Beobachter)

Diese Perspektive bietet sich an, wenn eine Kleinstadt- oder Dorfgeschichte erzählt wird. William Faulkner hat sie in seiner berühmten Kurzgeschichte »Eine Rose für Emily« benutzt:

Damals sagten wir nicht, sie sei verrückt. Wir glaubten, sie müsse so handeln. Wir erinnerten uns an all die jungen Leute, die ihr Vater verscheucht hatte, und wir wussten, dass sie sich nun, da ihr nichts mehr geblieben war, an den klammerte, der sie beraubt hatte, denn so geht es eben zu.

Diese Perspektive zeigt besonders, wie ein Individuum unter der Beobachtung und dem Druck einer ganzen Gemeinschaft leben und leiden muss; darüber hinaus vermittelt sie einen hohen Wahrheitsgrad, weil es viele Zeugen gibt, die bestätigen können, dass sich alles genauso zugetragen hat. (Selbst, wenn die Leser natürlich wissen, dass ein Roman oder eine Geschichte nicht in Wirklichkeit passiert ist, dass sich ein Schriftsteller das Ganze ausgedacht hat, spielt es eine große Rolle, ob etwas wahrscheinlich ist. Auch an die Fiktion muss man glauben können, fast noch mehr als an die Realität.)

Dritte Person Plural

Hier wird das Geschehen nicht von einem einzelnen Charakter wahrgenommen, sondern gleichzeitig von zwei oder mehreren. »Mutter« von Natalia Ginzburg wird aus der Perspektive ihrer Kinder erzählt und somit wird von Anfang an die große Distanz zur Mutter deutlich, die nicht wie die Mütter ihrer Freunde alles für sie tun würde, sondern ihr ganz eigenes Leben voller Geheimnisse und verbotener Dinge führt und selbst zerbrechlich wie ein Kind wirkt, ungezwungen und verantwortungslos, völlig desinteressiert an den alltäglichen Freuden und Sorgen ihrer Kinder, unerreichbar, auch wenn sie neben ihnen im großen Ehebett schläft.

Die Kinder fanden es seltsam, von ihr geboren worden zu sein. Es wäre viel weniger seltsam gewesen, hätten die Großmutter oder Diomira sie geboren, mit ihren großen, warmen Körpern, die die Furcht verjagten, die vor Gewittern oder Dieben schützten. Es war seltsam zu denken, dass gerade diese Frau ihre Mutter war, dass sie einmal in ihrem Bauch gewesen waren.

Dass die Mutter sich am Ende aus Liebeskummer das Leben nimmt ohne Rücksicht darauf, dass sie damit ihre Kinder zu Vollwaisen macht, wird durch diese Perspektive schon früh angedeutet – sie betont von Anfang an die tiefe, unüberbrückbare Kluft zwischen einer Mutter und ihren Kindern, ein Thema, das in Natalia Ginzburgs Werken immer wieder vorkommt und in einem krassen Gegensatz zu dem typischen Bild der aufopfernden, bedingungslos liebenden Mutter steht, die ihre Daseinsberechtigung in der Erziehung ihrer Kinder sieht.

Perspektivenwechsel

Ein wohlüberlegter Übergang kann wie die Führung der Kamera in einem Film wirken. Durch den Perspektivwechsel bringt man den Leser näher an das Geschehen heran und entfernt ihn wieder, lässt ihn aus dieser oder jener Perspektive den Raum erfassen. Gustave Flaubert fängt *Madame Bovary* in der ersten Person Plural an, um den jungen Charles Bovary einzuführen, dann geht es weiter mit dem allwissenden Erzähler, der immer näher an Emma Bovary kommt und dann nähert er sich wieder dem Ehemann, kriecht ganz in ihn hinein, wenn er seine Gedanken wiedergibt, bis er ihn wieder von außen analysiert. Am Ende kommen wir zurück zur ersten Person Plural.

Tschechows »Die Dame mit dem Hündchen« wird fast die ganze Zeit aus der Perspektive des Mannes erzählt, nur in einem kritischen Moment übernimmt die Frau das Steuer, aber um uns nicht zu überfordern, fügt Tschechow das Wörtchen *offenbar* hinzu, denn dadurch befinden wir uns wieder in der ursprünglichen Perspektive, der von Gurow: »Sie sah ihn an und erblasste, dann sah sie ihn noch einmal ganz entsetzt an, als traue sie ihren Augen nicht, und drückte krampfhaft Fächer und Lorgnon zusammen. Sie kämpfte offenbar mit sich selbst, um nicht in Ohnmacht zu fallen.«

Sehr gekonnt wird der Perspektivwechsel auch von Ambrose Bierce in der Kurzgeschichte »Zwischenfall auf der Eulenfluß-Brücke« gehandhabt. Es beginnt mit einem allwissenden Erzähler, der die Vorbereitung einer Exekution schildert: Ein Zivilist aus den Südstaaten soll gehängt werden, die Unionisten stehen bereit, um ihres Amtes zu walten. Sie tun es, wir bekommen in einem Rückblick präsentiert, warum unser Protagonist verurteilt wurde, und erleben alsdann, wie er seinem Schicksal entkommt und am Ende in die Arme seiner Frau sinkt, woraufhin wieder der allwissende Erzähler übernimmt und bestätigt, dass unser Protagonist tot am Strick baumelt. Das genaue Studium von Bierces Kurzgeschichte lohnt sich nicht nur wegen des gekonnten Perspektivwechsels, sondern auch, weil, wie wir in einem späteren Kapitel sehen werden, die Zeit eine wichtige Rolle spielt. Außerdem gelingt es ihm, dass der Leser sich nicht ausgetrickst fühlt, als diese so farbenreich und ausführlich dargestellte Flucht sich am Ende doch als Traum entpuppt; wenn man den Text aufmerksam liest, weisen immer mehr Details darauf hin, dass wir die reale Ebene längst verlassen haben, auch wenn wir wie unser Protagonist bis zum Schluss auf ein Wunder hoffen. Die sachliche Erzählerstimme im letzten Satz holt uns auf den Boden der Tatsachen zurück, und wir beobachten fast in einer Schockstarre die baumelnde Leiche, die doch gerade eben noch so lebendig und glücklich war. Und dennoch, wir müssen nur zwei Zeilen nach oben rutschen und haben ihn wieder vor Augen, in den Armen seiner wunderschönen, lächelnden Frau.

Das Ishmaelprinzip

Extreme Protagonisten können nicht ihre eigene Geschichte erzählen. Sie sind getrieben von ihren Leidenschaften, bereit dafür zu sterben (meistens tun sie es auch) und haben jegliche objektive Sicht verloren. Extreme Protagonisten brauchen jemanden, der aus sicherem Abstand erzählt, der die Katastrophe überlebt und dann, wenn es zu verrückt klingt, dem Leser die Sicherheit gibt, dass sich alles einigermaßen plausibel auflösen wird.

Jay Gatsbys Kämpfen um seine frühere Geliebte Daisy erleben wir aus der Sicht Nick Carraways, der angesichts der vielen dunklen Geheimnisse, die das fiktive West Egg in der Nähe New Yorks umranken, für Halt und Glaubwürdigkeit sorgt. Vom ersten Satz an wissen wir, dass wir uns bei ihm in guten, vertrauenswürdigen Händen befinden: »In meinen jüngeren und verletzlicheren Jahren hat mir mein

Vater einen Rat gegeben, der mir seither nicht mehr aus dem Kopf geht.«

An der Sprache erkennt man, dass Nick aus guter Familie kommt, er hört auf seinen Vater, er ist sensibel, er hat ein gutes Gedächtnis und er scheint überlegt zu handeln. Stellen Sie sich daneben Jay Gatsby vor: ungeklärte Herkunft, unverschämter Reichtum, unüberlegter Kampf um eine verheiratete Frau. Wem würden Sie mehr zutrauen, die Geschichte so zu erzählen, wie sie sich wirklich zugetragen hat?

Unser nächstes Beispiel und Namensgeber dieser Erzählperspektive ist Ishmael aus Melvilles *Moby Dick*. Nicht »Ihr könnt mich Ishmael nennen«, nicht »Mein Name ist Ishmael«, sondern: »Nennt mich Ishmael«. Es bleibt offen, ob es sich wirklich um seinen Namen handelt, ob er nicht inkognito bleiben möchte, aus Angst, jemand könnte ihm nach dem Leben trachten, und wiederum hat der Leser das Gefühl, dass es sich um eine wahre Begebenheit handelt. Er spricht uns direkt an. Mit dem ersten Wort *Nennt*, dem Imperativ, baut er eine Beziehung zu uns auf. »Nennt mich Ishmael.« Hier ist jemand, der nicht um den heißen Brei herumredet, jemand, auf dessen Wort, auf dessen genaue Beschreibung Verlass ist. Jemand, der minutiös beobachtet, wie Ahab immer tiefer in seine Manie sinkt. Ishmael ist der ausreichend objektive Zeuge, unser Führer durch die Tiefen des Meeres und die Tiefen der Seele Ahabs. Ahab ist in seiner Obsession, Moby Dick zu töten, gefangen, er hätte nie die Zeit zu erzählen, er wäre nicht in der Lage, sich einen sinnvollen Plot zu überlegen. Sowohl Gatsby als auch Ahab haben nicht den nötigen Abstand zu ihrer Geschichte, darüber hinaus sind die beiden am Ende mausetot und das ist auch gut so. Stellen Sie sich nur einmal vor, sie hätten überlebt und würden ihre Geschichte erzählen, wenn sie sich im Alter zur Ruhe gesetzt hätten; im günstigsten Fall wären das zwei Klassiker weniger auf unserer Liste. Indem wir einen reflektierten Außenstehenden die Geschichte erzählen lassen, können wir auf der Ebene des Subtextes arbeiten. Nick ermöglicht uns zu erkennen, dass es Jay Gatsby gar nicht mehr um die Person Daisy geht, dass Daisy ein Fetisch geworden ist, für all das, was ihm so lange versagt geblieben ist. Gatsby fühlt sich so reich, dass er denkt, er könnte die Vergangenheit neu schreiben, und genau diese Interpretation wird uns ermöglicht, weil sie aus Nicks distanziert-reflektierter Perspektive erzählt wird. Auch steckt hinter Ahabs Manie, den weißen Wal zu töten, weit mehr als nur eine übertriebene Anglerleidenschaft. Und wenn es das Letzte ist, was er in seinem Leben tun wird, er will Moby Dick töten. Dass dabei sein Schiff mitsamt Mannschaft (glücklicherweise überlebt Ishmael!) untergehen könnte, ist ihm völlig egal.

Wenn es sich nicht um ein Tagebuch handelt, geht man bei einem Ich-Erzähler davon aus, dass er noch lebt, denn schließlich ist er es, der uns die Geschichte erzählt. Eine Ausnahme ist Alice Sebolds Roman *In meinem Himmel*, erzählt aus der Sicht eines ermordeten Teenagers: »Mein Nachname war Salmon, also Lachs, wie der Fisch; Vorname Suzie. Ich war 14, als ich am 6. Dezember 1973 ermordet wurde.«

Ein weiteres Beispiel für diese Erzählweise ist James Baldwins Geschichte über einen talentierten Jazzmusiker, »Sonnys Blues«. Erzählt wird aus der Sicht des vernünftigen Bruders. Sonnys Lebensweise ist ihm immer suspekt gewesen, bis der Tod der Tochter ihm die Sicherheit des Mittelmaßes genommen hat. Sonnys Leben könnte genauso wenig von ihm selbst erzählt werden wie das Ahabs oder Jay Gatsbys. Wir hätten ein heilloses Durcheinander von unmittelbaren, unreflektierten, kryptischen Äußerungen eines Junkies auf Entzug. Tatsächlich haben wir jedoch die Resonanz und Tiefe eines Mannes, der sich an seinen Bruder erinnert und dabei gleichzeitig den Verlust seiner Tochter verarbeitet. Allerdings klingt in solch einer Perspektive auch immer der Hauch eines verpassten Lebens mit, so als hätte der Erzähler selbst nichts wirklich Bewegendes, Relevantes zu erzählen. Verpasste Chancen, mangelnder Mut, die Angst, selbst Risiken einzugehen, das sind die Eigenschaften, die diesen Erzähler ausmachen, und wenn wir uns zum Beispiel Baldwins Roman *Giovannis Zimmer* anschauen, haben wir wieder einen Erzähler, der seine Leidenschaften unterdrückt und den Gesetzen der Gesellschaft folgt, auch wenn er sich selbst dafür verleugnen muss. Hier ist es nicht ganz so eindeutig, wer der Protagonist ist, man könnte fast sagen, dass beide sich die Rolle teilen, aber der Roman hat Giovanni, den heimlichen Liebhaber des Erzählers, im Titel und er ist auch der aktive Part, der Mutige, der Leidenschaftliche, der lieber kurz lebt als lange dahinvegetiert, und wie kurz es ist, wird gleich am Anfang angedeutet:

> *Ich stehe am Fenster dieses großen Hauses in Südfrankreich, während draußen die Nacht anbricht, die Nacht, die mich dem schrecklichsten Morgen meines Lebens entgegenführt. Ich halte ein Glas in der Hand, die Flasche ist in Reichweite. Ich betrachte mein Spiegelbild in der matt glänzenden Fensterscheibe: eine hochgewachsene Gestalt, schmal wie ein Pfeil, mit schimmerndem blonden Haar. Mein Gesicht unterscheidet sich in nichts von vielen anderen Gesichtern. Meine Vorfahren haben einen Kontinent erobert, sind über todesschwangere Ebenen vorgedrungen, bis sie an einen Ozean kamen, hinter dem, fern von Europa, eine dunklere Vergangenheit lag.*

Schlussendlich möchte ich Ihnen noch *Sophies Entscheidung* von William Styron ans Herz legen, auch um für seinen eindrucksvollen Bericht einer Ausschwitzüberlebenden zu werben. Erzähler ist der junge, liebeshungrige Stingo, der aus den Südstaaten nach New York geht, um einen Roman zu schreiben. Er bezieht ein Zimmer im Pink Palace und befreundet sich mit der Ausschwitzüberlebenden Sophie. Ihre zusammenhanglosen, von Alkohol- und Sexexzessen und psychisch-physischen Abstürzen beeinflussten Wortschwalle wären die reinste Tortur für einen Leser gewesen. Außerdem schafft es Stingo mit seinem permanenten Streben danach, endlich entjungfert zu werden, die Schreckensgeschichten, die Sophie erleben musste, überhaupt erträglich zu machen. Wenn wir das Buch beginnen, denken wir, dass wir harmlosen, ein wenig sentimentalen Erinnerungen an eine Studentenzeit in Brooklyn lauschen werden, mit all den dazugehörigen Zutaten wie verrückten Mitbewohnern, frustrierenden Unterkünften, der ständigen Geldnot, Drogen und nächtelangen Philosophieren; tatsächlich sind es aber Sophies KZ-Erfahrungen, denen wir immer wieder ausgeliefert werden und nicht mehr entkommen können, selbst wenn wir der Meinung sind, dass wir genug von diesem Thema hätten.

Nähe und Distanz

Mit der Perspektive bestimmen Sie nicht nur, wie stark sich der Leser mit Ihrem Protagonisten identifizieren soll, sondern auch, welchen Blick er auf die Szene einnehmen wird. Sie können wie mit einer Kamera näher heranfahren und dann wieder ein Panoramabild zeigen. Die Perspektive hilft ihnen, den Leser ganz nah an das Geschehen heranzuzoomen oder ihn alles wieder mit einem (emotionalen) Abstand betrachten zu lassen. Wenn der Leser miterlebt, was der Protagonist gerade fühlt, sieht, hört, ist er sehr nah dran. Wenn er den Protagonisten von Weitem über den Alexanderplatz laufen sieht und die Autos vorbeirauschen und die Straßenbahn an der Haltestelle bremst, dann muss er mindestens hundert Meter entfernt stehen. Jane Austen hat schon vor zweihundert Jahren mit *Emma* den Leser wie eine Marionette entweder vom Geschehen entfernt oder ihn nahe herangebracht.

Betrachtung aus Emmas Bewusstsein heraus:

Mit ihr konnte sie alles besprechen, was ihr in den Sinn kam, und Miss Taylor liebte sie zu sehr, als dass sie an ihr jemals etwas auszusetzen gehabt hätte.

Wie sollte sie diese Umstellung nur ertragen?

Betrachtung von Emma mit räumlichen und emotionalen Abstand:

Das eigentliche Problem bestand deshalb darin, dass Emma zu leicht ihren Willen bekam, und dazu neigte, eher zu viel von sich zu halten.

Betrachtung von Emmas Heimat aus der Ferne:

Highbury, das große und seiner Einwohnerzahl nach fast städtische Dorf, zu dem Hartfield trotz seines eigenen Namens und seines getrennten Grund und Bodens eigentlich gehörte, konnte ihr keine ebenbürtige Gesellschaft bieten.

Überlegen Sie sich, was der Leser wahrnehmen soll. In den Momenten, wo der Protagonist sich verändert, in den Momenten, wo der Leser miterleben soll, was er durchmacht, gehen Sie ganz nah heran, damit jede Gesichtsregung zu sehen ist, oder Sie treten sogar in das Bewusstsein Ihres Protagonisten, um Einblicke in sein Gefühlsleben zu gewähren. Und dann lassen Sie den Leser wieder Luft holen, indem Sie das Ganze wieder mit etwas Abstand erzählen. Nähe ist wirkungsvoll, wenn sie bewusst eingesetzt wird. Übertreiben Sie es wie Tom Tykwer in *Heaven*, kann auch das wunderschöne Gesicht einer Cate Blanchett auf die Nerven gehen.

ÜBUNGEN

- Nehmen Sie sich drei von Ihren eigenen Geschichten vor und schreiben Sie die Anfänge aus anderen Perspektiven.
- Nehmen Sie sich drei Geschichten Ihrer Kollegen vor und schreiben Sie den Anfang aus anderen Perspektiven.
- Schreiben Sie eine komplette Geschichte aus einer anderen Perspektive.
- Schreiben Sie eine Geschichte aus der objektiven dritten Person.

LEKTION 9

Sprich mit mir

Wir lernen unsere Charaktere auf vier verschiedene Arten kennen: durch ihr Handeln, ihr Aussehen, ihr Auftreten, ihre Gedanken und durch ihre Art zu sprechen. Dialoge sorgen dafür, dass unseren Charakteren der Lebensatem eingehaucht wird. Lassen Sie Ihre Charaktere zu Wort kommen und passen Sie hier besonders auf: Dialoge passieren in Echtzeit; sie sind Szenen und der Leser befindet sich wieder ganz nah an der Bühne. Wie auch im echten Leben sind wir, wenn wir jemanden beobachten und das, was wir sehen, uns interessant erscheint, darauf gespannt, diese Person sprechen zu hören, denn die Art und Weise, wie wir reden, gibt viel Aufschluss über unseren Charakter. Bevor wir nicht gehört haben, wie jemand sich mit anderen unterhält, in direkter Rede, ist dieser Mensch nicht wirklich lebendig. Sie wollen, dass Ihre Leser in die fiktive Welt Ihrer Geschichte eintauchen, dass die Geschichte während des Leseprozesses als Realität empfunden wird, dann müssen Sie auch den Ton die ganze Zeit angeschaltet lassen und nicht abdrehen, sobald die Charaktere den Mund aufmachen. Je literarischer es wird, umso mehr denken Schriftsteller, dass sie auf die direkte Rede verzichten können. Ich habe auf einer Lesung sogar einmal eine Schriftstellerin sagen hören, dass sie beim Schreiben von Dialogen nicht gut sei und es deswegen ganz sein lasse. Ich rate dazu, so schnell wie möglich eine Situation zu erschaffen, die unseren Protagonisten zum Reden zwingt, vor allem, wenn Sie Ihre

Geschichte nicht in der ersten Person erzählen. Die erste Person simuliert einen Dialog mit dem Leser, aber auch hier ist es spannend, diese Person mit einer anderen reden zu lassen, weil sie mit uns – dem Leser – ja nicht im Konflikt steht, mit den meisten anderen in der Geschichte aber doch, wie wir in den vorangegangenen Kapiteln erfahren haben, und so spricht die Art und Weise, wie unser Erzähler redet, wenn er sich nicht uns zuwendet, sondern jemand anderem, schon Bände.

In Orhan Pamuks *Schnee* bekommen wir erst auf der vierten Seite die Gelegenheit, den Protagonisten reden zu hören, allerdings nur sehr kurz und floskelhaft, und so fühlt man sich fast darum betrogen, ihn in einem richtigen Dialog mit dem jungen Einheimischen über die dortige Situation seinen Standpunkt zu hören. Die Chance, seinen Konflikt schon dort klar aufzuzeigen, ist verpasst worden, indem das meiste – und das wichtigste – des Gesprächs indirekt wiedergegeben wurde. Wir müssen weitere sechs Seiten warten, bis Ka einen etwas aussagekräftigeren Dialog mit dem Polizeipräsidenten führt, aber auch dieser wird für meinen Geschmack nicht richtig genutzt. Später ist Pamuk nicht mehr sparsam mit Dialogen, doch leider wirken sie hölzern und unnatürlich und unterscheiden sich kaum, sodass sie den Sprecher nicht wirklich charakterisieren, aber die größte Schwachstelle ist, dass sie vorrangig dazu dienen, Informationen und Haltungen zu vermitteln und dadurch Manifesten ähneln.

Ein Dialog ist das beste Mittel, die Beziehung des Protagonisten zu den anderen Charakteren zu zeigen und nicht nur darüber zu erzählen; in den USA hört man immer wieder von der »show, don't tell«-Regel und auch wenn sie es dort ein wenig damit übertreiben, habe ich mir bei der Lektüre von *Schnee* oft gewünscht, dass sie mehr Beachtung gefunden hätte, und das nicht nur bei den Dialogen. Eine Geschichte mag noch so kunstvoll erzählt sein, der Verfasser noch so erfahren und geschickt im Umgang mit der Sprache, solange sie nur erzählt wird, bleibt es bei einer Geschichte. Lassen Sie den Leser die Ereignisse miterleben, setzen Sie ihn in die erste Reihe durch Dialoge, die den Protagonisten *und* den Leser in die Enge treiben, damit wir uns stets bewusst sind, dass es ums Eingemachte geht, denn sonst würden wir uns weder hinsetzen, um die Geschichte zu schreiben noch sie zu lesen.

Es gibt Schriftsteller, die sich der Macht des Dialogs besonders verschrieben haben; Manuel Puigs *Kuss der Spinnenfrau* besteht bis auf das letzte Kapitel ausschließlich aus den Gesprächen zwischen zwei Inhaftierten, die lediglich durch das, was sie sagen, charakterisiert werden. Es liest sich wie ein Drehbuch. Auch William Gaddis' Roman *J.R.* besteht fast nur aus Dialogen, allerdings bekommen wir manchmal ein paar Anhaltspunkte, wie etwas artikuliert wird. Aber auch hier wird nicht gesagt, wer gerade spricht, wir müssen es aus dem, was gesagt wird, schließen, was Gaddis uns nicht leichtmacht, denn auf mehr als 1000 Seiten gibt es eine Vielzahl von Personen und Schauplätzen.

- *Geld? mit einer Stimme, die raschelte.*
- *Papier, ja.*
- *Das war damals ganz neu für uns. Papiergeld.*
- *Papiergeld haben wir erst gesehen, als wir in den Osten kamen.*
- *Als wir es zum ersten Mal zu Gesicht bekamen, sah es so merkwürdig aus. Leblos.*
- *Man mochte nicht glauben, dass es überhaupt etwas wert war.*
- *Vor allem, wenn Vater mit seinem Kleingeld herumklimperte.*
- *Das waren noch echte Silberdollar.*
- *Und silberne Halb- und Vierteldollarmünzen, ja, Julia. Die von seinen Schülern. Ich hör noch, wie er…*

Dialoge signalisieren, dass jetzt etwas Wichtiges kommt, etwas, das die Handlung vorantreibt, das für das Thema von Bedeutung ist. Genau hier können die Konflikte besonders wirkungsvoll ans Licht kommen und ausgetragen werden. Charaktere zeigen im Dialog besonders eindrücklich, welche Positionen sie einnehmen. Sie sagen das, was sie zu sagen haben (was für die Geschichte relevant ist), und suchen nicht krampfhaft nach Themen. Es bietet sich an, die wichtigsten Momente für den Protagonisten in Dialogen zu zeigen, weil wir dann die hundertprozentige Aufmerksamkeit des Lesers haben. Durch Dialoge bekommen wir wichtige Einblicke in das Geschehen. Ein guter Schriftsteller spürt also, wann seine Charaktere sprechen müssen und es nicht reicht, dass ein Erzähler zusammenfasst.

Schauen wir uns folgenden Dialog in Hemingways »Das kurze und glückliche Leben des Francis Macomber« an:

> *»Seien Sie still«, sagte sie.*
>
> *»Gibt eine verdammte Menge zu erledigen«, sagte er. »Ich muss einen Lastwagen zum See schicken, um nach einem Flugzeug zu funken, das uns drei nach Nairobi bringen kann. Warum haben Sie ihn nicht vergiftet? So macht man's in England.«*
>
> *»Seien Sie still. Seien Sie still. Seien Sie still!«, schrie die Frau.*
>
> *Wilson sah sie mit seinen flachen blauen Augen an.*
>
> *»Jetzt bin ich fertig«, sagte er. »Ich war ein bisschen ärgerlich. Ich fing gerade an, Ihren Mann gern zu haben.«*
>
> *»Ach bitte, seien Sie still«, sagte sie. »Bitte, bitte seien Sie still.«*
>
> *»So ist's besser«, sagte Wilson. »Bitte ist viel besser. Jetzt werde ich still sein.«*

Hemingway hätte diese entscheidende Stelle auch in einer Zusammenfassung präsentieren können, nur wäre uns dann vermutlich entgangen, wie entscheidend sie ist. Aber urteilen Sie selbst:

> *Wilson sagte der Frau, dass ihr Mann sie sowieso verlassen hätte, worauf die Frau ihm weinend befahl, sie in Ruhe zu lassen, aber Wilson erzählte ihr, dass er sie nicht verraten würde, er aber genervt sei, weil er jetzt dafür sorgen müsse, dass sie und die Leiche nach Nairobi geflogen würden. Die Frau bat ihn schließlich darum, dass er sie endlich in Ruhe lasse, woraufhin er nachgab.*

Manchmal sollten wir allerdings zu einem indirekten Dialog greifen, wie beispielsweise in Tschechows »Dame mit Hündchen«:

Sie spazierten und sprachen davon, wie sonderbar das Meer an diesem Abend beleuchtet sei. Das Wasser hatte einen weichen und warmen fliederfarbenen Ton, und der Mond spiegelte sich darin als ein goldener Streifen. Sie sprachen, wie schwül es nach dem heißen Tage sei. Gurow erzählte ihr, dass er aus Moskau stamme, Philologie studiert habe, aber an einer Bank angestellt sei. Er hätte früher einmal die Absicht gehabt, zur Oper zu gehen, hätte es aber aufgegeben. Nun besitze er in Moskau zwei Häuser. Von ihr erfuhr er, dass sie in Petersburg aufgewachsen sei, aber nach S. geheiratet habe, wo sie bereits seit zwei Jahren lebe, dass sie in Jalta noch einen Monat zu bleiben beabsichtige und dass ihr Mann einen Erholungsurlaub zu nehmen und sie abzuholen gedenke.

Sie haben bestimmt gemerkt, dass die Wirkung eine völlig andere ist, hier wird nicht gekämpft, ganz im Gegenteil, hier nähern sich die beiden, wenn auch vorsichtig, einander an. Man kann es natürlich als das Vorstadium eines Kampfes betrachten, wie zwei Hunde, die sich gegenseitig beschnüffeln und sich jederzeit ankläffen könnten, aber ein indirekter Dialog ist kein offener Kampf, wie wir es ansonsten von Dialogen kennen. In diesem Ausschnitt aus Antonia S. Byatts Roman *Besessen*, bekommt der Dialog dadurch, dass er indirekt geführt wird, eine absurd-komischen Charakter; auch als direkter Dialog würde er an Slapstick erinnern, aber so ist die Wirkung noch krasser:

Maud sagte, das könne sie nicht annehmen, und Lady Bailey sagte, sie müsse es annehmen, und Maud sagte, sie hätte nicht losfahren sollen, und Lady Bailey sagte, das sei Unsinn, und Maud sagte, sie schäme sich, ihnen zur Last zu fallen, und Sir Bailey sagte, Last hin, Last her, Joanie habe völlig recht und er würde jetzt in Mildreds Zimmer nach dem Rechten sehen.

Das Herausfordernde an Dialogen ist, sie realistisch wirken zu lassen, ohne dass sie realistisch sind, denn das echte Leben schreibt so gut wie nie gute Dialoge, die man eins zu eins übernehmen kann. Meistens dauert es, bis wir zum Punkt kommen, oder wir reden um das Eigentliche herum, oder wir lenken von dem ab, was wir eigentlich sagen wollen, was auch wieder spannend ist, um einen Protagonisten und/oder seine Beziehung zu dem Menschen, mit dem er gerade spricht, zu analysieren. Aber wir wollen mit dem Dialog erreichen, dass unsere Geschichte vorangeht, und dafür müssen wir ihn konstruieren und trotzdem natürlich klingen lassen.

Ein guter Dialog ist die Illusion von Realität. Ihr Leser wird es nicht akzeptieren, wenn Sie eine Unterhaltung im Bus mitbekämen und diese Wort für Wort in die Münder Ihrer Charaktere legten. Gut sind solche Übungen immer, auch um eine Ahnung davon zu bekommen, wie die Menschen sprechen. Aber manipulieren Sie diese Dialoge, wie Sie auch den Rest Ihrer Geschichte manipulieren. Lassen Sie mit jedem ausgesprochenen Wort Pfeile durch die Luft schwirren, verwandeln Sie ein harmloses Gespräch in ein verbales Gemetzel. Schärfen Sie die Waffen. Jede Begegnung in einer Geschichte ist eine Konfrontation, sonst hat sie nichts dort zu suchen. Jede Szene ist eine Schlacht und im Dialog spritzt das Blut gewaltig. Lassen Sie die Charaktere nicht endlos labern, sondern in einem kurzen, heftigen Kampf schnell den Gewinner ausmachen. Wenn ein Argument abgeschmettert wurde, gehen Sie zum nächsten über. Manchmal sind Wiederholungen wichtig, aber überprüfen Sie genau die Wirkung, indem Sie laut vorlesen. Wenn es zu lange hin und hergeht, machen Sie Ihren Leser schläfrig, egal, welch heftige Schläge ausgeteilt werden.

Im Folgenden führe ich Sie durch die Bearbeitung eines von mir aufgeschnappten Dialogs zwischen zwei ungefähr 15jährigen Mädchen in einem Bus:

»Na, Schatz?«
»Schule ist so scheiße.«
»Auf jeden.«

»Ich hasse die Körting.«
»Hör mir mit der auf.«
»Hast du Zigaretten?«
»Nee. Von welcher Kohle denn?«
»Ich – äh – brauch mehr Taschengeld.«
»Ich auch, Schatz.«
»Kommst du nachher rüber oder – äh – hast du schon was vor?«
»Was liegt an?«
»Weiß nich. Chillen.«
»Auf jeden.«

Erste Bearbeitung:
»Ich hasse die Körting.«
»Hast du Zigaretten?«
»Hörst du mir überhaupt zu?«
»Dann setz dich halt hin und mach deine Hausaufgaben.«
»Was soll das denn heißen?«
»Nichts.«
»Wie nichts?«
»Hast du nachher Zeit? Wollen wir uns einen Film bei mir ansehen?«

Zweite Bearbeitung:
»Ich hasse die Körting.«
»Du bist doch selbst schuld.«
»Wie meinst du das?«

Schreiben Sie mit, wenn sie einer Unterhaltung lauschen, es hilft Ihnen dabei, ein Gefühl dafür zu bekommen, wie Menschen tatsächlich sprechen, und wie unterschiedlich ihre Art zu sprechen ist. Personen sollten sich unterschiedlich anhören und vor allem sollten sie nicht wie der Schriftsteller reden, außer es handelt sich um klar definierte autobiografische Texte. Geschlecht/sexuelle Orientierung, Alter/Generation, Herkunft, Bildungsgrad und viele andere Faktoren wirken sich auf die Art zu sprechen aus. Manche Menschen reden schnell, manche langsam, manche hören mitten im Satz auf, manche wiederholen sich ständig, manche gehen am Satzende mit der Stimme hoch, als würden sie eine Frage stellen. Manche reden in Floskeln und scheuen sich nicht vor Klischees, plappern sinnlos vor sich her oder auf andere ein, und uns Schriftstellern wird ständig eingebläut, dass wir genau so nicht schreiben dürfen. Um unsere Charaktere in ihrer Sprache lebendig und einzigartig darzustellen, dürfen, ja sollen wir aber gerade in den Dialogen all diese ‚Fehler' machen, je nachdem wie es dem Wesen unserer Charaktere am besten entspricht. Wir lernen zwar, dass wir Fremdwörter und aufgebauschte Sätze vermeiden sollten, unsere Charaktere können aber sehr wohl so reden, und der Leser weiß sofort, mit was für einer Sorte Mensch er es zu tun hat.

Im folgenden Beispiel aus Jonathan Franzens Roman *Freiheit* reicht der Dialog zwischen Mutter und Tochter vollkommen aus, um uns nicht nur die beiden Beteiligten vor Augen zu führen, sondern auch ihre Beziehung zueinander. Und Franzen verzichtet darauf, uns mitzuteilen, ob sie laut oder leise reden, schnell oder langsam, jammern, stottern oder schluchzen. Allein das, was die Charaktere zueinander sagen, reicht aus, um sich ein komplettes Bild zu machen.

»Mrs. Nagel sagt, es habe da gestern Abend einen Vorfall gegeben?«

»Der Vorfall bestand darin, dass ich vergewaltigt wurde.«

»Oje, oje, oje. Gestern Abend?«

»Ja.«

»Ich war doch heute Morgen zu Hause. Warum hast du denn nichts gesagt?«

»Weiß ich nicht.«

»Aber warum? Warum hast du mir nichts gesagt?«

»Vielleicht kam es mir in dem Moment einfach nicht so schlimm vor.«

»Aber dann hast du es doch Mrs. Nagel erzählt.«

»Nein«, sagte Patty. »Sie kriegt nur mehr mit als du.«

»Ich habe dich ja heute Morgen kaum gesehen.«

»Das sollte kein Vorwurf sein. Ich sag's bloß.«
»Und du denkst, es könnte... Du bist vielleicht...«
»Vergewaltigt worden.«

Dieser Dialog ist nicht verdichtet und auf den Punkt gebracht, sondern gekennzeichnet durch Wiederholungen, Pausen, Schlingern, und lässt uns sofort ahnen, dass die Unterstützung in der Familie nicht wie gewünscht sein wird, schließlich handelt es sich bei dem Täter um den Sohn von einflussreichen Parteifreunden. Wir können uns genau vorstellen, wie die Beteiligten miteinander reden, wir können sie sprichwörtlich hören, und nicht nur das, sogar sehen, mit all ihrer Mimik, Gestik, den offenbarten und unterdrückten Gefühlen: die arme Patty mit ihren Wunden und Tränen und die Eltern, die versuchen, äußerlich ruhig und liebevoll zu erscheinen, während es in ihren Köpfen gerade auf Hochtouren arbeitet, wie man dieses unpassende Ereignis so schnell wie möglich unter den Tisch kehren kann.

Franzen hat in diesen entscheidenden Momenten nur das aufgeschrieben, was die Beteiligten zueinander sagen. Er hat alles, was wichtig ist, allein in ihre Worte gelegt, wir sehen nur den Tennisball, der hin und her fliegt, aber wissen ja schon, wer zu beiden Seiten steht. Das ist für solch dramatische Momente genau das Richtige; es würde ablenken und das Tempo drosseln, wenn wir dazwischen darauf hingewiesen würden, dass die Uhr tickt oder die Mutter sich einen Hustenbonbon aus der Tasche holt oder Patty ihren Arm hochhält und auf die einzelnen Wunden zeigt. Damit dieser Dialog genau diese Wirkung hat, die dem Leser kaum Zeit lässt, das Gelesene zu verarbeiten, wird selbst ein »sagte sie« so wenig wie möglich verwendet. Aber Vorsicht, wir kennen die Charaktere bereits zu Genüge, am Anfang der Geschichte hätte solch ein Dialog nichts zu suchen, wenn Sie nicht eine Geschichte à la *J.R.* schreiben wollen.

Ein paar Stunden später, als Patty mit ihrem Vater spricht, wird klar, wie man in der Familie Emerson mit solch einem Vorfall umzugehen hat:

»Hast du Mr. Post gesagt, dass ich noch Jungfrau bin? Ich meine, war?«

»Ich fand nicht, dass ihn das etwas angeht.«

»Vielleicht solltest du ihn noch mal anrufen und es ihm sagen.«

»Hör zu«, sagte ihr Vater. »Liebes. Ich weiß, dass es entsetzlich ungerecht ist. Und es tut mir furchtbar Leid für dich. Aber manchmal ist es das Beste, eine Lehre aus etwas zu ziehen und alles zu tun, damit man nie wieder in die gleiche Lage kommt. Man sagt sich: ‚Ich habe einen Fehler gemacht und Pech gehabt', und dann lässt man es. Lässt es auf sich beruhen.«

Im finalen Kampf sieht Patty ein, dass sie gegen ihren Vater nicht ankommt, aber wie schon bei der Vergewaltigung wehrt sie sich, auch wenn sie bereits verloren hat und ihre Schläge ins Leere gehen, allein, um den stärkeren Gegner zu irritieren. Hier trägt sie unerwartet einen Teilsieg davon, nämlich den, dass die Sache nicht, wie die Eltern es gern wollen, im friedlichen Einvernehmen ad acta gelegt wird.

»Trainerin Nagel sagt, ich soll zur Polizei gehen.«

»Trainerin Nagel soll sich auf ihr Dribbling konzentrieren«, sagte ihr Vater.

»Softball«, sagte Patty. »Jetzt ist Softball-Saison.«

»Es sei denn, du möchtest dein ganzes letztes Schuljahr lang öffentlich gedemütigt werden.«

»Basketball ist im Winter. Softball im Frühjahr – wenn es draußen wärmer wird?«

»Ich frage dich: Möchtest du wirklich dein ganzes letztes Schuljahr lang öffentlich gedemütigt werden?«

»Trainerin Carver ist Basketball«, sagte Patty. »Trainerin Nagel Softball. Ist das bei dir angekommen?«

Pattys Waffen sind nicht nur das wiederholte Ignorieren ihres Vaters, sondern auch die Fragezeichen am Ende. Wie bereits erwähnt ist die Wirkung des Schriftlichen immer heftiger als im Alltagsgebrauch; wir brauchen keine Schimpftiraden, kein Anschreien, selbst Verletzungen und Vorwürfe sollten nur angedeutet werden – in Dialogen kommt es auf die Feinheiten an.

Von einem Dialog erwarten wir, dass die Teilnehmenden sich gegenseitig zuhören, ausreden lassen und auf das eingehen, was sie gefragt wurden, aber genau hier können wir auf subtile Weise die Konflikte zeigen, obwohl gar nicht offen gestritten wird. In Joan Didions *Spiel dein Spiel* finden wir fast ausschließlich solche Dialoge, weil jeder sich mit jedem im Konflikt befindet und erst im Tod in der Lage ist, mit den anderen Frieden zu schließen:

»Wissen Sie, was ich mir für heute Abend wünschte?«, sagte das Mädchen im Nachthemd, als Maria um vier Uhr hereinkam. »Ich wünschte, es wäre Silvester. Die meisten Leute finden Silvester langweilig, aber mir gefällt's.«

Helene lag auf einer Couch und starrte an die Decke. »So«, sagte sie.

»Helene«, sagte BZ. »Maria geht mit uns in die Wüste, ist das nicht was?« BZ lächelte Maria zu. »Ich habe gesagt, Maria kommt mit in die Wüste, Helene.«

»Ich hab's gehört.«

»Weihnachten liebe ich auch«, sagte das Mädchen.

»Jeanelle«, sagte BZ, »im Schlafzimmer ist noch Coke, wenn du es vielleicht mal holen willst.«

»Du hast's zurückgehalten«, sagte Jeanelle.

BZ blickte dem Mädchen nach, während es hinausging, und wandte sich dann an Helene. »Schaff sie fort«, sagte er.

Helene fixierte ihn. »Du hast damit angefangen«, flüsterte sie.

Wenn es nach einem heftigen Gefecht wieder ruhiger werden soll oder es überhaupt um einen leisen, langsamen Kampf geht, in dem unterschwelliger angegriffen wird, kann man die Charaktere zwischendrin handeln lassen. Wir sind dadurch mitten im Geschehen, als würden wir den dritten Part spielen, der gerade nichts zu sagen hat. Aber Vorsicht: Verraten Sie nur, was Ihr Charakter gerade macht, wenn es von Belang ist, sprich, es treibt die Geschichte voran oder beschreibt den Charakter. Erwähnen Sie also nicht, wenn Ihr Protagonist sich die zweite Tasse Kaffee einschenkt, außer Sie wollen verdeutlichen, dass er schon seit einer Stunde bei der Arbeit sein müsste oder dass er, wenn er diese ausgetrunken hat, beschließt, nicht noch länger auf seine neue Freundin zu warten.

Zur Veranschaulichung ein Ausschnitt aus meiner Kurzgeschichte »Mick und Keith«:

> *»Ich bin das Licht der Welt«, sagte ich, als der rote Ball am Himmel stand.*
>
> *»Sieht aus wie ein abgehackter Kopf.« Bernie zündete sich eine von meinen Zigaretten an. Die Schachtel würde bald leer sein. »Wie ist sie?«*
>
> *»Wer?«*
>
> *Er grinste mich an. »Deine Freundin.«*
>
> *Ich zuckte mit den Schultern. »Du wirst sie kennenlernen.«*
>
> *»Alter, Oberweite, Name.« Bernie stieß mich mit dem Fuß an. »Komm schon, ich will Details wissen.«*

Diese Regieanweisungen sind außerdem eine Abwechslung zum »sagte er« oder »sagte sie«. Aber ich rate gleich davon ab, etwas Anderes zu benutzen (erwiderte er, schrie er, antwortete er, deklamierte er), denn den Zusatz »sagte« überliest man für gewöhnlich, außer es wird als Stilmittel eingesetzt, um Spannung aufzubauen. Carver benutzte sehr häufig »sagte er« oder »sagte sie«, häufiger als viele andere Schriftsteller, wie zum Beispiel in der Kurzgeschichte »Vitamine«; man fühlt sich wie bei einem Tennisspiel, bei dem die Gegner erbittert gegeneinander kämpfen; die Köpfe der Leser gehen hin und her, bis einer den Punkt macht.

»Ich konnte nicht einschlafen«, sagte sie. »Mir gehen ein paar Dinge im Kopf herum, und da konnte ich nicht einschlafen.«

Ich sagte: »Donna. He! Freut mich, dich zu sehen, Donna.«

»Ich weiß nicht, was mit mir los ist«, sagte sie.

»Wollen wir irgendwohin fahren, auf einen Drink?« sagte ich.

»Patti ist meine Freundin«, sagte sie.

»Sie ist auch meine Freundin«, sagte ich. Dann sagte ich: »Komm, fahren wir.«

»Nur, damit du's weißt«, sagte sie.

»Es gibt da diese Kneipe, eine Niggerkneipe«, sagte ich. »Sie haben Musik. Wir können was trinken, Musik hören.«

»Fährst du mich?«, sagte Donna.

Ich sagte: »Rutsch rüber.«

Sie können auch die Gedanken des Sprechers einfügen, um der Handlung mehr Tiefe zu verleihen. Allerdings wird dann der Konflikt entschärft und das Tempo verlangsamt. Aber manchmal braucht eine Geschichte genau diese Momente. Wieder ein Ausschnitt aus »Mick und Keith«:

Ich warf ihm das Feuerzeug zu. »Du siehst scheiße aus.«

Bernies Eltern waren Nichtraucher. Es hatte früher immer Ärger wegen des Qualms gegeben, deswegen rechnete ich auch jetzt damit, dass seine Mutter an die Tür klopfen würde, um uns anzumeckern, aber es war nichts zu hören. »Ruf sie wenigstens an«, sagte ich.

Am besten ist es, wenn Sie beides ausprobieren. Überlegen Sie sich ein Setting, beschreiben Sie es in einer kurzen Einleitung. Dann schreiben Sie auf, was Ihre Charaktere sagen, und zwar so, als wäre es ein Drehbuch. Nehmen Sie sich ein neues Dokument oder eine neue Seite vor und probieren Sie aus, wie es sich anhört, wenn Sie »sagte er« und »sagte sie« hinzufügen. Dann fügen Sie ein, was auf der körperlichen Ebene passiert. Als nächstes ein paar Details aus der Umgebung, am besten dann, wenn ihr Protagonist sich vor der Antwort drücken will. Details aus der Umgebung, die sein Unwohlsein verstärken. Ich habe eine Geschichte geschrieben über eine Frau, die sich selbst in der Zukunft begegnet, obwohl das nie ausgesprochen wird und bis zum Schluss nur eine Lesart der Geschichte bleibt; immer, wenn meine Protagonistin im Dialog angegriffen wird, fallen ihr plötzlich Details im Setting auf, die bereits darauf hindeuten, dass sie sich immer weiter in das Dickicht ihres eigenen Unbewussten verirrt: einmal ist es das Muster der Tapete, ein anderes Mal ein Armreifen, wieder ein anderes Mal ein Schneesturm. Diese Details können wiederum Erinnerungen hervorrufen oder bewirken, dass man sich etwas für die Zukunft vornimmt. Ohne diese Einschübe hätte das Gespräch zwischen den beiden Frauen höchstens vier Seiten gefüllt, so waren es am Ende zwanzig.

Entscheiden Sie, welche Charakteristika ein Dialog haben muss und das an jeder Stelle Ihrer Geschichte. Soll es ein quälend langsamer Kampf sein oder ein schneller, heftiger? Greifen Sie nach beiden Methoden, seien Sie abwechslungsreich, überprüfen Sie, welche Art und Weise an welcher Stelle die beste Wirkung hat. Und fragen Sie sich immer wieder, welche Waffen eingesetzt werden sollen, denn jede ist auf ihre Weise gefährlich und kann in manchen Situationen gar nichts bewirken. Von einem Dialog erwarten wir, dass einer spricht und der andere in seiner Antwort darauf passend eingeht. Doch wie ich vorhin schon erwähnt habe, reden die Menschen oft aneinander vorbei oder sagen nicht, was sie meinen. Das kann unbewusst passieren oder bewusst, wenn sie etwas verheimlichen oder unangenehme Themen vermeiden wollen. Manchmal reden sie auch nur um des Redens willen, wie die Mutter einer Freundin, die mit ihren sechs Kindern und unzählbaren Enkeln, Nichten und Neffen von morgens bis abends damit beschäftigt war, alle mit Frühstück, Mittag, Kaffee und Abendbrot zu versorgen und dabei ununterbrochen vor sich hinredete, ohne dass ein einziges Familienmitglied je darauf einging. Als ich sie einmal nach der Fortführung einer angefangenen Anekdote fragte, mehr aus Dankbarkeit über den mir gereichten Teller, als aus echtem Interesse, sah sie mich erstaunt an und war das erste Mal, seit ich sie kannte, für ein paar Sekunden still.

Auf Papier hat jeder Satz, jedes Wort, eine Bedeutung, und das trifft vor allem für Dialoge zu, auch wenn es sich so anhört wie belangloses Quasseln. Vor allem der Dialog muss das Thema der Geschichte transportieren. Schreiben Sie zuerst alles hin, was ihre Charaktere sich zu sagen haben. Das fördert die Kreativität und hilft Ihnen dabei, bis in die tiefste Ecke ihrer Seelen zu stoßen. Wenn Sie das Thema gefunden haben, gehen Sie noch einmal mit Hammer und Meißel ran und streichen alles weg, was das Thema nicht transportiert.

Was Sie beachten sollten, wenn Ihre Charaktere zu Wort kommen:

- Lassen Sie sie nicht wie Marionetten klingen.
- Achten Sie darauf, dass jeder Charakter einzigartig spricht; jeder Satz muss ganz klar die Handschrift des Sprechers tragen. Stieg Larssons *Millenium* Trilogie mag sich millionenfach verkauft haben, aber an seinem Händchen für gute Dialoge hat es garantiert nicht gelegen. Ob die psychisch kranke 20jährige Lisbeth Salander, der 80jährige Partriach Vanger oder der 40jährige Enthüllungsjournalist Blomkvist gerade am Zug ist, wäre allein von ihrer Art zu sprechen nicht zu erkennen.
- Vorsicht bei der Vermittlung von Information. (»Hallo, ich bin dein verschollener Bruder aus Bremen, der gerade sein Medizinstudium abgeschlossen hat« oder wie wir immer wieder in der beliebtesten deutschen Krimiserie im Sonntagabendprogramm verfolgen können: »Der Bericht, den du heute morgen von der Spusi bekommen hast und der nicht unseren Erwartungen entsprach, ist an die Presse gegangen.«)
- Machen Sie Ihre Charaktere nicht zum Sprachrohr Ihrer eigenen Überzeugungen, auch nicht zum Sprachrohr von irgendwelchen Überzeugungen, außer Sie wollen sich über ihn lustig machen.
- Vorsicht bei Slang und Umgangssprache im Allgemeinen; wenn, dann sparsam einsetzen.

- Gehen Sie mit Akzenten oder Dialekten ebenfalls sparsam um und vermitteln sie diese vorrangig durch den Sprachrhythmus und nicht durch Wörter, die niemand versteht oder die aussehen, als hätten Sie keinen Duden griffbereit (Harper Lee löst das Problem in *Wer die Nachtigall stört* vorbildlich).
- Geschrieben wirkt manches krass (jeder von uns sagt das Wort »Scheiße« vermutlich mehrmals am Tag, aber es zu lesen nervt, vor allem, wenn es öfter vorkommt).
- Verwenden Sie nichts Anderes als »sagte«, das fällt am wenigsten auf, und bitte auch kein Adverb zur Verstärkung (»brüllte er laut« oder »jammerte er verzweifelt«). Zeigen Sie im Dialog oder in der Körpersprache, wie verzweifelt oder wütend er ist.
- Dialoge sind Szenen; denken Sie daran, dass sie verlassen werden müssen, solange die Spannung auf ihrem Höhepunkt ist.

Wie viel Dialog darf es sein?

Dialoge bringen den Leser ganz nah ans Geschehen. Sie signalisieren, dass er aufpassen muss, dass er das Geschehen in Echtzeit verfolgt. Hört sich alles nur positiv an, könnten wir die ganze Geschichte aus Dialogen bestehen lassen. Und es gibt sie wirklich, solche Geschichten, in denen am Anfang kurz eine Einführung als Zusammenfassung steht und dann geht es in medias res, sprich, die Charaktere reden miteinander. Viele Kurzgeschichten von Dorothy Parker oder Ernest Hemingway bestehen hauptsächlich aus Dialogen und funktionieren wunderbar, obwohl wir so gut wie keine Regieanweisungen oder Beschreibungen der Charaktere oder der Umgebung bekommen. Was sie sagen, reicht völlig aus, um uns ein Bild des Ganzen machen zu können, vor allem, weil die Dialoge meisterhaft geschrieben wurden. Aber nicht jedem von uns gelingt jedes Mal ein brillanter Dialog, außerdem leben wir in einer Zeit, die Geschichten vor allem über das Medium Film vermittelt. Die Menschen brauchen viel mehr visuelle Reize als früher, um interessiert zu bleiben.

Das Geheimrezept ist eine gute Balance und man muss jederzeit darauf achten, dass das, was die Charaktere erzählen, von Bedeutung ist, entweder für die Geschichte oder um den Charakter besser kennenzulernen, damit man seine Bedeutung für die Geschichte versteht. (Wenn Sie das Thema gefunden haben, wissen Sie, was überflüssiges Geplapper ist.) Das bedeutet nicht, dass im Dialog Lebenswichtiges gesagt werden muss, manchmal unterstreicht es das Thema, wenn der Dialog banal ist, weil mindestens einer der Charaktere Angst hat, das auszusprechen, was ihn wirklich bedrückt, wie in Hemingways Kurzgeschichte »Berge wie weiße Elefanten«, in der ein Pärchen sich auf dem Weg zur Abtreibungsklinik befindet und nicht einmal das Wort Abtreibung erwähnt, obwohl der gesamte Dialog nur darum geht. Wenn Menschen aneinander vorbeireden, ahnen wir, dass etwas im Argen liegt.

Geben Sie sich viel Mühe mit dem, was Ihre Charaktere sagen, und fragen Sie sich, wie viel sie sich sagen müssen, damit Ihre Geschichte auf genau die richtige Art erzählt wird. Und ist es wirklich einmal so, dass ihre Charaktere einen tollen Dialog führen, er aber vom Thema ablenkt, schneiden Sie ihn heraus und bewahren Sie ihn für die nächste Geschichte auf. Überlegen Sie weiterhin, ob sich etwas besser in einer Zusammenfassung präsentieren lässt. Manchmal reicht ein kleiner Einschub, um zu vermeiden, dass man das Gefühl hat, ein Drehbuch zu lesen. Vertrauen Sie auf die Macht des guten Dialogs, aber entwickeln Sie ein Gespür dafür, wann sowohl die Leser als auch die Charaktere eine Atempause brauchen. Und wenn Sie gar nicht mehr weiterwissen, lesen Sie eine Kurzgeschichte, von der Sie lernen können. Warum eine Kurzgeschichte? Weil Sie sofort erkennen, wenn ein Schriftsteller schlampig gearbeitet hat, weil auf so wenigen Seiten der Dialog perfekt sein muss und weil in einer Kurzgeschichte jedes Wort sitzen muss.

Schreiben Sie so viel Dialog, wie Sie wollen, um Ihre Charaktere so richtig in Fahrt zu bringen, dann streichen Sie alles bis auf das Wesentliche. Ihre Leser spüren diese gestrichenen Dialoge, weil sie noch zwischen den Zeilen stehen.

Be- und Entschleunigung

Gerade mit dem Dialog können Sie das Tempo einer Geschichte beeinflussen. Je mehr Sie Beschreibungen oder Zusammenfassungen dazwischen schieben, umso mehr verlangsamen Sie das Tempo, umso mehr lassen Sie dem Leser eine Verschnaufpause. Auch eine Zusammenfassung, die Wochen, Monate oder Jahre überspringt, wirkt sich drosselnd auf die Geschwindigkeit einer Geschichte aus, weil der Abstand zur Geschichte gesteigert wird. Wenn in Echtzeit erzählt wird, und das wird ein Dialog immer, zumindest gaukelt er Echtzeit vor. Wenn Sie das Tempo und somit die Spannung anziehen wollen, beschränken Sie sich auf Gesprochenes. Wenn es knallt, folgt Wort auf Wort. Dann hat keiner die Zeit nachzudenken und meist auch weder die Geduld noch die Kraft. In solchen Situationen sind die Gesprächspartner unüberlegt und schroff, weil ihre Gefühle in Gefahr sind verletzt zu werden – oder es vielleicht schon sind. Dann wird nur noch verzweifelt zurückgeschossen, bis einer aufgibt oder getroffen ist.

Achten Sie im folgenden Ausschnitt aus Dennis Lehanes »Bis zu Gwen« auf das Tempo:

»Hab ich sie nach Hause gefahren?« Ein Grinsen springt ins gummiartige Gesicht deines Vaters.

»Hast du sie nach Hause gefahren?«, fragst du.

Das Grinsen ist jetzt überall, selbst in den Augenbrauen.

»Was heißt ‚nach Hause'?«

Du sagst: »Kann ich ja nicht wissen, oder?«

»Du bist immer noch angepisst, weil ich das fette Arschloch umgelegt habe.«

»George.«

»Was?«

»Er hieß George.«

»Er hätte geredet.«

»Bei wem? War ja nicht so, dass er offiziell Anspruch anmelden konnte. War ja kein beschissener Lottozettel.«

Dein Vater zuckt mit den Schultern. Schaut die Straße runter.

»Ich will nur wissen, ob du sie nach Hause gebracht hast.«

»Ich habe sie nach Hause gebracht«, sagt dein Vater.

»Ja?«

»Klar, sicher.«

»Wo wohnt sie?«

»Zu Hause«, sagt er, setzt sich hinters Lenkrad und lässt den Wagen an.

Machen Sie sich immer wieder bewusst, ob Sie die Schlinge um den Hals Ihres Protagonisten gerade anziehen oder locker lassen wollen. Es braucht beides; wenn Sie die ganze Zeit anziehen, wird sowohl ihr Protagonist als auch der Leser schmerzunempfindlich, lassen Sie es zu lange zu locker, schlafen beide ein. Sorgen Sie für eine dynamische Spannung; wägen Sie beide eine Weile in Sicherheit, bevor Sie wieder zuschlagen. Halten Sie auch bei Ihren Dialogen immer die Zügel in der Hand.

Zweideutigkeit im Dialog

Der Dialog hat eine besondere Wirkung, wenn er auf zweierlei Art gelesen werden kann, wie in Amy Purcells Kurzgeschichte »Home Repair«. Sie handelt von einem Paar, das in einem Baumarkt einen Zaun kaufen will, um ihre Hunde davon abzuhalten, vom Hof zu rennen. Durch den Dialog erfahren wir ziemlich schnell, dass es in Wirklichkeit gar nicht um die Hunde geht, sondern um die kaputte Beziehung des Paares (der doppeldeutige Titel, dessen Übersetzung einerseits für das Heim im wortwörtlichen Sinne steht, aber auch als Metapher für Familie, sagt uns sofort, wie wir die Geschichte zu lesen haben). Eigentlich sprechen sie die ganze Zeit darüber, dass der Mann fremdgegangen ist und ob die Beziehung noch eine Chance hat.

»Wir machen es so, wie du es willst«, sagte er.

»Ich weiß nicht, was ich will«, sagte sie.

»Wir gehen mit ihnen spazieren«, sagte er. »Wir gehen zusammen mit ihnen spazieren. Wir beobachten sie die ganze Zeit.«

Sie sah ihn an. Sein Gesicht war faltig und müde, und es tat ihr weh, ihn so zu sehen; er schien so viel älter als er in Wirklichkeit war. »Wir können sie nicht die ganze Zeit beobachten. Was ist, wenn sie ein Reh sehen?«

Er ließ los. Der Aufprall der Holzlatte auf Beton hallte durch die Gänge. »Du wirst ihnen nie vertrauen, oder?«

»Doch, ich vertraue ihnen«, sagte sie.

»Tust du nicht.«

»Sie haben gezeigt, dass man ihnen nicht vertrauen kann.«

»Verdammte Scheiße«, flüsterte er.

Lassen Sie Ihre Charaktere das Thema der Geschichte vor deren inneren Auge haben, wenn sie sprechen. Wenn Sie herausgefunden haben, worum es ihren Charakteren geht, können Sie sie von den alltäglichsten Dingen reden lassen, die allesamt zu Landminen werden. Egal, was einer sagt, der andere fühlt sich angegriffen, weil jede noch so harmlose Feststellung direkt in die offene Wunde trifft. Der Subtext ist Ihre wirkungsvollste Waffe, er wird Ihre Leser herausfordern und ihnen schmeicheln, weil er spürt, dass Sie ihn für so intelligent und aufmerksam halten, dass er das »Rätsel« knacken kann.

ÜBUNGEN

- Versuchen Sie, in einem Café, in der U-Bahn, in der Schlange an der Kasse ein Gespräch aufzuschnappen und übertragen Sie es Wort für Wort, machen Sie daraus einen literarischen Dialog, schreiben Sie die Geschichte.
- Wandeln Sie eine Zusammenfassung in eine Szene mit Dialog
- Im Folgenden finden Sie den Dialog zwischen einem Mann und einer Frau. Experimentieren Sie. Entscheiden Sie sich erst für eine Perspektive, betten Sie ihn in Zusammenfassungen ein, erweitern Sie ihn durch Regieanweisungen und/oder durch »sagte er/sie«. Machen Sie aus diesen wenigen Zeilen mindestens eine Seite:

»Hallo Tina.«
»Hast du kurz Zeit?«
»Stefanie kommt gleich.«
»Keine Angst. Ich sag ihr nichts.«
»Sie ist wieder schwanger.«
»So ist das also.«
»Was wolltest du mir sagen?«
»Ich auch.«
»Wie jetzt?«
»Siebte Woche. Keine Angst, ich zieh dich da nicht rein.«
»Was meinst du damit?«
»Da kommt sie. Ich ruf dich an.«
»Tina!«

LEKTION 10

Die Uhr tickt

»Jede Geschichte, erzählt man sie lang genug, endet mit dem Tod«, stellte Ernest Hemingway einst fest, und genau das ist die Herausforderung, der wir uns jedes Mal stellen müssen, wenn wir eine Geschichte erzählen wollen. Egal, wie wir es anfangen, wir hören das Ticken der Uhr. Manchmal ist sie so laut wie meine Küchenuhr, die mich zwei Zimmer entfernt nachts vom Schlafen abhält, ein anderes Mal gleitet der Zeiger sanft und dezent, er kann rasen oder scheinbar stehen bleiben, die Hauptsache ist, dass wir Schriftsteller ihn uns zunutze machen.

Wie viel Zeit soll überhaupt in einer Geschichte vergehen? Raymond Carvers »Kathedrale« beginnt mit der Ankunft des unerwünschten Gastes kurz vor dem Abendessen und endet sieben Stunden später, als der bekiffte und betrunkene Erzähler zusammen mit dem Blinden eine Kathedrale zeichnet. In *Ulysses* vergeht auf 1000 Seiten gerade einmal ein Tag. »Das Seelchen« von Tschechow umfasst mehr als zwanzig Jahre, Maupassants *Ein Leben* wie schon der Titel sagt, das ganze Leben einer Frau.

Es gibt keine Faustregel, wie viel Zeit eine Geschichte abzubilden hat, der Schriftsteller sollte allerdings dafür sorgen, dass kein Leser sich wünscht, er möge endlich zum Eigentlichen kommen. Er sollte sich vielmehr wünschen, dass die Zeit langsamer vergeht, dass die Seiten nicht so schnell weniger werden, denn er spürt, dass er sich dem Ende der Geschichte nähert, und auch wenn er gespannt ist, wie sie ausgeht, wünscht er sich doch gleichzeitig, sie möge nie aufhören.

Die Zeit ist in jeder Geschichte das Subjekt. Die Zeit bewegt sich wie der Protagonist nach vorn. Eine Geschichte ist bereits vorbei, wenn wir sie hören oder darüber lesen, selbst wenn sie im Präsens erzählt wird. Der Schriftsteller weiß bereits am Anfang, wie sie endet und welch tieferer Sinn in ihr enthalten ist. Achten Sie spätestens bei der Überarbeitung genau darauf, ob Sie der Zeit genug Aufmerksamkeit gewidmet haben.

Schlüsselmomente erleben wir – in der Literatur und im Film – meist in der Zeitlupe. Indem wir das Tempo drosseln, machen wir dem Leser, dem Zuschauer klar, dass er jetzt aufpassen muss. Die Kunst ist, seine Aufmerksamkeit nicht auf unbedeutende Ereignisse zu lenken; lassen Sie Ihren Helden in Zeitlupe eine Tasse Kaffee trinken, ist dort hoffentlich Arsen drin oder sie erinnert ihn an ein wichtiges Ereignis in seiner Kindheit. Ist es eine von fünfundzwanzig Tassen, die er über den Tag verteilt, tagaus, tagein, trinkt, lassen sie die Zeitlupe aus dem Spiel.

Normalerweise vergeht die Zeit in Geschichten, ohne dass der Leser ihr bewusst Aufmerksamkeit schenken muss. *Der große Gatsby* spielt einen Sommer lang, er fängt an in der strahlenden Frühlingssonne (wir erinnern uns an Daisy und Jordan auf dem Sofa, in ihren weißen Kleidern, an die Gardinen, die im leichten Frühlingswind aufbauschen), ein Sommerregen überrascht Gatsby, als er Daisy das erste Mal wiedersehen wird, die unerträgliche Hitze lockt in die Stadt mit ihren kühlen Apartments, Gatsbys Begräbnis findet statt, als sich die Saison dem Ende zuneigt. Mit Ausnahme von ein paar Rückblicken, die oft ebenfalls in Szenen präsentiert werden, folgt eine Szene nach der anderen, die vorherige bedingt die darauf folgende, sodass wir durch die Ereignisse dieses Sommers getrieben werden und kaum die Zeit haben, Luft zu holen, bis wir uns am Ende selbst nach dem Herbst sehnen, mit Nachmittagen vor dem Ofen, einer Tasse Tee und einem guten Buch und hoffentlich keinem unangekündigten Besucher, der die Ruhe stören könnte. Der große Erfolg, den der Roman noch heute feiert, resultiert aus dem Gefühl, dass es stetig vorangeht, in Richtung Katastrophe, denn wie unser Erzähler sagt: »Man kann die Vergangenheit nicht zurückholen.« Gatsby versucht es und scheitert. Wir Leser sehen dabei zu und freuen uns, dass wir selbst mit heiler Haut davonkommen.

Normalerweise rafft Literatur Zeit zusammen (*Ulysses* ist eine der wenigen Ausnahmen). Nur selten entspricht die Zeit, die man zum Lesen braucht, der Zeit, die währenddessen in der Geschichte vergeht. Unser alltägliches Leben verbraucht um einiges mehr Zeit, als wir auf die Seiten packen können und selbst, wenn wir das tun würden, das Ergebnis würde zu Tode langweilen. Auch James Joyce hat sich genau überlegt, wie er die 24 Stunden füllt; würde er wirklich alles erwähnt haben, was ein Mensch so tagtäglich veranstaltet, wären wir wohl bei 5000 Seiten gelandet. Allein ein ungefiltertes, komprimiertes Gespräch mit einem Freund, den wir lange nicht gesehen haben, kann wohl zu hundert Seiten führen.

Um eine relativ lange Zeitspanne auf wenigen Seiten abdecken zu können, brauchen wir eine Zusammenfassung. Lebensgeschichten werden meistens in chronologischer Abfolge erzählt, mit dem Einschub von Rückblenden. In »Ein schlichtes Herz« von Flaubert begleiten wir Félicité von ihrer Jugend bis ins hohe Alter. Flaubert marschiert zügig durch die Jahre, außer an den Stellen, die für seine Heldin besonders bedeutend sind. Indem er gewöhnliche, alltägliche Handlungen wie eine einzelne Szene beschreibt, vermittelt er das Gefühl von Aktion. Seine detailgetreuen Beschreibungen, die alle Sinne abdecken und wieder wie Einzelaktionen dargestellt zu Szenen werden, geben uns das Gefühl, dass wir wie in *Der große Gatsby* von Szene zu Szene getrieben werden, der Auflösung entgegen, die, wie wir schon ahnen, nur der Tod unserer Protagonistin sein kann, und trotzdem sind wir die ganze Zeit gespannt, wie es weitergeht. Der Leser hat Félicité dabei begleitet, wie sie lebhaft und energiegeladen als junge Frau begann und am Ende blind und invalide auf dem Sterbebett liegt. Viel Zeit ist vergangen, die man auf dreißig Seiten niemals nur in Szenen hätte bringen können.

»Ein schlichtes Herz« hat mich dazu inspiriert, das Leben einer Protagonistin rückwärts zu erzählen. Meine Geschichte beginnt im Krankenhaus, wo sie auf den Tod wartet, und endet mit der Geburt. Als ich einer Freundin davon erzählte, meinte sie, dass ich die Geschichte doch einfach vorwärts schreiben könnte, um sie dann am Ende in die umgekehrte Reihenfolge zu bringen. Aber genau das ist nicht möglich, denn mein Plan stellte mich vor die große Herausforderung, einen Spannungsbogen gegen den Uhrzeigersinn zu errichten; so muss beispielsweise die Krebsdiagnose zu einem Ereignis in der Vergangenheit führen, um das Ursache-und-Wirkung-Prinzip zu beachten. Charles Baxter hat dieses Experiment mit seinem leider nicht ins Deutsche übersetzten Roman *The First Light* gewagt und die Handlung in jedem Kapitel ein Stück weiter zurückgesetzt. Das vorausgehende Zitat Kierkegaards, das besagt, heutige Ereignisse könnten nur mit der Vergangenheit erklärt werden, bietet so etwas wie eine Anleitung zum Verständnis des Romans.

Martin Amis hingegen hat seinen Roman *Pfeil der Zeit* im wahrsten Sinne des Wortes rückwärts erzählt, sprich, die Suppe fließt aus dem Mund des Protagonisten zurück auf den Teller, und Liebesbeziehungen beginnen bei der Trennung und hören bei dem ersten Date auf. Diese Herangehensweise ist anfangs interessant und amüsant, erschöpft sich aber schnell, hat man einmal den Trick verstanden. Auch lässt die distanzierte Erzählerstimme keine Nähe zum Protagonisten aufkommen; dadurch, dass er kein erkennbares Ziel hat, hat der Leser nicht das Bedürfnis zu erfahren, was aus ihm wird, sprich, den Roman zu Ende zu lesen. Intellektuelle Romane wirken eben nur auf den Intellekt, es sind aber die Emotionen, die Ihre Leser darauf gespannt machen, was aus dem Protagonisten wird.

Rückblende

Die Mehrzahl aller Geschichten wird als Rückblende präsentiert, denn um etwas erzählen zu können, muss es ja bereits passiert sein. Geschichten, die im Präsens erzählt werden, fühlen sich oft unnatürlich an, weil wir nicht glauben können, dass man gleichzeitig etwas erleben und darüber schreiben kann. Aber es passieren ja auch Dinge vor der Geschichte, wir gehen also noch weiter in die Vergangenheit zurück, und das tun wir, um Aufschluss über den Protagonisten oder die Ereignisse zu geben. Ein Schriftsteller bewegt seine Charaktere auf der Zeitschiene hin und her, wenn es erforderlich für das Verständnis der Geschichte ist. Eine Rückblende hat ansonsten keine Berechtigung, sei sie auch noch so schön geschrieben und gibt so auch noch so interessante Details über unsere Charaktere preis. Wenn sie nicht wie schon besprochen zum Thema unserer Geschichte passen, haben sie in ihr nichts zu suchen.

Eine Rückblende konfrontiert uns Schriftsteller mit einigen Schwierigkeiten: Wir müssen aufpassen, dass wir sie nicht zu oft benutzen, auch sollten wir erwägen, ob wir die Geschichte früher beginnen lassen, und wir sollten die richtige Zeitformen einsetzen, ohne die Eleganz und das Tempo zu beeinträchtigen. Wird eine Geschichte in der Vergangenheit geschrieben, (die lockere, moderne Variante: er hat gesehen, er hat gekocht, er ist gegangen oder die literarische Variante: er sah, er kochte, er ging), muss die Rückblende in der Vorvergangenheit (er hatte gesehen, er hatte gekocht, er war gegangen) geschrieben werden, um dem Leser eindeutig zu verstehen zu geben, wo er sich gerade befindet. Das wird aber schnell schwerfällig und stoppt das Tempo, den Fluss und die Unmittelbarkeit der eigentlichen Geschichte, und der Leser verliert leicht das Interesse oder überspringt die Rückblende, was Sie auch nicht wollen. Deswegen gebrauchen wir nach zwei bis drei Verben in der Vorvergangenheit wieder die einfache Vergangenheit, wie hier in Raymond Carvers Kurzgeschichte »Nachbarn«:

> *Er erinnerte sich noch, wie Harriet mit der Uhr nach Hause gekommen war, wie sie durch die Flure gegangen war, um sie Arlene zu zeigen, und dabei das Messinggehäuse fest in den Armen hielt und durch das Seidenpapier mit der Uhr redete wie mit einem kleinen Kind.*
>
> *Kitty rieb ihr Gesicht an seinen Pantoffeln und wälzte sich dann auf die Seite, sprang aber schnell auf, als Bill in die Küche*

ging und eine von den Büchsen aussuchte, die sich auf der funkelnden Spüle stapelten.

Damit die Rückblenden gleichberechtigt neben der aktuellen Handlung in der Geschichte stehen, müssen sie genauso relevant sein. Sie müssen genauso unmittelbar und spannend sein wie die eigentliche Geschichte. Eine Rückblende unterbricht das Vorwärtsstreben der Handlung; überlegen Sie sich genau, an welcher Stelle und auf welche Art sie das tun darf. Beispielhaft ist John Updikes Umgang mit Rückblenden in seinem Roman *Der Zentaur*: Der heranwachsende Protagonist Peter wird von seinem Vater an einem verschneiten Morgen zur Schule gefahren. Updike führt seine Leser in eine drei Seiten lange Rückblende durch mehrere Zeitebenen, die mit Szenen und Zusammenfassungen genauso unmittelbar wie die Hauptebene erzählt wird, und löst die Zeitübergänge so elegant, dass wir niemals stolpern oder schwimmen.

Alle Szenen einer Geschichte müssen kausal verknüpft sein, auch jene, die in der Vergangenheit spielen. Rückblenden sind ideal, um dem Leser zu zeigen, wie sehr sich der Druck auf den Protagonisten verschärft. Überlegen Sie sich genau, wann Ihre Geschichte beginnen soll. Dann überlegen Sie sich, welche Details aus der Vergangenheit essentiell sind, um Details aus der aktuellen Geschichte zu erklären, zu erhellen, zu bereichern. Auch Rückblenden müssen die Spannung ansteigen lassen und auf die Krise und die Auflösung zutreiben.

In Jhumpa Lahiris Kurzgeschichte »Eine vorübergehende Sache« werden Rückblenden äußerst wirksam eingesetzt. Die Ereignisse in der eigentlichen Erzählzeit nehmen viel weniger Raum ein als die Ereignisse aus der Vergangenheit der Charaktere, aber da diese immer genau zur richtigen Zeit eingesetzt werden und mindestens ebenso spannend in Szenen erzählt werden, sind wir nicht genervt darüber, dass die eigentliche Geschichte, nämlich die vier hintereinander folgenden Tage, an denen die beiden wegen eines Stromausfalls dazu gezwungen sind, das Abendessen gemeinsam einzunehmen, unterbrochen wird, sondern sehnen uns regelrecht nach Erklärungen aus der Vergangenheit, weil wir ansonsten nicht verstehen würden, warum dieses Beieinander für beide so schwierig ist. Wir ahnen, dass die Beziehung durch ein Geheimnis belastet wird, und dieses vermuten wir ganz richtig in der Vergangenheit, und die Art und Weise, wie Lahiri uns immer näher an die Aufdeckung dieses Geheimnisses führt, macht die Spannung der Geschichte aus. Dabei ist es natürlich wichtig, dass auch die Rückblenden den gleichen Gesetzen folgen, vor allem in Bezug auf die Steigerung des Drucks auf unseren Protagonisten. Es muss also auf beiden Ebenen kontinuierlich auf die Krise – Shukumars schockierendes Geständnis, dass er das tote Baby gesehen hat – zugehen, die wiederum zum Höhepunkt und zur Auflösung unserer Geschichte führt.

Es gibt allerdings auch Geschichten, wie der Roman von L. P. Hartley *The Go-Between*, die durch ein Ereignis in der Jetztzeit dazu führen, ein Ereignis aus der Vergangenheit wieder auszugraben und diese wird dann so erzählt, als stellte sie die Jetztzeit der Geschichte dar. Man vergisst quasi, dass die eigentliche Geschichte in der Zukunft spielt, weil die Ereignisse der Rückblende die hauptsächliche Bedeutung übernehmen. In »Der Palastdieb« von Ethan Canin führt uns der Erzähler, ein in Rente gehender Lehrer, nachdem er einen Brief von einem ehemaligen Schüler erhalten hat, fünfundvierzig Jahre zurück. Danach werden die Ereignisse chronologisch erzählt, und sie werden so erzählt, weil wir sonst nicht die Ereignisse verstehen würden, die nach dem Brieferhalt folgen. Auch Ethan Canins Geschichte beweist, dass Rückblenden einen großen Raum einnehmen können, wenn der Leser spürt, dass die Geschehnisse in der Vergangenheit genauso relevant sind wie die in der Gegenwart. Betrachten Sie Rückblenden als Geschichten in der Geschichte und haken Sie sie nicht lieblos ab, sondern präsentieren Sie sie genauso überzeugend wie die eigentliche Ebene. Dann wird Ihr Leser diese auch nicht überfliegen oder weglassen, sondern mit der gleichen Aufmerksamkeit und dem gleichen Genuss lesen.

Vorausblende

Eine andere Möglichkeit, mit der Zeit zu spielen, ist der Blick in die Zukunft. Nicht viele benutzen ihn, vielleicht weil es einen selbstbewussten Erzähler erfordert, denn schließlich unterbrechen wir den Fluss der Illusion und das sehr bewusst. Die Wirkung ist allerdings immens, vor allem, wenn das Ende hoffen lässt, nachdem die Vorausblende jegliche Hoffnung gebrochen hat. Junot Diaz hat in »Die Sonne, der Mond, die Sterne« zu diesem Mittel gegriffen: Der aus der Dominikanischen Republik stammende Erzähler fährt mit seiner Freundin dorthin in den Urlaub und es läuft schief, was nur schief laufen kann. Für diese Geschichte gibt es zwei Enden, das der Geschichte und das in der Zukunft, was für alle Geschichten zutrifft, nur erfahren wir im Normalfall nicht, wie es für unsere Charaktere weitergeht, nachdem das letzte Wort gelesen wurde.

> *Am nächsten Tag sind wir zurück in die Staaten geflogen. Fünf Monate später bekam ich einen Brief von meiner Ex. Ich war mit einer anderen zusammen, trotzdem hat Magdas Handschrift mir jedes Molekülchen Luft aus den Lungen gebombt.*
>
> *Wie ich las, hatte sie auch einen anderen. Einen sehr netten Kerl, den sie neu kennengelernt hatte. Ein Dominikaner, wie ich.* Der Unterschied ist, dass er mich liebt, *schrieb sie.*
>
> *Aber ich greife vor. Ich muss euch zum Schluss noch zeigen, was für ein Idiot ich war.*
>
> *Als ich abends in den Bungalow zurückkam, war Magda noch wach und wartete auf mich. Sie hatte gepackt und sah aus, als hätte sie geheult.*
>
> *Ich fahre morgen nach Hause, sagte sie.*
>
> *Ich habe mich neben sie gesetzt. Ihre Hand genommen. Wir können das schaffen, habe ich gesagt. Wir müssen es nur versuchen.*

Auch Jennifer Egan greift gern zur Vorausblende; in *Der größere Teil der Welt* gibt es mehrere Geschichten, die immer wieder einen Abstecher in die Zukunft machen und die Wirkung hat etwas Desillusionierendes, Fatalistisches, als wäre nicht nur der Kampf der Charaktere, sondern auch der des Lesers nicht wirklich die Mühe wert gewesen, als wäre unsere ganze menschliche Existenz nur eine klitzekleine, bedeutungslose Episode, als mache es überhaupt keinen Unterschied, ob wir in diese oder jene Richtung gehen, weil wir am Ende ohnehin nicht das Glück finden. Hier ein Ausschnitt aus »Lebwohl, Liebste«, in dem Ted seine vor zwei Jahren untergetauchte Nichte Sasha in Rom suchen und aus ihrem Junkieähnlichen Leben herausholen soll.

> *»Hör mal zu, Sasha«, sagte er. »Du kannst es allein schaffen. Aber damit machst du es dir unnötig schwer.«*
>
> *Statt einer Antwort schaute sie die Sonne an. Auch Ted betrachtete durch das Fenster den Tumult aus staubiger Farbe. Turner, dachte er. O'Keeffe. Paul Klee.*
>
> *An einem anderen Tag über zwanzig Jahre später, nachdem Sasha das College besucht und sich in New York niedergelassen hatte, nachdem sie über Facebook den Kontakt zu ihrem Freund aus Collegetagen aufgenommen und spät (als Beth schon fast die Hoffnung aufgegeben hatte) geheiratet und zwei Kinder bekommen hatte, von denen eins leicht autistisch war; als Sasha wie alle anderen war, mit einem Leben, das ihr Sorgen machte und sie auf Trab hielt und ihr manchmal zu viel wurde, besuchte Ted, seit Langem geschieden – und Großvater –, sie in ihrem Haus in der kalifornischen Wüste. Er durchquerte das mit Treibgut ihrer kleinen Kinder vollgestreute Wohnzimmer und sah durch die Schiebetür aus Glas die Sonne im Westen lodern. Und einen Augenblick lang erinnerte er sich an Neapel, wie er bei Sasha in ihrem winzigen Zimmer gesessen hatte und welch ein Schock aus Überraschung und Entzücken ihn erfasst hatte, als die Sonne endlich die Mitte ihres Fensters erreichte und im Drahtkreis gefangen war.*

Jetzt drehte er sich zu ihr um, er grinste. Ihre Haare und ihr Gesicht loderten im orangefarbenen Licht.

»Siehst du«, murmelte Sasha und sah die Sonne an. »Sie gehört mir.«

Zeitlupe

Verdichtung und Ausdehnung sind die gängigsten Manipulationen, die Schriftsteller beherrschen sollten. Wir bestimmen, wie schnell die Zeit für unseren Protagonisten vergeht. Wenn er sich in einer kritischen Situation befindet, tickt der Zeiger der Uhr langsamer. Seine Wahrnehmung verändert sich, er nimmt Dinge auf, die er normalerweise nicht bemerken würde. Wenn Ihr Protagonist unter Druck gerät, ist es sinnvoll, die Zeitlupe einzusetzen, um den Leser noch stärker in seine Gefühlsebene einzubinden.

In Tobias Wolffs Kurzgeschichte »Kugel im Kopf« wird der zynische Buchkritiker Anders, als er bei seiner Bank in der Warteschlange steht, aufgrund seines flapsigen Kommentars von einem Bankräuber tödlich in den Kopf geschossen. Woran er alles denkt, bevor er stirbt, scheint in den wenigen Sekunden kaum möglich, und doch wirkt dieser trotz korrekter Syntax und Zeichensetzung an einen Bewusstseinsstrom erinnernde Gedankenfluss realistisch, als würden in jenem Stadium bereits andere Gesetze gelten. Dass es nicht so leicht ist, in solch einer Situation überzeugende Gedankengänge zu entwickeln, soll in einem Workshop des amerikanischen Schriftstellers Barry Hannah zutage getreten sein: Nachdem ein Student eine Geschichte vorgelesen hatte, in der ein junger Mann, der in einer Tankstelle arbeitet und, als er von einem Räuber eine Pistole an den Kopf gehalten bekommt, sich an alle möglichen Dinge erinnert, die er in seinem Leben erfahren hat, Omas selbstgebackene Kekse usw. usf. und wie er das alles vermissen würde, vorgelesen hatte, zog Hannah eine Pistole aus seiner Tasche, hielt sie dem Studenten an den Kopf und sagte: »Und? Woran denkst du jetzt?«

Javier Marías hat die durchaus spannende Handlung seiner Romane schon immer gern durch seitenlange Reflexionen des Protagonisten verlangsamt; auf die Spitze getrieben hat er dieses Markenzeichen in seiner Trilogie *Dein Gesicht morgen*, wo er beispielsweise eine äußerst brutale, schnelle Kampfszene immer wieder durch gedankliche Einschübe unterbricht, die sich über zig Seiten erstrecken und von einem Detail zum nächsten führen, bis man fast den Ausgangspunkt vergessen hat, und so kommt einem ein Ereignis wie ein tagelanger Albtraum vor, obwohl die Episode höchstens zehn Minuten gedauert haben kann. Ein ganz typischer gedanklicher Abstecher kann bei Marías so beginnen:

> *Man wünscht es nicht, aber man zieht es immer vor, dass derjenige stirbt, der neben einem ist. In einer Mission oder in einer Schlacht, in einer Fliegerstaffel oder in einem Bombardement oder im Schützengraben, als es welche gab, bei einem Straßenraub oder bei einem Überfall auf ein Geschäft oder bei Entführung von Touristen, bei einem Erdbeben, einer Explosion, einem Attentat, einem Brand, egal bei was: der Freund, der Bruder, der Vater oder sogar der Sohn, auch wenn er noch ein Kind ist. Und auch die Geliebte, auch die Geliebte, eher als man selbst.*
>
> *Band 3: Gift und Schatten und Abschied* von Javier Marías

Dann, wenn wir bereits vergessen haben, in welcher prekären Lage sich unser Protagonist gerade befindet, wenn wir uns vollständig in dem Labyrinth seiner Gedanken befinden, wirft er uns ohne große Überleitung in das Geschehen zurück, aber kaum haben wir das wieder realisiert, geht es wieder zurück in den Kopf des Protagonisten.

Die Kurzgeschichte »Zwischenfall auf der Eulenfluß-Brücke« von Ambrose Bierce ist auch ein wunderbares Beispiel für die Zeitlupe. Es kann bis zum Genickbruch höchstens zwei Sekunden gedauert haben, aber die imaginierte Flucht des Protagonisten scheint Stunden, ja Tage zu gehen, so detailreich und überzeugend ist sie geschildert, und auch auf dem Blatt nimmt sie den größeren Teil ein. Kurz bevor das Brett unter seinen Füßen entfernt wird, wird das Ticken seiner Armbanduhr langsamer, er hat Mühe, das Geräusch zu identifizieren, zuerst denkt er an Hammerschläge, und die Pausen zwischen den Schlägen werden immer länger, wir werden also schon in eine andere Zeitebene eingeführt, bevor er sich seine Flucht überhaupt vorstellen kann, bevor sein Henker zur Seite tritt und die Exekution vollstreckt wird. Dann aber wird die Uhr fast angehalten, wie durch ein Wunder, bis der Zeiger weiterläuft und unser Protagonist leblos am Strick baumelt.

Experte für diese Technik war natürlich Marcel Proust, dessen Verleger *Auf der Suche nach der verlorenen Zeit* bemängelt hat, weil er nicht verstehen konnte, wie man zig Seiten dafür brauchen könne, seinen Protagonisten endlich einschlafen zu lassen. Hier sind wir nicht mehr in der eigentlichen Handlung, sondern im Bewusstsein des Protagonisten, und dort herrschen andere Gesetze. Wie in Kafkas *Metamorphose* besonders eindrücklich beschrieben, ist in unserem Unterbewusstsein alles möglich, und auch der Leser lässt sich darauf ein, obwohl es zumindest bis heute unmöglich ist, dass sich ein Mensch über Nacht in ein Insekt verwandelt.

Die Zeit als Thema

Das Erzählen einer Geschichte bedeutet, dass man darüber nachdenkt, wie die Zeit vergangen ist. Nichts steht still, Geschichten passieren in der Bewegung. Alle Gefühle, die das Verrinnen der Zeit betreffen, liefern Stoff für die besten Plots.

Unterschwellig spielt die Zeit also immer eine Rolle, aber es gibt auch Geschichten, in denen explizit erwähnt wird, dass der Protagonist mit der Zeit zu kämpfen hat, dass die Zeit offensichtlich zum Antagonisten wird. Der Protagonist kann eine bestimmte Zeit vergessen wollen (*Sturmhöhe* von Emily Brontë), eine bestimmte Zeit zurückholen wollen (*Der große Gatsby* von F. Scott Fitzgerald), sich an eine bestimmte Zeit erinnern wollen (*Der große Meaulnes* von Alain-Fournier) oder er kann die Zeit nicht genutzt haben (*Das Tier im Dschungel* von Henry James).

Am häufigsten stoßen wir auf Protagonisten, die nicht vergessen können. Solche Geschichten sagen uns schon am Anfang, dass es für unseren Protagonisten kein gutes Ende nehmen wird. Die Zeit lässt sich nicht zurückholen; denken Sie an Heathcliff, an Jay Gatsby, an

Captain Ahab. Henry James' Protagonist John Marcher erkennt erst am Grab seiner lebenslangen Vertrauten, dass sie ihm mehr bedeutet hatte als er dachte. Obwohl er stets damit beschäftigt war, ein erfülltes Leben zu führen, muss er nun feststellen, dass er keine Erfüllung gefunden hat. Er erkennt, dass er es versäumt hat, tief zu empfinden. Er hat immer nur nach außen gesehen, anstatt innen anzufangen und damit die Liebe zuzulassen.

Auch Tolstoi thematisiert in *Der Tod des Ivan Iljitsch* verlorene Zeit: Erst als er im Sterben liegt, erkennt Iljitsch, dass sein Leben von Anfang an auf Falschheit aufgebaut war. Der zuerst so gefürchtete Tod bringt die Erlösung: »Anstelle des Todes war da ein Licht.« Iljitschs Illusionen und Leiden fallen spät von ihm ab, aber nicht zu spät.

Zeitspiralen

In dem Roman *Der Gott der kleinen Dinge* von Arundhati Roy erleben wir die Zeit nicht als einen nach rechts verlaufenden Strahl, sondern als eine Ansammlung von Spiralen, die im Zentrum jedoch alle eine gemeinsame Person haben. Der Roman spielt in Indien und wirkt an vielen Stellen märchenhaft, was im harten Kontrast zu der tragischen Familiengeschichte steht.

Die Protagonistin Rahel ist nach langer Abwesenheit in ihre Heimat zurückgekehrt. Wir erfahren, dass alles aus dem Rahmen fiel, nachdem die aus England eingeflogene Cousine Sophie Mol gestorben war, und diese Sophie Mol ist der Dreh- und Angelpunkt aller Geschehnisse. Alle Personen, die in Roys Buch auftauchen, sind miteinander verbunden; alle tragen zu der Auflösung bei, alle Ereignisse führen zu dieser Auflösung. Und weil wir alle Personen so nahe gebracht bekommen, in all ihren Lebensphasen, mit all ihren Beziehungen, Wünschen und Ängsten, trifft uns die Auflösung am Ende besonders hart.

Diese Art und Weise eine Geschichte zu erzählen, gibt dem Leser das Gefühl von Fatalismus und Unvermeidlichkeit.

ÜBUNGEN

- Schreiben Sie drei Anfangssätze, in denen Sie dem Leser sofort klarmachen, dass die Zeit für den Protagonisten abläuft.
- Schreiben Sie eine Geschichte rückwärts (zuerst wie Martin Amis im wahrsten Sinne des Wortes, anschließend in rückwärts laufenden Szenen, die in sich selbst aber im Uhrzeigersinn laufen).
- Schreiben Sie eine Szene, in der die Uhr quälend langsam für Ihren Protagonisten läuft.
- Schreiben Sie eine Geschichte mit Vorausblende.

LEKTION 11

Die Visitenkarte einer Geschichte

Der Titel ist das erste, das die Aufmerksamkeit des Lesers gefangen nehmen soll. Ein guter Titel macht den Leser gespannt auf die Geschichte. Er sagt viel über die Kreativität seines Verfassers aus und sorgt dafür, dass der Lektor beim Prüfen Ihres Manuskripts eine positive Haltung haben wird. Der Titel ist der Name Ihrer Geschichte, er wird sie dem Rest der Welt präsentieren, für jetzt und in alle Ewigkeiten; überlegen Sie sich gut, welcher der beste Titel für Ihre Geschichte ist.

Ich rate Ihnen, sich auf wenige Wörter zu beschränken, auch wenn es durchaus Titel gibt, die über mehrere Zeilenumbrüche gehen. Dave Eggers' *Ein herzzerreißendes Werk von umwerfender Genialität* habe ich sogar aufgrund des Titels gekauft, wollte ich es aber weiterempfehlen, kam ich regelmäßig ins Stottern, und auch jetzt musste ich wieder das Internet zu Rate ziehen, was mir bei seinem neuen Roman – den ich Ihnen wärmstens empfehlen möchte – *Der Circle*, nicht passieren kann. Deswegen: Fassen Sie sich kurz; drei bis fünf Wörter sollten ausreichen, wenn es eins tut, das aussagekräftig genug ist, umso besser. Titel sollten nicht hohl oder langweilig klingen, und sie sollten originell sein; benutzen Sie Ihre Kreativität für einen Titel, der mit dem Thema, der Handlung oder den Charakteren der Geschichte im Zusammenhang steht.

Und wenn Sie den perfekten Titel gefunden haben, recherchieren Sie, ob er schon vergeben ist. Auch wenn es dafür kein Copyright gibt, wollen Sie nicht, dass man Ihr Werk verwechselt und versehentlich das falsche kauft.

Im Folgenden ein paar konkrete Vorschläge:

- Verwenden Sie ein kurzes Zitat aus der Geschichte; wenn Sie nach ausreichender Zeit und Überarbeitung mit Ihrer Geschichte wirklich zufrieden sind und sie laut vorlesen, werden Sie merken, dass manche Stellen mehr Emotionen wecken als andere; gehen Sie davon aus, dass das auch Ihren Lesern widerfährt.
- Verwenden Sie ein Sprichwort, dass das Thema Ihrer Geschichte wiedergibt. Spielen Sie mit dem Sprichwort, ändern Sie es, um einen Bezug zu Ihrer Geschichte herzustellen.
- Leihen Sie sich eine Zeile aus einem Klassiker.
- Wählen Sie den Namen eines Charakters oder den Ort, an dem es stattfindet.
- Lassen Sie die Handlung den Titel bestimmen.
- Lassen Sie das Thema, das Ihrer Geschichte zugrunde liegt, den Titel bestimmen.
- Lesen Sie ein paar Gedichte, die sich mit dem Thema Ihrer Geschichte beschäftigen und wählen Sie eine Zeile daraus.
- Überlegen Sie sich, welches Wort, welcher Satz ihren Protagonisten dazu bringt, über seinen Schatten zu springen; in einer meiner Geschichten ist es ein Flugticket nach Rom, das ein Vater für seinen toten Sohn gekauft hat. Der Titel »Rom« steht für verpasste Gelegenheiten und bringt die Protagonistin dazu, sich ihrem Sohn wieder zuzuwenden, bevor es zu spät ist.
- Lassen Sie sich von einem Lied inspirieren, das zu Ihrer Geschichte passt. Der Titel meiner Kurzgeschichte »Acceptance« wurde in der englischen Übersetzung zu »Shooting for the Moon«, eine Zeile aus »Tomorrow, Wendy« von Concrete Blonde, in der es um eine krebskranke Frau geht. Für die deutschsprachige Version musste ich das Thema, die fünfte Sterbephase, benennen, damit klar wird, dass die Freundin der Erzählerin den Krebs nicht besiegt, in der englischen Version konnte ich davon ausgehen, dass die Sterbephasen nach Kübler-Ross bekannt sind, somit ist der Titel zu offen-

sichtlich; »Shooting for the Moon« (nach den Sternen greifen) ist dem Dialog entnommen und zeigt den Kampf der Protagonistin, die das Sterben Ihrer besten Freundin nicht akzeptieren will.

- Spielen Sie mit Begriffen, die sich in Ihrer Geschichte wiederholen
- Gehen Sie zu der Stelle, wo Ihr Protagonist den finalen Schlag ins Gesicht bekommt. Was sieht er, bevor er zu Boden geht? Welche Worte haben ihn zu Boden gebracht?
- Legen Sie sich in die Badewanne und konzentrieren sie sich auf Ihren Protagonisten; was würde er sagen, wenn er über sich und was ihm in der Geschichte passiert ist, nachdächte?

ÜBUNGEN

- Suchen Sie sich in Ihrem Bücherregal zehn Titel aus, die Sie sofort fasziniert haben. Legen Sie eine Tabelle an und schreiben Sie zu jedem Buch in einem Satz, worum es geht, danach in einem Wort. Recherchieren Sie von jedem Schriftsteller, was er noch geschrieben hat und notieren Sie auch diese Titel (dabei ist es wichtig, dass Sie sich das Original ansehen, es werden bei den Übersetzungen oft Versionen gewählt, die nichts mehr mit dem ursprünglichen Titel gemeinsam haben).
- Geben Sie einer eigenen Geschichte einen Titel, der aus mindestens zehn Wörtern besteht.
- Geben Sie einer eigenen Geschichte einen Titel, der aus einem Wort besteht.

LEKTION 12

Wisse, wovon du sprichst

Manche Schriftsteller recherchieren, um schreiben zu können. Ich schreibe, um Dinge, die mich interessieren, recherchieren zu können. Vor allem, wenn ich mit anderen in Kontakt trete, von Selbsthilfegruppen bis zu Telefonsexhotlines, um etwas von denen, die sich auskennen, lernen zu können.

Chuck Palahniuk

Der Leser möchte sich bei Ihnen in guten Händen fühlen. Er will sich auf Sie verlassen können. Selbst wenn Sie sich einen Ort für Ihre Geschichte ausdenken, muss er real wirken. Ihre Geschichte kann auch in der Zukunft spielen, aber alle Elemente müssen für den Leser vorstellbar sein. Die fantastischen Geschichten von Kelly Link werden auf so realistische Weise erzählt, dass wir meinen möchten, die Ereignisse seien wirklich passiert, irgendwo und irgendwann auf dieser Welt, wo es eben möglich war, dass sie genau so passierten. George Saunders lässt eine alte Jungfer aus ihrem Grab kriechen, die ihren Verwandten eine satte Predigt hält. Donald Barthelme schreibt darüber, wie eine Gruppe von Freunden beschließt, einen aus ihrem Kreis mit großer Zeremonie und Gästen zu hängen, und es Streit über die Wahl des Musikstücks gibt, das das Opfer sich als Soundtrack dazu wünscht. Aimee Benders Geschichte »Marzipan« beginnt folgendermaßen:

Eine Woche, nachdem sein Vater gestorben war, wachte mein Vater mit einem Loch im Bauch auf. Es war kein kleines Loch, es war nicht etwa nur die Haut aufgeplatzt, nein, das Loch hatte die Größe eines Fußballs und ging bis hinten durch. Man konnte durch ihn hindurchsehen wie durch einen zu groß geratenen Türspion.

Egal wie fantastisch oder unrealistisch die Ereignisse sind, die Präsentation lässt sie für den Leser real und konkret werden. Haben Sie den Vater jetzt nicht genau vor Augen? In Michael Bullocks »The Head« geht ein Mann so schnell von der Arbeit nach Hause, dass sich zuerst die Schuhsohlen ablaufen, dann die Füße, dann die Beine, bis am Ende nur noch der Kopf übrig bleibt.

Die Ehefrau des Mannes öffnet die Tür, um herauszuschauen, und sieht den Kopf Ihres Ehemannes auf der Türschwelle. Sie ergreift ihn bei den Haaren, sieht ihm in die Augen und sagt voller Mitleid: »Nun, viel mehr war von dir eh nie vorhanden.« Der Kopf murmelt etwas Unverständliches als Antwort. Er scheint seine Fähigkeit zu sprechen behalten zu haben, aber nicht die Energie, sie sich zu Nutzen machen zu können.

Die Frau nimmt den Kopf ihres Ehemannes mit ins Haus und stellt ihn in eine Schale auf dem Wohnzimmertisch. Sie kämmt seine Haare, die, nachdem sie ihn hochgehoben hatte, ganz verwuschelt waren. Sie will gerade gehen, als der Kopf murmelt: »Wasser.«

Diese völlig unrealistische Erzählung lässt uns nicht ausrufen: »So was gibt's doch gar nicht!«, weil wir wissen, dass sie wie die anderen Beispiele nicht wortwörtlich genommen werden soll, sondern eigentlich für etwas Anderes steht, etwas, das wir alle kennen. Das Loch steht für Verlust eines nahestehenden Menschen, für die körperlich spürbare Leere, die dieser hinterlässt, der Kopf dafür, dass der Protagonist sich nur auf seinen Intellekt verlassen hat, das Hängen des Freundes für blinden Gehorsamssinn in (Männer-)Bünden. So fantastisch die Ereignisse auch klingen, alles andere in den Geschichten ist realistisch und deswegen hört der Leser bald auf, die Dinge in Frage zu stellen.

Eine gute Inspirationsquelle ist, sich ein Detail zu überlegen, das ungewöhnlich ist, und zu sehen, was das für Auswirkungen auf die Menschen hat. Stromausfälle mögen an vielen Teilen der Welt nichts Besonderes sein, aber wenn ganz Berlin mitten im Winter plötzlich schwarz wäre und nichts mehr funktionieren würde, keine Heizung, keine Scanner an den Kassen, wenn Wasser und Benzin nicht mehr fließen würden, bräche das Chaos aus, vor allem, wenn die Informationszufuhr nicht klappen würde und keiner wüsste, wie lange der Ausnahmezustand anhalten würde. Aber es kann auch etwas viel weniger Spektakuläres sein: Stellen Sie sich vor, es würde einfach nicht mehr aufhören zu regnen oder aus dem Schlafzimmer käme ein Ton, dessen Ursprung nicht herauszufinden ist, den man aber nicht abstellen kann. Kevin Brockmeiers »The Ceiling« beginnt mit einem Ich-Erzähler und der Geburtstagsfeier seines Sohnes, alle sitzen im Garten, Kinder und dazugehörige Eltern, die üblichen Details werden beschrieben (es hat vielleicht nicht jeder von uns Kinder, aber wir alle kennen den Ärger über misslungene Geburtstagstorten oder andere Dinge die an Festen schief gehen können, und den Druck, unter dem ein Gastgeber sich befindet, auch wenn alles wie am Schnürchen klappt, und jeder kennt die Mischung aus Erschöpfung und Erleichterung, die einen überfällt, wenn der letzte Gast endlich gegangen ist), bis am Ende der zweiten Seite ein Objekt am Himmel auftaucht, ein schwarzes Rechteck. Aber es ist noch zu klein, um uns wirklich zu beunruhigen, und könnte schließlich alles sein. Über die nächsten Wochen vergrößert es sich, doch die Probleme zwischen dem Erzähler und seiner Frau vergrößern sich auch und so ist die Bedrohung, die von dem mysteriösen Objekt herrührt, weit weniger relevant als die Entwicklungen in der Ehe des Erzählers. Das Leben geht weiter, trotz des immer näher kommenden und größer werdenden Objekts, es führt zu nichts außer ein paar Spekulationen, wie es dort hingekommen und woraus es beschaffen sei, aber niemand scheint sich der Gefahr bewusst zu sein. Alle sind weiterhin nur damit beschäftigt, ihren Alltag zu bewältigen und noch passiert ja nicht viel oder das, was passiert, bringt für die meisten keine Nachteile, oder man gewöhnt sich daran (der Vergleich zu den Entwicklungen, die zum zweiten Weltkrieg geführt haben, liegt nicht in allzu weiter Ferne). Die Beschäftigung mit den eigenen Problemen macht die Menschen blind gegenüber dem wirklich gefährlichen Problem, dem Quader, der nunmehr ein Dach ist und von den Menschen auch als das erkannt wird, genauso wie sie erkennen, dass das Dach sich ihnen nähert, aber keiner will die Summe aus beidem sehen. Dass man immer weniger sehen kann, wird auch akzeptiert, weil es nicht über Nacht passiert, sondern nach und nach. Ich verrate Ihnen nicht, wie diese fantastische – und hier meine ich beide Bedeutungen – Geschichte endet, aber überlegen Sie es sich selbst, wie ein natürliches Ende aussehen könnte – und dann vergleichen Sie mit dem Original.

Auch in dieser Geschichte geht es nicht allein um einen Gegenstand, der auf die Erde fällt und die Menschen zerquetscht, sondern sie hat eine viel tiefere Bedeutung und kann von den Lesern in alle möglichen Richtungen interpretiert werden. Von den Menschen anfangs nicht ernst genommene Bedrohungen hat es zu allen Zeiten gegeben, weil eben jeder mit dem eigenen Kampf ums Überleben genug zu tun hat. Solche Geschichten sind unvergesslich, weil sie universale Wahrheiten transportieren und immer wieder in unser Gedächtnis zurückgerufen werden, sobald wir damit konfrontiert werden, und wie häufig passiert es, dass Menschen angesichts großer Gefahren blind sind oder blind sein wollen – im englischen gibt es das schöne Idiom »elephant in the room«, das für ein großes Problem steht, das alle sehen, über das aber niemand reden will. Deswegen noch einmal mein Rat: Wenn Sie fantastische Geschichten schreiben wollen, bleiben Sie so nah wie möglich an der Realität und verändern Sie ein Detail; Sie werden sehen, dass das allein schon reicht, um unsere Realität auf den Kopf zu stellen, und gleichzeitig kann niemand sagen, dass Ihre Geschichte nichts mit ihr zu tun hat.

Was aber, wenn Orte oder Begebenheiten real sind? Wenn man überprüfen kann, ob die Details stimmen? Müssen wir uns immer einen Stadtplan vornehmen oder können wir auch einfach einen Straßennamen erfinden? Verbieten kann es Ihnen niemand, Sie sind schließlich kein Journalist, aber solch einfache Recherchearbeiten sollten Sie auf jeden Fall angehen, auch damit Sie selbst sich beim Schreiben vor Ort fühlen. Vielleicht werden die Bewohner von Groß Grönau nie Ihren Roman lesen, dennoch sollten Sie nur eine Schützenstraße erwähnen, wenn es sie wirklich dort gibt. Und wer weiß, vielleicht entdecken Sie eine Straße um die Ecke, dessen Name sehr viel mehr mit dem Thema Ihrer Geschichte zu tun hat.

Um herauszufinden, in welcher Straße sich eine Geschichte von mir abspielen könnte, bin ich für einen Nachmittag nach Hamburg gefahren, allein aus diesem Grund. Ursprünglich hatte ich an die Milchstraße gedacht, erstens hatte ich sie noch in Erinnerung, zweitens fand ich den Namen poetisch und als Symbol passend. *Google Earth* zum Beispiel hat mir gezeigt, dass es aussah, wie ich es in Erinnerung hatte, und trotzdem wollte ich nicht ohne Überprüfung genau diese Straße zum Schauplatz machen. Ich habe ein paar Details genannt, die die Geschichte erlebbarer machten, wie die Mülltonnen im Vorgarten und die gepflasterte Straße. Auch vom Wohnhaus habe ich eine ziemlich genaue Beschreibung gegeben, sodass man sich gut vorstellen konnte, welche Menschen in dem Viertel wohnten und was für eine Stimmung dort herrschte. Mittlerweile kommt der Straßenname gar nicht mehr in meiner Geschichte vor, aber zum Schreiben war es wichtig, dass ich mir vorstellen konnte, was meine Protagonistin gesehen hat, wenn sie aus dem Wohnzimmerfenster sah und in was für einem Haus die Schwiegereltern wohnten.

Auch der Ausflug in ein kleines Dorf kurz vor der polnischen Grenze ist eine schöne Erinnerung, auch wenn oder gerade weil ich sieben Stunden in der einzigen Bäckerei festsaß, um auf den Zug zurück nach Berlin zu warten, und mir wegen des ununterbrochen strömenden Regens nicht wie geplant die Umgebung ansehen konnte. Die fertige Geschichte hat mit dem, was ich damals schrieb, scheinbar nichts mehr zu tun, aber wenn ich sie lese, habe ich neben der Cafeteria des Krankenhauses, dem eigentlichen Schauplatz, auch immer die überschwemmte Dorfstraße und den kleinen Tisch mit den Plastikblumen vor Augen, die Unmengen von Cappuccini, die ich getrunken habe und die dort mit Schlagsahne gemacht wurden, die Regentropfen, die gegen die Fensterscheibe spritzten und dann Rinnsale bildeten, die wenigen Menschen, die sich bei diesem Wetter vor die Tür getraut hatten und mit ihren tropfenden Schirmen an der Theke standen und der Unterhaltung viel mehr Aufmerksamkeit schenkten als dem Kuchen oder dem Brot, der Grund, weshalb sie eigentlich hierher gekommen waren.

Ricky Gervais spricht in einem Video auf youtube darüber, wie er das Schreiben entdeckt hat, als sein Englischlehrer ihm sagte, dass er über das schreiben solle, was er kennt. Eigentlich wollte der britische Comedystar seinem Lehrer einen Streich spielen, indem er die langweiligsten Geschichten aller Zeiten schrieb, und zwar darüber, wie er seine Mutter begleitete, die bei einer alten Frau das Haus putzte. Der damals Dreizehnjährige zählte also all diese langweiligen Details auf, und was bekam er dafür zurück? Ein A, was unserer 1 entspricht, und für den stolzesten Moment seines Lebens gesorgt hat. Der nun erwachsene Ricky Gervais betont, dass die Aufgabe eines Künstlers nicht das Erzählen des Besonderen ist, sondern das Erzählen des Alltäglichen und zwar so, dass es zu etwas Besonderem wird. Literatur braucht keine großartigen Ereignisse, ganz im Gegenteil, wenn Sie sich Carvers Geschichten anschauen, werden Sie ausschließlich auf die banalsten Dinge stoßen, Dinge, die wir alle aus unserem eigenen Leben kennen, aber indem sie aufgeschrieben wurden, in Carvers einzigartiger Sprache und durch seine Haltung präsentiert wurden, sind sie zur großen Literatur geworden. Alles kann interessant sein, ein Gespräch, das Schweigen am Abendbrottisch, ein Gang zur Toilette, das Warten an der Kasse im Supermarkt. Je mehr Ihre Leser diese Banalitäten kennen, umso mehr werden sie berührt. Der bereits erwähnte Film *Paterson* erzählt von den banalen Dingen des Alltags, von den Wiederholungen, von den kleinen Momenten, die wir entweder ignorieren können, weil sie nichts Besonderes sind, oder die wir uns, weil wir Künstler sind, noch einmal genauer anschauen, wie ein Kind, für das es so etwas wie

Normalität nicht gibt. Wenn wir uns zum Schreiben hinsetzen, sollten wir nach der magischen Brille greifen, die unsere Welt in eine völlig fremde umwandelt, die uns zu Touristen in unserem eigenen Zuhause macht. Und alles, was wir dort machen, wird zu etwas Besonderem, egal ob wir gerade Kaffee kochen oder uns ein Butterbrot schmieren oder die noch feuchte Wäsche aufhängen. Nehmen Sie sich eine Stunde vor, in der Sie alles ganz bewusst machen, und schreiben Sie auf, was Sie getan haben, ohne ein einziges Detail auszulassen. Merken Sie, wie Ihr Alltag plötzlich zur hohen Kunst wird?

Das Fremde und das Neue

Auch wenn ich Sie eben dazu bringen wollte, das Besondere in dem, was Sie kennen, zu sehen, sollten Sie auch mit unbekannten Welten experimentieren. Mit der richtigen Recherche können Sie es wagen, über Dinge zu schreiben, von denen Sie vorher nicht viel wussten. Manchmal ist es sogar besser, unbedarft an ein Thema heranzugehen, weil wir oft vergessen, dass unsere Leser mit den uns vertrauten Themen vielleicht ebenso unbedarft sind, und bei neuen Themen haben wir ein besseres Gespür dafür, welche Punkte eine genauere Erklärung erfordern oder den Leser verwirren könnten.

Für die Geschichte über die Frau, die kurz vor dem Geburtstermin ihr Baby verloren hat, habe ich bei der Charité auf der Entbindungsstation angerufen und eine Hebamme hat mir bereitwillig erzählt, was ich wissen musste (es kommt leider öfter vor, als wir denken). Ich habe erfahren, dass die toten Babys ganz normal auf die Welt gebracht werden, dass sie gemessen und gewogen werden, dass Abdrücke von der Hand und von dem Fuß gemacht werden und auch ein Foto. Ich habe mir einen Film über ein Entbindungszimmer angesehen, das speziell für Totgeburten eingerichtet wurde. Ich habe Foren durchsucht und Erfahrungsberichte über sogenannte Schmetterlings- oder Sternenkinder gefunden. Erst jetzt konnte ich mir annähernd vorstellen, wie sich eine Frau fühlt, wenn ihr so etwas passiert und was solch eine Erfahrung für ihr Beziehungs- und Familienleben bedeutet. Als ich mir schließlich das Foto eines tot geborenen Babys ansah, ahnte ich endlich, was meine Protagonistin durchgemacht hatte. Manche Situationen habe ich am Ende wieder herausgestrichen, wie die Reaktion der Gynäkologin (die ich natürlich auch überprüft hatte, indem ich sie befragt hatte), weil sie für das Thema irrelevant war – aber um meine Protagonistin zu verstehen, musste ich diese Szene erst einmal niederschreiben, und ich glaube, dass der Leser sie immer noch zwischen den Zeilen fühlen kann.

Scheuen Sie sich nicht, bei der Recherche um Hilfe zu bitten. Die meisten Menschen fühlen sich geehrt, weil ihre Arbeit und ihre Umgebung so wichtig sind, dass Sie über sie schreiben wollen. Bei der Arbeit an meinem letzten Roman habe ich oft in meiner Heimatstadt anrufen müssen, weil ich vieles schlichtweg vergessen hatte. Museen, Restaurants, Kinos, manches existierte gar nicht mehr oder nur noch in stark veränderter Form, aber ein jeder war bemüht, mir zu helfen, allein schon, weil sie wollten, dass ihre Arbeitsstelle richtig dargestellt wird.

Müssen Sie sich an Tatsachen halten? Ich denke, dass Sie ein Gespür dafür entwickeln sollten, was genau die Wahrheit für Ihre Geschichte ist. Manchmal merkt man zum Beispiel, dass es zu heftig oder falsch klingt, wenn man etwas genauso erzählt, wie es wirklich passiert ist. Manchmal muss die Wahrheit verfälscht werden, um wahr zu klingen. Und natürlich können Sie in eine Straße eine Bar platzieren, auch wenn sie nicht existiert. Wenn es gut möglich wäre, dass sie dort ist oder bald dort entsteht oder irgendwann dort war, werden Ihre Leser denken, sollten Sie es wirklich überprüfen, dass sie eigentlich genau dort hingehört und Ihnen eher glauben wollen als dem, was sie sehen. Geben Sie Ihren Lesern das Gefühl, dass etwas wirklich passiert ist, dann können Sie erzählen, was Sie wollen.

Mein letzter Roman spielte nicht nur in meiner Heimatstadt, sondern auch in Mexiko, ein Land, in dem ich bis heute nicht gewesen bin. Roberto Bolaños *2666* hat mich dazu inspiriert, über die Frauenmorde in Ciudad Juárez zu schreiben, und so beginnt die Reise meiner Protagonistin in Lübeck, führt nach Cancún und Mexiko Stadt, und endet dann in Berlin, der Stadt, in der ich seit bald drei Jahrzehnten wohne. Wenn es bezüglich meiner Heimatstadt Unsicherheiten gab, habe ich zum Telefonhörer gegriffen oder im Internet recherchiert. Meine Reisen nach Mexiko, richtiger: die meiner Protagonistin, erforderten mehr Gründlichkeit, aber nachdem ich einen Crashkurs in Spanisch gemacht hatte, um Bolaño im Original lesen zu können, war ich in der Lage, mir Amateurvideos auf youtube anzusehen und habe so erleben können, wie zum Beispiel die Autofahrt von Cancún Airport nach Cancún Downtown aussieht, wie Babyschildkröten auf das Meer zukrabbeln, wie eine der ermordeten Frauen auf einer Müllhalde ausgegraben wird. Ich habe erfahren, welche Ausstellung im Museo Tamayo läuft, dass in einem französischen Restaurant eine alte Zinkbadewanne steht, die randvoll mit Rosen gefüllt ist, und dass es im Parque Lincoln Wasserbecken gibt, in denen man seine ferngesteuerten Segelboote schwimmen lassen kann. Und es gibt nicht nur das Internet, auch Bücher haben mich nach Mexiko gebracht, *Pedro Páramo* von Juan Rulfo, Bolaños Bücher, Carlos Fuentes' *Die Heredias*, Diana Washington Valdez' *La cosecha de mujeres*, die wöchentliche Radiosendung der *Los Contertulios*, Diego Riviera, Frida Kahlo und andere. Mit meiner Protagonistin tauchte ich komplett in die neue Welt ein, sodass ich, wenn mein Alltag wieder begann und ich die Wohnung verlassen musste, völlig verwirrt war, weil deutsch gesprochen wurde und ich in Berlin war. Und als ich zum letzten Teil kam, der eben dort stattfand, ein Heimspiel sozusagen, musste ich mit Erstaunen feststellen, dass ich es hier viel schwieriger fand, den Leser wirklich anwesend sein zu lassen, weil ich dafür erst einmal selbst wieder Dinge wahrnehmen musste, auf die ich schon lange nicht mehr achtete.

Sie sind Schriftsteller. Sie dürfen über jeden Ort schreiben, egal, ob er existiert oder nicht. Sie können sich aller Tricks bedienen. Sie können entscheiden, wie viel Sie wirklich brauchen, um einen Ort so zu beschreiben, dass der Leser dort anwesend sein kann. Manche meiner Geschichten haben es erfordert, dass ich mich stundenlang in den Zug setze und im Regen stehe, für andere bin ich noch nicht einmal um die Ecke gegangen; ich habe zum Beispiel über ein Hostel zwei Straßen weiter geschrieben und schaue immer auf die andere Straßenseite, wenn ich heute daran vorbeigehen muss. Ich habe es durch meine Geschichte so klar vor Augen, die Zimmer, die Flure, die Toiletten, und auch den Empfang, die Realität wäre vermutlich eine schreckliche Enttäuschung. Wenn jemand Ihnen vorwirft, dass die Kneipe, in der Ihr Protagonist auf dem Klo sturztrunken eingeschlafen ist, seit dreißig Jahren nicht mehr existiert, sagen Sie selbstbewusst: »Ich bin Schriftsteller und kein Journalist.« Wenn Sie einen überzeugenden Protagonisten haben, dessen Geschichte auf berührende Weise erzählt wird, glaubt man Ihnen alles, genauso wie ich jahrzehntelang felsenfest davon überzeugt war, dass es in New York ein Edmont Hotel gab, in dem Holden Caulfield abgestiegen ist – und im Grunde glaube ich es noch immer, egal, was das Internet behauptet.

ÜBUNGEN

- Schreiben Sie eine Geschichte, die an einem erfundenen Ort spielt – stellen Sie sich ein weiteres Bundesland vor, ein weiteres Viertel in Berlin oder Hamburg, ein Dorf oder eine Insel, die es nicht gibt und machen Sie einen genauen Plan der Gegend.
- Bitten Sie jemanden, der einer Beschäftigung nachgeht, von der Sie keine Ahnung haben, dass Sie ihn begleiten dürfen. Schreiben Sie eine Geschichte über einen Protagonisten, der diesen. Beruf hat.
- Tippen Sie mit geschlossenen Augen auf die Weltkarte, recherchieren Sie, schreiben Sie eine Geschichte.
- Schreiben Sie eine Geschichte über eine für Sie fremde Welt. Achten Sie darauf, dass Sie immer von innen berichten und nicht von außen. Das bedeutet, dass Ihnen alles vertraut ist und Sie nur im äußersten Notfall Erklärungen liefern. Die fremde Welt ist die Ihrige, also ist das Geschilderte für Ihren Erzähler total normal. Ein gutes Vorbild ist Chinua Achebes *Alles zerfällt*, der erste Roman, der nicht auf ein afrikanisches Dorf schaut, quasi aus der Sicht des Kolonialisten, sondern von innen, aus der Sicht eines Einheimischen erzählt wird. Sie können natürlich auch eine fantastische Welt als Schauplatz nehmen oder eine utopische oder die einer religiösen Sekte. Das Wichtige bei dieser Aufgabe ist, dass Sie eine

für die meisten Menschen sehr unrealistische Geschichte sehr real erzählen.

LEKTION 13

Die Werkzeugkiste eines Schriftstellers

Erzählen Sie mir nicht, dass der Mond scheint; zeigen Sie mir das Schimmern des Lichts auf Glasscherben.
Anton Tschechow

Wir arbeiten mit Sprache. Unser Können zeigt sich in dem Maße, wie klar und präzise wir sie benutzen. Fragen Sie sich permanent, was genau Sie sagen wollen. Nehmen Sie Ihre Sätze auseinander und überprüfen Sie, ob jedes Wort klar, präzise und einfach ist. Und ob es notwendig ist. Wenn etwas *jetzt* stattfindet, lassen Sie es nicht in diesem Moment stattfinden. Ich *assistiere* nicht, sondern ich helfe. Ich habe nicht *ausreichend* gegessen, sondern genug. *Ich denke nicht, dass es spät ist,* sondern es ist spät. *Aufgrund der Tatsache, dass* ich ein guter Schriftsteller bin, ersetze ich die erste Hälfte dieses Satzes mit dem nützlichen Wörtchen »weil« (Ein Protagonist wie der Butler Stevens aus *Was vom Tage übrig blieb* muss allerdings auf diese Art seine Geschichte erzählen.)

Untersuchen Sie Ihre Sprache nach Wucherungen, Aufbauschungen, Verwässerungen und streichen Sie restlos. Wenn Sie das bloße Gerüst vor sich haben, können Sie bei Bedarf noch ausschmücken, aber Sie werden oft merken, dass die Sprache in ihrer reduzierten

Form vollkommen ist. Niemand würde auf die Idee kommen, in eine funktionierende Maschine unnötige Teile einzubauen.

Vertrauen Sie auf Ihren Umgang mit der Sprache im Allgemeinen. Sie haben sich dafür entschieden zu schreiben, weil Sie die Sprache lieben, und das nicht nur, während Sie am Schreibtisch sitzen. Sprache ist Ihre Leidenschaft, Ihre Obsession, Ihr Element. Durch das viele Lesen haben Sie bereits einen riesigen Fundus angesammelt, an Stimmen, an Stilen, an Tönen, an Themen, an allem, was Sie zum Schreiben brauchen. Sie können gar nicht anders, als auf Sprache zu achten, als sie zu achten.

Das einzige, was Ihnen jetzt noch fehlt, ist das Finden und das Beibehalten Ihrer eigenen, einzigartigen Stimme. Wenn Sie sich unterhalten, sind Sie authentisch. Bleiben Sie dabei, wenn Sie schreiben. Wenn Sie unsicher sind, schreiben Sie an eine vertraute Person einen Brief. Schreiben Sie auf, was Sie in den letzten zwei Wochen erlebt haben. Fangen Sie einen neuen Brief an, denken Sie sich Ereignisse aus, aber stellen Sie sich vor, Sie hätten Sie wirklich erlebt. Lesen Sie beide Briefe laut vor. Nehmen Sie sich dabei auf. Haben Sie es geschafft, Ihre unverwechselbare Stimme auch im erfundenen Teil beizubehalten? Oder haben Sie sie dort erst gefunden? Was hält sie davon ab, autobiografische Ereignisse genauso spannend zu erzählen, sie nach genau den gleichen Prinzipien zu überarbeiten, die wir besprochen haben?

Je mehr wir üben, umso selbstbewusster werden wir; denken Sie an Hannah Tintis »Trautes Heim«, erinnern Sie sich, was sie sich alles erlauben konnte und trotzdem hätten wir ihr ewig zuhören mögen? Ein erfahrener, selbstbewusster Schriftsteller befindet sich immer in der Pole-Position.

Wörter

Ein Schriftsteller sollte das Vokabular beherrschen, das seine Geschichte braucht: einfache Fachausdrücke, Markennamen, Werkzeuge, Möbel. Er muss sein Material kennen, ohne damit anzugeben. Begriffe müssen konkret sein – BMW statt Auto, Doc Martens statt Stiefel –, wenn es wichtig für die Geschichte und die Charaktere ist, aber es wäre unpassend, wenn man jemandem wie mich eine Automarke erkennen lässt, weil für mich alle Autos gleich aussehen. In Jon Krakauers *In die Wildnis* ist es von Belang, dass Chris McCandless darauf besteht, in seiner Schrottkarre weiterzufahren, obwohl seine Eltern ihm zum Abschluss ein neues Auto schenken wollen, weil es unseren Protagonisten charakterisiert sowie die Beziehung zu seinen Eltern und weil es als Symbol für seine grundsätzliche Haltung zum Konsum zu verstehen ist. Außerdem kann man es auch als Vorahnung sehen, weil ein anderes Vehikel sein Sarg wird und seine Eltern unbewusst mit dem neuen Auto somit den Tod des Sohnes zu verhindern hofften. Natürlich kann jeder Schriftsteller sagen, dass es sich einfach nur um ein altes, schrottreifes Auto handelt, nicht mehr und nicht weniger, und dass er sich nichts dabei gedacht hat, aber wir Leser gehen sehr wohl davon aus, dass sich ein Schriftsteller etwas dabei denkt, wenn er solch ein Detail zu Papier bringt, und schon allein deswegen müssen wir uns Gedanken darüber machen, auf welche Art und Weise wir unsere Charaktere von A nach B kommen lassen.

Der Schriftsteller sollte seine Alltagssprache erweitern, Dinge benennen können, die er täglich benutzt, aber bis jetzt nie beim Namen genannt hat. Achten Sie darauf, wenn jemand von »dem Ding da« spricht. Anne Lamott hat in *Bird by Bird, Wort für Wort* ihre Suche nach dem Begriff für den Draht, der über den Sektkorken gespannt ist, sehr anschaulich beschrieben. Der Anruf bei einer Weinkellerei hat ihr schließlich weitergeholfen. Ich musste, um herauszufinden, wie man den Stauraum an den Sitzen im Flugzeug bezeichnet, bei einer Fluggesellschaft anrufen und war fast enttäuscht, weil dieser schlichtweg als Tasche bezeichnet wird. Spannend war auch ein Anruf bei der Bundeswehr; ich wollte lediglich wissen, welche Mützen bei welchem Einsatz getragen werden und wie man diese genau bezeichnet, aber der Pressesprecher hat mir lang und breit alles erklärt, was ich seiner Meinung nach über Auslandseinsätze wissen müsste und wollte auch lang und breit alles über meine Geschichte wissen. Natürlich reichen oft ein paar Klicks im Internet, aber nutzen Sie auch die Gelegenheit, mit Fachleuten zu sprechen, persönlich oder am Telefon, vielleicht erfahren Sie Details, die Ihrer Geschichte eine ganz neue Richtung geben. Oder Sie zu einer weiteren inspirieren. Ich habe schon an anderer Stelle gesagt, wie wichtig es ist, dass wir uns über die Berufe unserer Charaktere Gedanken machen müssen. Benjamin Percy schreibt in seinem Essay »Get a Job« sehr eindrücklich darüber, und wenn man bedenkt, dass die meisten Erwachsenen mindestens ein Drittel des Tages mit dem beschäftigt sind, was sie beruflich machen, ist es doch schockierend zu sehen, wie wenig Gedanken sich viele Schriftsteller um den Beruf ihrer Charaktere machen. Unser Beruf definiert uns, egal, ob wir das gut finden oder nicht. Auch wenn wir gerade Urlaub haben, arbeitslos oder in Rente sind, es ist ein Feld, in dem wir uns auskennen. Jeder Beruf hat sein ganz eigenes Vokabular und seine eigene Welt, und bietet die Chance, unseren Protagonisten komplex zu gestalten, ihn wirklich zum Leben zu erwecken. Auch hier haben wir bei Donna Tartts *Der Distelfink* ein schönes Beispiel, und zwar mit dem alten Mann, bei dem der Protagonist wohnt. James Hobart, genannt Hobie, hat ein Antiquitätengeschäft und restauriert in seinem Keller Möbel:

> *»Nein«, (Hobie) klopfte, ein Ohr an das Holz gelegt, auf die Kommode, »scheint ziemlich solide zu sein, aber die Schubladeneinführung ist beschädigt.« Er zog eine klemmende Schublade auf. »Das kommt davon, wenn man zu viel Kram reinstopft. Die passen wir neu an.« Er zerrte die Schublade ganz heraus und verzog das Gesicht bei dem quietschenden Geräusch von Holz, das über Holz schrammte. »Wir feilen die Stellen ab, wo sie hakt. Siehst du die Rundung? Das repariert man am besten, indem man die Nut ausfräst – dadurch wird sie breiter, doch ich glaube nicht, dass wir die Führungsnute aus den Schwalbenschwanzzinkungen stemmen müssen – du erinnerst dich, wie wir es bei diesem Eichenmöbel gemacht haben?« Er strich mit dem Finger über die Kante. »Mahagoni verhält sich allerdings ein wenig anders. Genau wie Walnuss. Erstaunlich, wie häufig Holz an Stellen abgetragen wird, die eigentlich gar keine Probleme bereiten. Insbesondere Mahagoni ist so fein gemasert, vor allem so altes Mahagoni, dass man wirklich nur dort schleifen will, wo es*

> *unbedingt nötig ist. Ein bisschen Paraffin an die Fügung, und sie ist so gut wie neu.«*

Man hätte das Ganze wahrscheinlich auch ohne die fachmännischen Wörter schreiben können, aber diese paar Begriffe sind es, die uns anwesend sein lassen, als würde Hobie uns anlernen und nicht nur den Protagonisten. Donna Tartt hätte in einem Nebensatz schreiben können, dass Hobie gerade die Schublade eines Sekretärs repariert, aber nein, sie macht ihn zum Meister und wir werden zusammen mit dem Protagonisten Auszubildende. Es reicht schon, einem Restaurator einmal über die Schulter zu schauen, um solch eine Szene zu schreiben, und wie bereits erwähnt, fühlen sich die meisten Menschen geehrt, wenn ein Schriftsteller mehr über ihren Beruf erfahren will.

Dass Sie stets das richtige Wort finden müssen, bezieht sich aber nicht nur auf Fachbegriffe. Wie ein Komponist müssen Sie dafür sorgen, dass alle Noten die richtigen sind, am richtigen Platz stehen und mit den anderen Wörtern effektiv zusammenarbeiten. Vermeiden Sie Wortwiederholungen oder Alliterationen, außer Sie wollen damit etwas bewirken. Wenn sich etwas nicht schön anhört, suchen Sie nach besseren Wörtern oder nach einer besseren Stellung innerhalb des Satzes. Achten Sie auf den Klang. Sie arbeiten mit Wörtern. Egal, ob Ihre Geschichte 1000 oder 100.000 davon hat, suchen Sie immer nach dem perfekten Wort. Wie Mark Twain schon gesagt hat: »Der Unterschied zwischen dem fast richtigen Wort und dem richtigen Wort ist wahrhaftig ein riesiger – es ist wie der Unterschied zwischen einem Glühwürmchen und einem Blitz.« Es ist Ihr Job, das richtige Wort zu finden, egal wie lange es dauert, und sich nicht mit einem zufrieden zu geben, dass schon irgendwie passt.

ÜBUNGEN

- Schreiben Sie eine Szene, die an einem Ort spielt, wo Fachbegriffe eine große Rolle spielen. Suchen Sie sich zuerst einen Ort aus, wo Ihnen diese Begriffe bekannt sind, danach einen, wo Ihnen alles neu ist.

- Überlegen Sie sich, für welche Gegenstände Sie nicht die korrekte Bezeichnung wissen und legen Sie ein Heft an, in dem Sie diese Begriffe sammeln.
- Erfinden Sie zehn Wörter und integrieren Sie jedes in eine Geschichte. Nehmen Sie nur ein erfundenes pro Geschichte. Was fällt Ihnen auf?
- Nehmen Sie sich eine Geschichte von Ihnen vor und überprüfen Sie sie nur hinsichtlich der Wörter. Streichen Sie jedes an, dass nicht perfekt ist.

Sätze

Das wichtigste Transportmittel eines Schriftstellers sind Sätze. Er sollte immer wieder mit ihnen experimentieren. Auch jemand, der »nur« Prosa schreibt, muss darauf achten, wie sich sein Text anhört. Lautes Lesen macht deutlich, ob der Rhythmus und die Melodie stimmen. Sorgen Sie dafür, dass ihre Leser nicht einschlafen, und achten Sie dabei nicht nur auf den Inhalt. Musik ist faszinierend, selbst wenn man die Sprache nicht versteht; versuchen Sie, mit Ihren Texten eine ähnliche Wirkung zu erzeugen, allein dadurch, dass Sie darauf achten, wie sich Ihre Sprache anhört. Wir lesen nicht nur mit den Augen, wir hören mit. Und was wir hören, ist oft viel entscheidender. Wenn Sie es schaffen, dass Ihr Text mehr als nur gelesen wird, wenn er gespürt, geschmeckt, gefühlt und vor allem gehört werden kann, wird er einem in Erinnerung bleiben, wie ein Lied aus der Kindheit, das einen in die Vergangenheit zurückbringt und das alte Kinderbett, die Mutter oder den Vater, ihre warmen Stimmen, wieder aufleben lässt.

Dabei helfen vor allem die Konstruktion und die Anordnung der Sätze. Lange Sätze – wirklich lange Sätze und nicht solche, in denen man Semikolons, Kommata, Doppelpunkte oder Bindestriche ohne großen Verlust gegen Punkte austauschen kann – haben einen besonderen Effekt: sie wirken verzögert, als würde man den Moment, mit einem Punkt zum Ende zu kommen, hinauszögern, so lange es geht (wenn zum Beispiel ein etwas neurotischer, unsicherer Charakter spricht, der alle Möglichkeiten abwägen möchte, bevor er sich, wenn überhaupt, auf etwas festlegen kann). Betrachten wir die fast hypnotische Wirkung dieses Ausschnitts aus Hermann Hesses *Steppenwolf*:

> *Der Tag war vergangen, wie eben die Tage so vergehen; ich hatte ihn herumgebracht, hatte ihn sanft umgebracht, mit meiner primitiven und schüchternen Art von Lebenskunst; ich hatte einige Stunden gearbeitet, alte Bücher gewälzt, ich hatte zwei Stunden lang Schmerzen gehabt, wie ältere Leute sie eben haben, hatte ein Pulver genommen und mich gefreut, dass die Schmerzen sich überlisten ließen, hatte in einem heißen Bad gelegen und die liebe Wärme eingesogen, hatte dreimal die Post empfangen und all die entbehrlichen Briefe und Drucksachen durchgesehen, hatte meine Atemübungen gemacht, die Gedankenübungen aber heut aus Bequemlichkeit weggelassen, war eine Stunde spazieren gewesen und hatte schöne, zarte, kostbare Federwölkchenmuster in den Himmel gezeichnet.*

Halten Sie immer wieder inne, wenn Sie ein Buch lesen, und schauen Sie allein auf die Konstruktion der Sätze; achten Sie auf den Rhythmus, die Wiederholungen, die die Wirkung verstärken, die Pausen, das Tempo. Dabei ist es gut, wenn Sie den Inhalt des Buches kennen und nicht mehr daran interessiert sind, wie es weitergeht, sondern wie es geschrieben wurde. Nehmen Sie sich eine Kurzgeschichte vor und lesen Sie sie, bis Sie meinen, sie in- und auswendig zu kennen. Bestimmt können Sie mit jedem Mal eine weitere Lektion lernen. Auch wenn ich gern sage, dass eine Geschichte gerade in unseren Zeiten nur eine Chance hat, so stimmt es doch auch, dass sich erst beim wiederholten Lesen zeigt, wie viel ein Schriftsteller vom Schreiben versteht.

Versuchen Sie selbst einmal, einen Satz zu schreiben, der mindestens zwei Seiten lang ist. Versuchen Sie, sich nicht so große Gedanken über den Inhalt zu machen oder ob das, was Sie schreiben, logisch ist, sondern konzentrieren Sie sich einfach darauf, den Satz weiterzuführen. Ein großartiges Vorbild für diese Übung ist »Der Satz« von Donald Barthelme, der sich mit eben diesem Thema beschäftigt hat;

die Kurzgeschichte endet nach vier dicht bedruckten Seiten, ohne an das Ende des Satzes gekommen zu sein.

> *Oder ein langer Satz, der sich in einer bestimmten Geschwindigkeit auf der Seite bewegt und sich dem unteren Teil nähert – wenn nicht dem unteren Teil dieser Seite, dann dem einer anderen –, wo er ausruhen oder einen Moment innehalten kann, um sich die Fragen zu überlegen, die seine eigene (temporäre) Existenz hervorrufen, welche endet, wenn die Seite umgeblättert wird oder aus dem Bewusstsein rutscht, das ihn (temporär) in einer Art Umarmung festhält, nicht unbedingt einer leidenschaftlichen, vielleicht eher einer, die eine Ehefrau genießt (oder erduldet), die gerade aufgewacht ist und ins Badezimmer geht, um sich die Haare zu waschen, und dabei mit ihrem Ehemann zusammenstößt, der kurz zuvor am Frühstückstisch gesessen und Zeitung gelesen hat, und nicht gesehen hat, wie sie aus dem Schlafzimmer gekommen ist, aber wenn er gegen sie stößt, seine Hände hebt, um sie locker im Vorübergehen zu umarmen, weil er weiß, dass sie, wenn er sie so früh am Morgen, bevor sie ihre Träume so richtig abschütteln und sich anziehen konnte, richtig umarmt, darauf nicht reagieren und vielleicht sogar sauer werden würde und etwas Verletzendes sagen würde, (…)*

Wenn Sie die Übung beendet haben, machen Sie eine kurze Pause und schreiben Sie einen Text mit kurzen Sätzen. Je kürzer, umso besser. Versuchen Sie weitgehend Nebensätze zu vermeiden. Subjekt, Prädikat, Objekt. Kurze Sätze sind wie Faustschläge. Sie untermauern die Wörter mit dem Schlagen eines unerbittlichen Taktstockes. Sie lassen spüren, dass die Zeit abläuft. Sie zeigen, wie in Krisensituationen Emotionen zurückgehalten werden. Hier wird nicht geschwafelt, hier wird nicht reflektiert. Kurze Sätze können die Anspannung und die Hoffnungslosigkeit des Protagonisten optimal vermitteln.

Ganz selten fragt er mich nach meiner Familie. Wenn er es tut, sage ich, dass es allen gut geht. »Allen geht's gut«, sage ich. Ich schließe die Lunchdose und nehme meine Zigaretten aus der Tasche. Bud nickt und schlürft seinen Kaffee. Die Wahrheit ist, dass mein Junge etwas Hinterhältiges hat. Aber ich spreche nicht darüber. Nicht einmal mit seiner Mutter. Mit ihr schon gar nicht. Sie und ich sprechen immer weniger, so wie die Dinge liegen. Meistens ist es nur das Fernsehen. Aber ich erinnere mich an den Abend.

»Federn« von Raymond Carver

Jede Geschichte erfordert ihren eigenen Rhythmus. Wir müssen also beides beherrschen, lange, fließende Sätze und kurze, knallende. Schauen Sie sich zunächst den Ausschnitt aus *Fiesta* von Ernest Hemingway an:

Eine Flasche Wein war eine gute Gesellschaft. Danach trank ich Kaffee. Der Kellner empfahl mir einen baskischen Schnaps, der Izzarra hieß. Er brachte die Flasche und schenkte mir ein Likörglas voll ein. Er sagte, Izzarra sei aus Pyrenäenblumen gemacht. Den echten Pyrenäenblumen. Er sah wie Haaröl aus und roch wie italienischer Strega.

Und nun den aus *In einem anderen Land* desselben Verfassers. Hier sind es die langen Sätze, die uns in den Strudel des Ersten Weltkrieges hineinziehen. (Sollte Ihnen einmal jemand vorwerfen, dass man nicht so oft »und« in einem Satz bringen darf, haben Sie hier gleich einmal ein schönes Gegenbeispiel.)

Im Spätsommer jenes Jahres lebten wir in einem Hause in einem Dorfe, das über den Fluss und die Ebene bis zu den Bergen hinübersah. Im Flussbett lagen Kieselsteine und Geröll trocken und weiß in der Sonne, und das Wasser floss klar und schnell und blau in den Rinnen. Truppen marschierten an unserem Haus vorbei und die Straße hinunter, und der Staub, der von ihnen aufgewirbelt wurde, puderte die Blätter der Bäume. Auch die Stämme der Bäume waren bestaubt, und die Blätter fielen in jenem Jahr früh ab, und wir sahen die Truppen auf der Straße vorbei marschieren und den Staub aufsteigen und die vom Wind geschüttelten Blätter abfallen und die Soldaten marschieren und die Straße nachher leer und weiß bis auf die Blätter.

Dazwischen liegen viele Varianten, die jeder Schriftsteller für sich entdecken und zum richtigen Zeitpunkt, für die richtige Erzählerstimme anwenden muss. Die Faustregel ist auch hier wieder, ein ausgeglichenes Verhältnis in die Geschichte zu bringen, lange und kurze Sätze abwechseln zu lassen und sie überhaupt so zu komponieren, dass sie die Geschichte perfekt transportieren (und die Charaktere, und die Handlung). Diktion und Syntax sind unsere Visitenkarten. Hier erkennt der Leser sofort, ob es sich bei unserer Geschichte um Literatur handelt oder nicht. Schauen Sie im Ausschnitt aus »Kaffee trinken anderswo« an, wie ZZ Packer die Länge ihrer Sätze variiert, wann sie Nebensätze benutzt, welche Wirkungen Aufzählungen haben, Doppelpunkte, verschachtelte Sätze, wann es fast beruhigend dahinfließt, wann es knallt:

Die Orientierungsspiele begannen genau an dem Tag, an dem ich von Baltimore nach Yale kam. In meiner Gruppe spielten wir kopflastige, frustrierende Spiele für ganz Gescheite. Ein Spiel schien eine existentialistische Umdeutung von Scharade zu sein; bei einer anderen musste man Steinen zuhören. Dann verlangte eine Erstsemesterberaterin, dass alle »Vertrauen« spielten. Die Idee dabei war: Wenn man den Mut aufbrachte, sich rückwärts fallen zu lassen und darauf zu hoffen, dass vier magere Ex-Klassenprimusse einen auffingen, bevor man sich den Schädel auf dem Schieferbordstein einschlug, könnte man vielleicht auch lernen, seinen Kommilitonen zu vertrauen. Russisch Roulette klang da noch wie die bessere Alternative.

Unser Schreiben verbessert sich maßgeblich, wenn wir Passagen verfassen, die mit unseren Geschichten erst einmal nichts zu tun haben. Übungen, die ihren alleinigen Zweck darin haben, unseren Umgang mit der Sprache zu verbessern, sind nicht von unseren Gefühlen belastet. Wir können sie analysieren und verbessern, mit der Kaltblütigkeit eines Chirurgen, der einen völlig Fremden am Herzen operiert (anders würde es aussehen, wenn er das bei seinem eigenen Kind machen würde). Prüfen Sie, wie viele kurze Sätze Sie hintereinander schreiben können oder wie lang sich ein Satz ziehen lässt. Probieren Sie aus, mehrere kurze Sätze wie ein Maschinengewehr abzufeuern und das Ganze mit einem langen, traumartigen Satz aufzufangen. Lesen Sie Ihr Ergebnis laut vor und achten Sie auf den Rhythmus und auf den Klang. Klopfen Sie wie Flaubert den Takt dazu. Sie werden spüren, auch körperlich, wenn Sie es richtig gemacht haben.

Hören Sie dem Klang Ihres Satzes zu. Arbeiten Sie daran, bis er die Wirkung Ihrer Lieblingsmusik erreicht. Bis Sie selbst nicht mehr in der Lage sind, zu erklären, warum er am Ende so geworden ist, wie er ist. Bis Sie das Gefühl haben, einer Melodie verfallen zu sein. »The rest is song«, beschrieb es E.M. Forster in *Aspects of the Novel.*

ÜBUNGEN

- Schreiben Sie einen Satz über mindestens drei Seiten.
- Schreiben Sie eine Geschichte mit langen Sätzen.
- Schreiben Sie dieselbe Geschichte mit kurzen Sätzen.
- Schreiben Sie dieselbe Geschichte mit Sätzen, deren Längen variieren.

Adjektive und Adverbien

Wenn wir etwas beschreiben wollen, denken wir sofort an Adjektive und Adverbien. In der Grundschule haben wir gelernt: »Beides sagt uns **wie** etwas ist oder gemacht wird.« Dabei können wir auf diese Wortarten am leichtesten verzichten. Sprechen Sie nur von der Farbe des Matsches, wenn er nicht braun ist, und überlegen Sie sich, ob es wirklich notwendig ist, ein »*leichtes* Sommerkleid« zu schreiben (welchen Stoff sollte man sonst im Sommer tragen?). Wenn jemand entscheidet, ins Haus zurückzukehren, weil er graue Wolken am Himmel sieht, ist das Adjektiv berechtigt, weil die Farbe ihn zur Handlung zwingt. Ansonsten müssen Sie einen guten Grund haben, Ihren Leser mit der Farbe einer Wolke zu beschäftigen.

Man ist nicht »leicht« genervt, sondern genervt, nicht »etwas« müde, sondern müde, »wenig« methodisch geht noch weniger, denn entweder man ist es oder nicht.

Sehen wir uns einmal folgenden Satz an: *»Ich hasse dich!«, brüllte er laut.* Das Ausrufezeichen ist ein klares Signal dafür, dass es dem Sprecher ernst ist, und brüllen kann man nicht leise. Ein weiteres häufig angewandtes Muster: *Er sagte lächelnd: »Ich habe gewonnen.«* Natürlich sagt man manchmal etwas, indem man lächelt, ich rate aber dazu, es folgendermaßen zu formulieren:

»Ich habe gewonnen«, sagte er und lächelte.

Oder: *Er lächelte. »Ich habe gewonnen.«*

Wenn Sie das, was Ihre Charaktere sagen, mit Sorgfalt behandeln, Ihre Dialoge also eindeutig formulieren, erübrigt es sich, dass man etwas nachdenklich, fröhlich, traurig oder entsetzt sagt. Wie bereits besprochen haben wir bei guten Dialogen ein klares Bild der Charaktere vor Augen und können die Mimik und Gestik erraten. Wenn nicht, überarbeiten Sie den Dialog.

Je sparsamer Sie Adjektive und Adverbien verwenden, umso mehr Wirkung erzeugen Sie, wenn Sie es einmal tun. Sie können das »glücklich« in *Er lächelte glücklich* streichen, das »traurig« in *Er lächelte traurig* ist wiederum angebracht, weil letzteres etwas ist, was man nicht erwartet. Wenn Philip Roth in *Good Bye, Columbus* jemanden »unheilvoll höflich« sein lässt, präsentiert er uns ein Adverb, mit dem wir in Bezug auf Höflichkeit erst einmal nicht rechnen; eine derartige Kombination erzeugt Spannung, weil wir natürlich wissen wollen, welches Unheil passieren wird. Adrienne Benson Schergers Kurzgeschichte »Juju« spielt in Liberia kurz nach dem Militärputsch in den 1980er Jahren. Die exotische Landschaft mitsamt ihren Mythen und politischen Ereignissen wird nur sehr selten mit Adjektiven oder Adverbien beschrieben. Fragen Sie sich also jedes Mal, wenn Sie eines benutzen wollen, ob es notwendig ist wie in folgendem Satz: »Am Tag nachdem Paul die Maske gekauft hatte, hämmerte er emsig zwischen Bad und Gästezimmer einen Haken an die Wand. Dann trat er zurück, um sich zu vergewissern, dass sie gerade und mittig hing.«

Versuchen Sie, ihren Protagonisten ganz ohne Adjektive zu beschreiben. Nehmen Sie sich eine von Ihren Geschichten vor und streichen Sie alle Adjektive an. Fragen Sie sich, ob Sie durch Verben und/oder Substantive zu ersetzen sind. Mit der Zeit werden Sie aufmerksamer, was die Verwendung von Adjektiven und Adverbien betrifft. Achten Sie auch beim Lesen anderer Bücher darauf. Fragen Sie sich bei jedem Adjektiv oder Adverb, aus welchem Grund sich der Verfasser dafür entschieden haben könnte. Er wird hoffentlich einen triftigen gehabt haben.

ÜBUNGEN

- Nehmen Sie sich eine Ihrer eigenen Geschichten vor und streichen Sie alle Adjektive.
- Schreiben Sie eine Geschichte mit einer Vielzahl von Adjektiven, die alle absurd sind (das tropfende Auto, der schreiende Weihnachtsbaum).
- Nehmen Sie sich drei Bücher aus dem Regal und markieren Sie die Adjektive. Wie gehen die jeweiligen Schriftsteller damit um und welche Protagonisten/Erzähler rechtfertigen diese Umgangsweise?
- Beschreiben Sie eine Ihnen nahestehende Person einmal mit Adjektiven, danach ohne.

Das Anhäufen von Konjunktionen

Wahrscheinlich haben Sie im Deutschunterricht immer wieder gehört, dass man das Wort »und« nicht wiederholen solle, dass es nicht elegant sei, wenn man sagt und… und… und…, im Gegenteil, nur ein Bauer würde so reden, und vor allem gehöre es nicht an den Anfang eines Satzes, und man könne es meistens durch ein Komma ersetzen. Solche Regeln mögen für Geschäftsbriefe und Verträge sinn- und zweckvoll sein, in der Literatur haben sie nichts zu suchen; oft fügen sie gewaltigen Schaden an, wie Sie in Kürze an Cormack McCarthys Beispiel erkennen werden. Wie immer gilt: Kennen Sie die Regeln und brechen Sie sie, wenn es für Ihre Geschichte von Nutzen ist.

Im folgenden Beispiel von Antonia S. Byatts Roman *Besessen* ziehen die Sätze ihren Leser in den Bann, als würden sie in einen Kreisel schauen, dessen Mittelpunkt sie am Ende einsaugen und in eine Parallelwelt entführen könnte. Byatts Roman hat zwei Erzählebenen, die erste beinhaltet die Zusammenarbeit und die daraus resultierende Liebesgeschichte zweier Literaturwissenschaftler, die zweite hat den Briefwechsel zwischen den Dichtern, die die Hauptcharaktere erforschen, zum Inhalt. Dieser Ausschnitt ist dem Werk der fiktiven Dichterin Christabel LaMotte entnommen, deren poetischer Stil im krassen Gegensatz zu der desillusionierten Erzählerstimme aus der ersten Ebene steht, resultierend aus der nicht nur finanziell angespannten Situation des Protagonisten Roland Michell.

> *Und er nahm seinen Mut zusammen und trat hinein und dachte dabei an die Decke aus Gestein und Erdreich und Moor, die über seinem Kopf lastete, und die Luft war klamm und der Boden nass. (...) Er sah sich die vielfarbigen Flaschen an, die rot und grün und blau und bernsteingelb waren und nichts weiter zu enthalten schienen als hier eine Spur von Rauch, dort ein paar Tropfen Flüssigkeit.*

Die Komposition dieser Sätze weckt nicht nur Erinnerungen an Märchen, sondern auch an die Bibel, und sollten wir mittlerweile noch so hartgesottene Atheisten sein, oder die Zeit, zu der unsere Eltern uns aus Märchenbüchern vorgelesen haben, lange her, noch immer sind wir dieser Zauberformel verfallen. Geschichten sprechen viel mehr unser Unbewusstes an als wir denken, sie wirken nur auf begrenzte Weise auf den Intellekt. Oben stehende Sätze schaffen es, uns direkt ins Geschehen hineinzuziehen, neben dem Protagonisten zu stehen und seinen Blicken zu folgen, die nicht durch Kommata abgehackt sind, sondern staunend durch den Raum gleiten und dieses Detail wahrnehmen und jenes und noch eines und noch eines. Machen Sie sich alle Elemente der Sprache zunutze, und seien es auch noch so nichtige wie das bescheidene Wörtchen »und«.

ÜBUNGEN

- Schreiben Sie einen Satz über eine Seite, ohne einmal ein Komma zu setzen.
- Nehmen Sie sich eine Stelle aus der Bibel vor und schreiben Sie eine Geschichte in diesem Stil.
- Schreiben Sie ein Märchen.

Die Magie der Zahlen

Wenn Sie Dinge auflisten oder aufzählen, sollten Sie sich vor Augen führen, welche Zahlen eine besondere Wirkung auf den Menschen haben. Aller guten Dinge sind drei, sagt man nicht von ungefähr, deswegen lassen Sie die vierte Zutat lieber weg oder geben ihr einen eigenen Platz in einem neuen Satz. Fünf Dinge sind ebenfalls besser als vier, und dann überlegen Sie, ob sie wie Antonia S. Byatt zwischen allen ein »und«, anstatt eines Kommas setzen. Sieben und zwölf gehören zu den besonderen Zahlen, auch die 49 seit Thomas Pynchons *The Crying Lot of 49*. Zahlen sind nicht nur Zahlen, sondern wirken wie ein Signal auf die Leser. Man geht immer davon aus, dass Sie diese Zahl bewusst gewählt haben. *Schlachthof 5*, *Eine Geschichte von zwei Städten*, *1984*, *Catch-22*, *100 Jahre Einsamkeit*, *Einer flog übers Kuckucksnest*, *Fahrenheit 451*, *Tausend Morgen*, *1001 Nacht*, *Die Zehn Gebote*, *Sieben Brüder*, *2666* – schon in den Titeln ihrer Bücher haben diese Schriftsteller auf die Macht der Zahlen gesetzt. Selbst wenn es nur um eine Hausnummer geht, sollten Sie sich darüber Gedanken machen und nicht die 26 wählen, nur weil das Haus, in dem Sie aufwuchsen, diese Nummer trug (handelt es sich um das Haus Ihres Protagonisten, ist das eine andere Sache; wir erinnern uns, nicht der Schriftsteller ist interessant, sondern die Figuren, die er erschafft). Beim Erstentwurf mag vieles von dem, was wir schreiben, auf dem Papier gelandet sein, ohne dass wir uns großartig darum Gedanken gemacht haben, und das muss auch so sein, damit wir erst einmal alles zulassen. Aber bei der Überarbeitung sollten wir zumindest überprüfen, ob unser Protagonist nicht eine Geburtstagseinladung zu viel verschickt hat und welchen Geburtstag er feiert.

ÜBUNGEN

- Gehen Sie Ihre Geschichten durch und markieren Sie die Stellen, an denen aufgezählt wird. Überarbeiten Sie.
- Erstellen Sie eine Liste, schreiben Sie eine Geschichte dazu.
- Schreiben Sie eine Geschichte, in der jeder Absatz einer Zahl zugeordnet ist.
- Schreiben Sie aus der Sicht eines Erzählers, der alles zwanghaft zählen muss.

Details, die ganze Geschichten erzählen

Beschreiben Sie nicht in der Gesamtheit, sondern suchen Sie sich ein paar wenige Details aus. Fangen Sie zur Übung bei sich selbst an. Fragen Sie sich, wie Sie sich beschreiben würden, wenn Sie drei Details aufzählen könnten. Welches davon ist besonders aussagekräftig? Wenn es an Ihrer eigenen Person zu schwierig ist, knöpfen Sie sich eine Ihnen nahestehende Person vor. Beobachten Sie sie einen Tag lang. Achten Sie auf Ihr Gefühl, wenn diese Person etwas Bestimmtes tut, eine Geste, die Mimik. Wobei quillt Ihnen das Herz über, wann zieht sich ihr Magen zusammen? So sehr wir einen Menschen lieben, es gibt immer etwas, das uns stört.

Solche Details sind mehr als nur Attribute; sie können die Charaktere mit ihrer gesamten Persönlichkeit und Geschichte beschreiben, wie zum Beispiel das braune Paketklebeband, mit dem mein Vater immer alles »repariert« hat, eine Eigenheit, die mich bei meinen sardischen Verwandten heute amüsiert, während sie mich damals wahnsinnig gemacht hat. Ein Stempel auf der Hand, der verrät, dass der Freund ausgegangen ist, anstatt, wie er am Telefon behauptet hat, zu Hause zu bleiben. Das Augenlid der Protagonistin, das wild zu zucken beginnt, sobald sie unter Zeitdruck gerät, wie in Roald Dahls Kurzgeschichte »Der Weg zum Himmel«. In Carvers «Kathedrale« ist es der Bart, der dem Erzähler sofort auffällt: *Der blinde Mann, stellen Sie sich vor, trug einen Vollbart! Ein Blinder mit einem Bart! Unfassbar, oder nicht?* Dieses Detail gibt uns nicht nur Aufschluss über den Charakter des Antagonisten, sondern auch über den des Erzählers.

Suchen Sie, wenn Sie Ihre Charaktere beschreiben wollen, nach ungewöhnlichen Attributen. Ein schwarzes Kleid ist dann bedeutungsvoll, wenn die Braut es bei der Hochzeit trägt. Ein Anzug von Boss wird interessant, wenn ein Bettler mit einem Sandwich danach zielt und eine Mayonnaisespur hinterlässt, vielleicht noch mit einem daran klebenden Salatblatt oder einem Stück Tomate. Statten Sie einen Gerichtsdiener mit Filzpantoffeln aus, wenn er Madame Bovary beim Klavierspiel zuhört. Gabriel Conroy aus »Die Toten« von James Joyce hat nicht nur Galoschen an, um sich vor dem Regen zu schützen, sondern auch, um den Sieg von gesellschaftlicher Anerkennung über die Leidenschaft zu zeigen – wobei die Leidenschaft es aber geschafft hat, ihm seine Frau Gretta zu nehmen, auch wenn der, von dem sie ausging, schon längst tot ist. Der Quilt in Alice Walkers »Für jeden Tag« wird zum Symbol für den Konflikt, den die afroamerikanische Bevölkerung mit sich herumträgt; soll er als Artefakt an die Wand gehängt werden, oder ist er einfach nur eine Tagesdecke?

Flannery O'Connor schreibt dazu: »Und dennoch, zu sagen, dass Literatur vom Umgang mit Details lebt, bedeutet nicht, dass es sich hierbei um das simple, mechanische Aufzählen von Details handelt. Details müssen von einem übergeordneten Ziel kontrolliert werden und jedes Detail muss für den Schriftsteller arbeiten. Kunst ist selektiv. Das Präsentierte ist wesentlich und schafft Bewegung.«

Sorgen Sie dafür, dass die Details, die Sie auswählen, zu Symbolen werden, die das Thema Ihrer Geschichte wiedergeben; der Leser spürt, dass sie eine tiefere Bedeutung haben und nicht willkürlich gewählt worden sind, er kann das Gesamtbild vervollständigen und wird in die Geschichte involviert. Fragen Sie sich, was genau Sie von Ihrem Protagonisten erzählen sollten, als wäre es ein Geheimnis, das Sie mit dem

Leser teilen wollen. Und halten Sie sich mit Erklärungen zurück; vertrauen Sie wie immer darauf, dass Ihr Leser ein intelligenter, engagierter Mensch ist, der Freude daran hat, den Dingen auf den Grund zu gehen.

ÜBUNGEN

- Wählen Sie für drei Personen ein Detail aus, das die gesamte Persönlichkeit beinhaltet, und erzählen Sie deren Geschichte
- Schauen Sie Ihr Fotoalbum durch und überlegen Sie sich, welche Details in Ihrer Familie immer wieder vorgekommen sind. Wählen Sie ein Detail und erstellen Sie sich ein fiktives Fotoalbum. Beschreiben Sie fünf Fotos.
- Gehen Sie auf einen Flohmarkt und kaufen Sie drei Familienfotos. Wählen Sie eine Person, statten Sie diese mit einem dieser vielsagenden Details aus, erzählen Sie die Geschichte.

Starke Verben

Bevorzugen Sie Verben, wenn Sie eine Szene beschreiben wollen. Verben erwecken Ihre Charaktere zum Leben. Schreiben Sie Übungsszenen wie die folgende, immer wieder, nicht, um sie für eine Geschichte zu verwenden, sondern lediglich um Ihren Umgang mit Verben zu trainieren.

> *Kurz vor dem Mittagessen schlurfte ich in den Salon und kippte mir den dritten Martini ein, als meine Freundin durch die Terrassentür stürmte und ihren Schlüssel auf den Teppich feuerte. Der Saum ihres Bademantels wischte die Zeitungen, die ich am Morgen endlich sortiert hatte, vom Tisch. Ich holte meine Zigaretten aus dem Versteck, ignorierte ihr Schnauben und legte mich aufs Sofa. »Ich dich auch«, sagte ich. Dann erlaubte ich es mir, für einen Moment die Augen zu schließen, obwohl ich wusste, dass die Asche meiner Zigarette auf den Teppich fallen würde. Ich wusste auch, dass es nicht lange dauern würde, bis meine Freundin ihren Schlüssel wieder aufhob und in die Küche ging, um uns Kaffeewasser aufzusetzen.*

Beachten Sie, dass ich eine Szene ohne ein einziges Adjektiv beschrieben habe. Ohne näher auf das Wohnzimmer einzugehen, entsteht ein Bild, weil wir alle eine Vorstellung davon haben, wie ein Wohnzimmer aussieht. Wir haben alle ein Sofa vor Augen, ohne dass ich die Farbe, Form oder das Material erwähnt habe (was nicht bedeutet, dass ich drum herum komme, mir das genau zu überlegen). Ich habe nur wenige Bühnenanweisungen gegeben, der Protagonist hat sie sich in wenigen Sätzen erschlossen, und die Leser schauen von der ersten Reihe aus zu.

Hier ein Beispiel aus *Miss Lonelyhearts* – alles und jeder ist in Bewegung und in Alarmbereitschaft, selbst leblose Dinge werden aktiv und zu gefährlichen Antagonisten. Auch hier geht es darum, wie etwas ist, und dennoch wird nur ein »Wiewort« benutzt, wenn es absolut nötig ist:

> *Er betrat den Park am Nordtor und schluckte einige Mundvoll von dem schweren Schatten, der wie ein Vorhang vom Torbogen hing. Er begab sich in den Schatten eines Laternenpfahls, der wie ein Speer auf dem Weg lag. Er wurde wie von einem Speer durchbohrt.*
>
> *Soweit er feststellen konnte, gab es kein Anzeichen von Frühling. Der Moder, der den gesprenkelten Boden bedeckte, war nicht von jener Art, die Leben hervorbringt. Letztes Jahr, so erinnerte er sich, hatte es der Mai nicht geschafft, Leben auf diesen verschmutzten Feldern hervorzubringen. Die ganze Brutalität des Juli war nötig gewesen, um dem ausgelaugten Schmutz ein paar grüne Sprösschen abzuquälen.*

Ihr schriftstellerisches Können zeigt sich in der Diktion, der Wortwahl. Ihr Gespür für das richtige Verb, in der richtigen Form und Zeit, ist hierbei besonders wichtig. Ihre Verben müssen spezifisch, aktiv und dynamisch sein. Benutzen Sie das Passiv nur, wenn Ihr Charakter wirklich wehrlos ist.

ÜBUNGEN

- Machen Sie eine Liste mit 50 Verben. Schreiben Sie eine Geschichte daraus.
- Beschreiben Sie einen Ort, ohne ein einziges Adjektiv zu benutzen, allein durch die Ereignisse, die sie dort beobachten.

Absätze

Ich stelle immer wieder fest, dass es Schriftstellern Schwierigkeiten bereitet, Absätze zu setzen. Im Allgemeinen lautet die Regel: Eine Idee, ein Gedankenfluss entspricht einem Absatz. Beim Dialog machen Sie es dem Leser einfacher, wenn Sie für jeden Sprecher einen Absatz benutzen, manchmal ist es jedoch genau richtig, auf einen neuen Absatz zu verzichten, weil so der Konflikt verschärft und die Geschwindigkeit gesteigert wird. Es empfiehlt sich auch hier, mehrere Varianten auszuprobieren, sie laut vorzulesen und vielleicht jemandem vorzulesen, der die Geschichte nicht kennt. Ein Absatz bedeutet immer eine Pause, und es gibt Momente, die keine Pause lassen sollten. Wenn Sie drei Menschen haben, die nacheinander etwas sagen und Sie setzen keine Absätze, hat der Erzähler und der Leser das Gefühl, als würde er umkreist sein, und manchmal brauchen Sie genau diese Wirkung. Auch in Hannah Tintis »Trautes Heim« sind wir manchmal in einem Absatz von einer zur nächsten Person gewandert und genau das macht den Reiz der Geschichte aus.

Wenn Sie die Zeile umbrechen, ist der Leser aufmerksam. Er weiß, dass jetzt etwas Neues kommt. Ein neuer Absatz kann einen Perspektivwechsel verdeutlichen. Ein neuer Absatz kann andeuten, dass Zeit vergangen ist. Wenn es sich um eine entscheidende Menge Zeit handelt, lassen Sie eine Leerzeile. Sie können auch eine Leerzeile lassen, wenn es einen entscheidenden Ortswechsel gegeben hat. Sollte Ihr Protagonist aber ein Interrailticket gebucht haben und seiner Mutter auf einer Postkarte schreiben, dass er von Italien nach Spanien, dann nach Griechenland, dann nach Frankreich und wieder zurück nach Deutschland gefahren ist, kommt das alles in einen Absatz.

Schauen Sie sich an, wie andere Schriftsteller mit Absätzen arbeiten. Je aktueller eine Geschichte ist, umso mehr Absätze werden Sie finden, auch weil die Leser heute nicht mehr gern die Anstrengung auf sich nehmen, voll gestopfte Seiten ohne weiße Pausen zu lesen. Bei Proust muss man nicht selten zwanzig, dreißig Seiten lang auf den nächsten Absatz warten, dagegen setzte sie Thomas Mann in »Der Tod in Venedig« mit durchschnittlich zwei Absätzen pro Seite recht großzügig. In diesem Ausschnitt wurde ein neuer Absatz durch eine Zeitangabe eingeleitet, gefolgt von einer Ortsangabe. Darüber hinaus behandelt der neue Absatz eine neue Idee, wir erwarten also einen neuen Absatz, vielleicht sogar mehr wegen der neuen Idee, als wegen des Zeit- oder Ortswechsels.

Die Absätze in Karl Ove Knausgårds autobiografischen Romanen erstrecken sich oft über ganze und gar mehrere Seiten, vor allem wenn er seine persönlichen Erfahrungen, wie hier den Tod seines Vaters, mit Hilfe der Philosophie zu verarbeiten versucht. *Sterben*, der erste Band, fängt mit einer Abhandlung über den Umgang mit dem Tod und Toten in unserer Gesellschaft an, die sich über mehrere lange Absätze hinstreckt. Es finden hier keine Orts- oder Zeitwechsel statt, sondern wir bleiben im Kopf des Erzählers, der sich im ersten Absatz darüber Gedanken macht, was mit dem Körper passiert, wenn man stirbt, im zweiten Absatz dann dazu übergeht, wie die Gesellschaft den Tod aus dem Sichtfeld schafft, im dritten dann versucht, die Gründe dafür zu finden. Die Absätze dienen hier also dazu, die Gedanken zu strukturieren. Sie werden sehen, dass Sie den Leser auch mit langen Absätzen an der Stange halten können, in denen nicht viel passiert, auch in unserem Zeitalter, wo die durchschnittliche Aufmerksamkeitsspanne nicht besonders lang zu sein scheint und Actionfilme besonders beliebt sind, wenn das Thema eines ist, mit dem sich alle Menschen identifizieren können, mögen sie es auch noch so fürchten. Und es gibt noch immer genug Menschen, die mit dem Tempo unserer Zeit ihre Schwierigkeiten haben und sich regelrecht danach sehnen, dass jemand oder etwas sie dazu bringt, sich mit halber Geschwindigkeit zu bewegen und ab und zu auch einmal innezuhalten. Solche Romane liest man nicht nur, weil sie sogenannte »page-turner« sind, also Bücher, bei denen man es kaum abwarten kann, zur nächsten Seite zu kommen, sondern solche, die man mit Bedacht liest, die einen dazu bringen, über das Gelesene nachzudenken, zurückzublättern, selbst etwas dazu zu notieren.

In diesem Ausschnitt aus *Der Gott der kleinen Dinge* setzt Arundhati Roy nach jedem Satz einen Absatz.

> *In der Erde lag etwas vergraben. Unter dem Gras. Unter dreiundzwanzig Jahren Juniregen.*
>
> *Ein kleines vergessenes Ding.*
>
> *Nichts, was die Welt vermisste.*
>
> *Eine Kinderuhr aus Plastik, auf der die Zeit aufgemalt war.*
>
> *Zehn vor zwei.*
>
> *Eine Bande Kinder folgte Rahel auf ihrem Spaziergang.*
>
> *»Hallo, Hippie«, sagten sie fünfundzwanzig Jahre zu spät. »Wieheißtdu?«*
>
> *Dann warf jemand einen kleinen Stein nach ihr; und ihre Kindheit floh, mit wild fuchtelnden, dürren Ärmchen.*

Nach einem Absatz machen wir eine Pause. Wir lassen das Gelesene sacken. Gleichzeitig bewegen wir uns stockend über die Seite, der Fluss wird also bewusst unterbrochen. Uns wird nicht die Möglichkeit gelassen, auch nur den kürzesten Satz zu überfliegen oder gar zu überlesen. Jeder Satz sagt uns, dass eine Welt, eine Tragödie dahinter verborgen ist, deswegen halten wir für einen Moment inne, wenn er vorbei ist. Lassen ihn wirken, und dann erst widmen Sie sich dem nächsten. Jeder Absatz könnte der Beginn von etwas Neuem sein, jeder Absatz kann weitergesponnen werden, eine weitere Geschichte erzählen. Solche Absätze können fast wie ein Gedicht wirken, wir können nicht mehr im Fluss lesen, einzelne Wörter überspringen, das Ganze auf einmal in uns aufnehmen. Nein, hier werden wir zu Pausen gezwungen, und zum ganz langsamen Aufnehmen und Verdauen jedes noch so kleinen Elementes unserer Sprache.

Schreiben Sie zuallererst Ihre Geschichte. Schreiben Sie, ohne viel nachzudenken. Ihr Schreibfluss wird Ihnen diktieren, wann ein Absatz erforderlich ist. Sie werden merken, dass Sie dann automatisch eine Atempause machen. Lassen Sie sich nicht verleiten, an den falschen Stellen Absätze zu machen (in dem Wochenmagazin *Spiegel* fällt mir dies immer häufiger auf).Wenn Ihre Geschichte gut ist, wird der Leser gern seine Bequemlichkeit überwinden und sich auf lange Absätze einlassen. Achten Sie wie bei den Sätzen darauf, dass die Länge Ihrer Absätze unterschiedlich ist. Auch sie bestimmen den Rhythmus Ihrer Geschichte. Lange Absätze verringern das Tempo, es ist also ein gutes Vehikel für Momente, die Sie in Zeitlupe zeigen wollen. Ein langer Absatz hält den Leser mehr in seinem fiktiven Traum fest, ein kurzer rüttelt ihn auf.

Denken Sie daran, dass Sie Ihren Leser mit Ihren Absätzen an der Leine führen können, ohne dass er es merkt. Die Absätze nicht bewusst einzusetzen, ist eine Verschwendung Ihrer Macht als Schriftsteller.

ÜBUNGEN

- Nehmen Sie sich zehn Bücher vor und achten Sie nur darauf, wie Absätze gesetzt wurden, warum, wie der Schriftsteller die Übergänge gestaltet hat. Zählen Sie die Zeilen pro Absatz.
- Schreiben Sie eine komplette Geschichte, die Sie nicht kennen, ab, ohne auf den Inhalt zu achten und ohne Absätze zu setzen. Legen Sie sie ein paar Tage weg. Dann lesen Sie sie laut und setzen die Absätze. Vergleichen Sie mit dem Original und analysieren Sie genau, warum sie wann die Absätze anders gesetzt haben. Vielleicht haben Sie manchmal sogar sorgfältiger als der Verfasser darauf geachtet oder die Wirkung verändert, ja, sie sogar verbessert.
- Nehmen Sie sich drei eigene Geschichten vor, überprüfen Sie die Absätze, ändern Sie sie und schauen Sie, was das bewirkt.
- Schreiben Sie eine Geschichte, bei der an einer oder mehreren Stellen die Absätze genauso gesetzt werden wie in *Der Gott der kleinen Dinge*.

Zeichensetzung

Ich gehe davon aus, dass Sie wissen, wann Sie einen Punkt, ein Komma oder ein Semikolon zu setzen haben, falls nicht, schauen Sie in jede beliebige Grammatik oder konsultieren Sie das Internet. Bindestriche und Klammern sind, wenn sie gut eingesetzt sind, ein gutes Mittel, um die Erzählerstimme zu charakterisieren, aber man sollte lieber die Hände davon lassen, wenn man sich nicht sicher ist. Hier ein Beispiel aus Nabokovs *Lolita*: »Meine sehr fotogene Mutter starb bei einem unwahrscheinlichen Unfall (Picknick, Blitzschlag), als ich drei Jahre alt war …«. Auch Dostojewski bediente sich gern dieses Stilmittels wie beispielsweise in *Aufzeichnungen aus dem Kellerloch*: »Ich bin durchaus kein so lustiger Mensch, wie es Ihnen vorkommt, oder wie es Ihnen vielleicht vorkommt; sollten Sie aber, verärgert durch dieses Geschwätz (ich spüre ja, dass Sie verärgert sind), auf den Gedanken kommen, mich zu fragen, wer ich denn eigentlich sei – so werde ich Ihnen antworten: Ich bin ein Kollegienassessor.« Ich habe Klammern in meiner Kurzgeschichte »Rom« benutzt, um zu verdeutlichen, dass der Erzählerin eine Antwort unangenehm ist und sie sie so schnell wie möglich hinter sich bringen will: »Der Mann nahm sich ein weiteres Brötchen und unterbrach sein Kauen, um mich zu fragen, was mein Sohn sich zum Geburtstag gewünscht hat (Geld) und was er von mir bekommen würde (Geld).« Virginia Woolf benutzt die Klammern in *Zum Leuchtturm* unter anderem, um über den Tod von Familienmitgliedern zu berichten, die wir vor ein paar Seiten noch quicklebendig und gespannt auf die Zukunft blickend erlebt haben, so als gäbe es auf narrativer Ebene keine passende Form, und durch diese Ausgrenzung ist der Leser umso schockierter:

> *(Prue Ramsay starb in jenem Sommer an einer mit der Niederkunft zusammenhängender Krankheit, was wirklich eine Tragödie sei, sagten die Leute. Sie sagten, niemand hätte so sehr Glück verdient wie sie.)*

Es gibt aber auch große Schriftsteller, die sich auf Punkte und wenige Kommata beschränken, wie Cormack McCarthy zum Beispiel, der noch nicht einmal Anführungszeichen für direkte Rede verwendet und James Joyce als Vorbild für die minimale Zeichensetzung nennt. Leider ist das in der deutschen Übersetzung seines sowohl thematischen als auch stilistischen Wunderwerks *Die Straße* nicht beachtet worden, aber vielleicht möchten Sie sich einmal daran ausprobieren, diesen Ausschnitt so ins Deutsche zu übertragen, dass er dem Original entspricht (ich habe es ausprobiert, es geht ohne ein einziges Komma!)

> *When he got back the boy was still asleep. He pulled the blue plastic tarp off of him and folded it and carried it out to the grocery cart and packed it and came back with their plates and some cornmeal cakes in a plastic bag and a plastic bottle of syrup. He spread the small tarp they used for a table on the ground and laid everything out and he took the pistol from his belt and laid it on the cloth and then he just sat watching the boy sleep. He'd pulled away his mask in the night and it was buried somewhere in the blankets. He watched the boy and he looked out through the trees toward the road. This was not a safe place. They could be seen from the road now it was day. The boy turned in the blankets. Then he opened his eyes. Hi papa, he said.*
>
> *I'm right here.*
>
> *I know.*

Hier nun die Übersetzung:

> *Der Junge schlief noch, als er zurückkam. Er zog die blaue Plastikplane von ihm herunter, faltete sie zusammen, trug sie zu dem Einkaufswagen, verstaute sie und kam mit ihren Tellern, ein paar Maismehlfladen in einer Plastiktüte und einer Plastikflasche mit Sirup zurück. Er breitete die kleine Plane, die sie als Tisch benutzten, auf den Boden, legte alles darauf aus, zog den Revolver aus seinem Gürtel, legte ihn ebenfalls auf das Tuch und*

sah dann einfach dem Jungen beim Schlafen zu. Der Junge hatte sich in der Nacht den Mundschutz abgestreift, der irgendwo zwischen den Decken vergraben war. Er sah dem Jungen zu und blickte dabei immer wieder zwischen den Bäumen hindurch in Richtung Straße. Das war kein sicherer Ort. Nun, da es Tag war, konnte man sie beide von der Straße aus sehen. Der Junge drehte sich zwischen den Decken herum. Dann schlug er die Augen auf.
Hi, Papa, sagte er.
Ich bin da.
Ich weiß.

Auch bei Prosa geht es nicht nur um den Inhalt, sondern wie bei Lyrik muss man darauf achten, wie sich ein Text anhört und diese Eigenschaften unbedingt berücksichtigen. Die Übersetzung eines Fachtextes muss sachlich richtig sein, die Übersetzung eines literarischen Textes muss literarisch richtig sein, man muss sich also unbedingt mit den stilistischen und technischen Gepflogenheiten eines Schriftstellers beschäftigen, wenn man ihn übersetzen will. Wenn Sie eine Geschichte in einem norddeutschen Dorf stattfinden lassen, sollte selbst die Zeichensetzung dafür sorgen, dass man das Gefühl hat, dort zu sein und nicht in Berlin Mitte.

Ausrufezeichen vermeiden Sie soweit es geht; diese erinnern an Liebesbriefe von Dreizehnjährigen. Manchmal mag es einen triftigen Grund geben, dass Sie sich doch dafür entscheiden, aber tun Sie es nicht unüberlegt. Es muss unbedingt zur Erzählerstimme passen und selbst in der direkten Rede reicht meist ein Punkt. Ich habe in meinen Geschichten bis jetzt erst einmal zu einem Ausrufezeichen gegriffen, nach langem Nachdenken und mehrmaligem Löschen (vielleicht existiert es auch gar nicht mehr!), seien Sie hier also ganz aufmerksam.

Grammatik ist dazu da, die Menschen einander verstehen zu lassen. Sie ist eine Hilfe und keine Bürde. Auf diesem Gebiet dürfen Sie nie schlampig sein. Wenn Sie eine Regel brechen, muss Ihre Geschichte verdammt gute Gründe dafür liefern. Ihre Charaktere dürfen natürlich Fehler machen, solange es ihrer Herkunft und ihrem Bildungsgrad entspricht. Wenn der Protagonist ein Schwarzer aus South Central L.A. ist und nach der siebten Klasse die Schule geschmissen hat, müssen Sie einen guten Grund haben, wenn er wie ein Universitätsabsolvent spricht. Wenn Junot Diaz im Original schreibt: »It don't matter that I helped them with their taxes two years running«. heißt das nicht, dass er die »he, she, it – s muss mit«-Regel nicht beherrscht, sondern dass er seinen Erzähler authentisch wirken lassen wollte, und so müssen auch Sie schauen, ob und wann es gut ist, einen grammatikalischen Fehler mit Absicht zu verwenden. Aber niemals, weil Sie es nicht besser wissen.

Kennen Sie Ihr Grammatikbuch, inklusive der Zeichensetzung, in und auswendig. Und spüren Sie, wann Sie es in die Ecke feuern, genauso wie Donna Tartt, deren Roman *Der Distelfink* ganz konventionell-traditionell erzählt wird, bis der Protagonist nach einer heftigen Nacht und stundenlangem Herumlaufen mit nassen Klamotten, dazu noch unter Drogeneinfluss, von seinem tödlich verunglückten Freund träumt, und das spiegelt sich in der Zeichensetzung und an den fehlenden Großbuchstaben am Satzanfang wider.

Ich war immer noch high und kam nur langsam herunter, und immer wieder versank ich in lebhafte Tagträume und erwachte wieder: ungeschliffene Diamanten, glitzernde, schwarze Insekten, ein besonders lebhafter Traum von Andy, triefend nass, mit schmatzenden Tennisschuhen, und eine Wasserspur, die er hinter sich her ins Zimmer zog irgendetwas stimmte nicht mit ihm etwas sah schräg aus ein bisschen daneben was läuft Theo?

nicht viel, und bei dir?

nicht viel hey ich höre du und Kits ihr wollt heiraten hat Daddy mir erzählt

cool

ja cool, aber wir können nicht kommen Daddy hat `ne Veranstaltung im Yachtclub

hey das ist schade

Wenn Sie wissen, was Sie tun, können Sie sich auch hier so ziemlich alles erlauben. Cormac McCarthy sagte in einem Interview mit Oprah Winfrey: »Wenn man gut schreibt, braucht man keine Zeichensetzung.« Deswegen hier ein letztes Beispiel aus William Faulkners *Schall und Wahn*:

> *Danke ich habe viel von Ihnen Ihre Mutter wird wohl böse sein wenn ich das Streichholz hinter das Kamingitter werfe was viel von Ihnen gehört Candace sprach die ganze Zeit von Ihnen oben in Lick ich wurde ganz schön eifersüchtig ich sag zu mir wer ist eigentlich dieser Quentin ich muss doch mal sehn wie der Kerl aussieht denn es hat mir ziemlich zugesetzt wissen Sie vom ersten Augenblick an wo ich die Kleine sah ich schäme mich nicht Ihnen das zu erzählen ist mir nie der Gedanke gekommen es könnt ihr Bruder sein von dem sie immer sprach sie hätte nicht mehr von Ihnen sprechen können wenn Sie der einzige Mann auf der Welt gewesen wären nicht mal von einem Ehemann macht man so viel her wollen Sie nicht doch rauchen*
>
> *Ich rauche nicht*

ÜBUNGEN

- Schauen Sie sich noch einmal die Regeln zur Zeichensetzung an, auch wenn Sie ganz sicher sind, dass Sie sie perfekt beherrschen.
- Nehmen Sie eine andere Ihrer eigenen Geschichten und schreiben Sie sie noch einmal, diesmal komplett ohne Satzzeichen.
- Schreiben Sie eine Geschichte, die an mindestens einer Stelle von der konventionellen Zeichensetzung abweicht.
- Schreiben Sie eine Geschichte, in der das Semikolon häufig vorkommt. Wenn Sie unsicher über den Gebrauch sind, schauen Sie bei Kleist nach, er liebte dieses Satzzeichen. Bedenken Sie, dass der Erzähler eine dementsprechende Persönlichkeit haben muss.

Metaphern, Vergleiche und Symbole

Um unsere Geschichten interessanter und subtiler zu machen, versuchen wir den Leser dazu zu bringen, dass Bilder in seinem Kopf entstehen. In der Poesie können wir nicht darauf verzichten, aber auch falls Sie bis an Ihr Lebensende nur Prosa schreiben, sollten Sie dieses so schöne Werkzeug nicht komplett ignorieren. Wenn der Leser nicht mehr nur Buchstaben auf weißem Papier sieht, wenn eine Geschichte nicht mehr nur eine Anreihung von Wörtern und Sätzen ist, sondern die Sprache sich auflöst und Emotionen und Bilder aufwirft, ist er wirklich in der Geschichte. Nicht mehr nur beobachtend, sondern leibhaftig erlebend. Eine Metapher bedeutet, dass man zwei Dinge, die nicht miteinander in Beziehung stehen, miteinander vergleicht, ohne es durch ein »wie« hervorzuheben, wie es im Vergleich geschieht:

Metapher: Die Welt ist eine Bühne.
Vergleich: Die Welt ist *wie* eine Bühne.

Ein wunderbares Beispiel für einen Vergleich finden wir in Muriel Sparks *Die Blütezeit der Miss Jean Brodie*: »Sie schüttelte Miss Brodies Einfluss ab wie ein Hund das Teichwasser aus seinem Fell.« Ebenso beeindruckend ist folgendes aus *Miss Lonelyhearts*: »Nur eine Zeitung kämpfte sich durch die Luft, wie ein Drachen mit Wirbelsäulenbruch.« oder »Als er fertig war, schlug er sein dreieckiges Gesicht in ihren Nacken wie die Schneide einer Axt.« (Nathaneal Wests Roman ist eine wahre Fundgrube für ungewöhnlich bildhafte und oft grausame Vergleiche, die genau zum Pessimismus des Protagonisten passen.)

Wenn Sie das Gefühl haben, eine Metapher oder einen Vergleich schon einmal gehört zu haben, lassen Sie die Finger davon (»ihr Koffer wog eine Tonne« oder »sie ist stark wie ein Pferd«). Ihre Aufgabe ist es, eine neue Sprache für tausendmal Gehörtes zu finden. Oder diesem eine neue Wendung zu geben. Vorsicht auch mit falschen Vergleichen wie »Sie driftet wie eine betrunkene Biene durch den Raum.« (eine Biene fliegt). *Das Herz ist ein einsamer Jäger* ist eine in die Literaturgeschichte eingegangene Metapher. Genauso wie die folgende aus Shakespeares *Macbeth*: »Leben ist nur ein wandelnder Schatten, ein armer Schauspieler, der seine Stunde lang auf dem Schauplatze sich spreizt, und ein großes Wesen macht, und dann nicht mehr bemerkt wird.«

Manche bezeichnen es als Erbsenzählerei, ich möchte Sie dennoch auf Metonymien hinweisen, die viele zur Kategorie der Metaphern zuordnen, auch wenn sie einen kleinen Unterschied aufweisen. Metaphern können frei nach Ihrer Fantasie gewählt werden, je erfindungsreicher, umso besser, während Metonymien – und ihre Unterkategorien, die ich mir jetzt spare – mit dem Begriff zusammenhängen müssen; sie können entweder einen Teilaspekt des großen Ganzen darstellen, wie das bereits erwähnte Haus, das für die Familie stehen kann, oder die Wall Street für das Finanzwesen der Vereinigten Staaten, Hollywood für die amerikanische Filmindustrie, der Stift für das geschriebene Wort, oder umgekehrt, wie Downing Street 10 für den englischen Premierminister oder der Name eines Landes für alles, was damit zu tun hat, oder Plätze für die Menschen, die dort leben, wie East Egg in *Der große Gatsby*. Auch hier sollten Sie häufig gehörte Beispiele wie »Er war ganz Ohr« oder »Sie machte große Augen« meiden und fantasievoll sein, aber eben nicht ganz so fantasievoll wie bei der Metapher.

Allen Ginsbergs Gedichte sind allein wegen der kraftvollen, ungewöhnlichen Metaphern ein Muss auf Ihrer Leseliste. Gerade bei Gedichten sind die Übersetzungen schwer an das Original heranzubringen, dennoch bin ich der Meinung, dass eine Übersetzung immer noch besser ist, als ein Gedicht überhaupt nicht lesen zu können, aber ich werde Ihnen beide Versionen anbieten. Ginsbergs wohl berühmtestes Gedicht »Howl«, dessen Veröffentlichung zu einem ganz Amerika bewegenden Prozess führte und letztendlich doch nicht auf den Index kam, benutzt Metaphern, um Genialität, Frustration und Selbstzerstörung seiner Generation darzustellen. Künstler und Hippies werden gleichzeitig zu Opfern und Rettern von Amerikas Gesellschaft. Verrücktheit, Homosexualität und Pazifismus sind hier die entscheidenden Begriffe.

DAS GEHEUL
Ich sah die besten Köpfe meiner Generation vom Wahn zerstört hungrig hysterisch nackt
im Morgengrauen durch Negerstraßen irrend auf Suche nach einer tüchtigen Spritze
Süchtige mit Engelsköpfen lustentbrannt nach uralter sphärischer Verbindung zum Sterndynamo in der Maschinerie Nacht
die arm zerfetzt hohläugig und blau im übernatürlichen Dunkel von Armeleutswohnungen rauchend saßen schwimmend über dem Häusermeer in Jazz-Ekstase,
die unter der S-Bahn ihr Hirn dem Himmel entblößten und mohammedanische Engel auf Mietskasernendächern erleuchtet taumeln sehn,
die durch die Universitäten gingen mit strahlend kühlen Augen Arkansas-Traumbilder und höllisch erhellte Tragödien halluzinierend unter den Kriegsgelehrten,
die den Versuchsschädel mit obszönen Oden bekritzelten und so aus Schulen geschmissen wurden als Irre, (…)

Ein weiteres Mittel, Ihrer Geschichte Tiefe und Bedeutung zu geben, ist das Einfügen von Symbolen, die Ihr Thema unterstreichen (das setzt voraus, dass Sie es bereits herausgefiltert haben). Der Leser wird sie dankbar als Hinweise verstehen, was ihn im weiteren Verlauf der Geschichte erwartet. Symbole können Farben, Geräusche, Objekte und Gerüche sein. Die Symbole können für bestimmte Charakterzüge Ihres Helden stehen, für seine Ängste, seine Wünsche, seine Stärken. Das Wetter oder die Landschaft können symbolisch sein. Symbole sagen dem Leser, welche Art Geschichte er liest. Sie müssen allerdings dafür sorgen, dass er Ihr Symbol erkennt, durch Wiederholung, Betonung oder durch seine Position (allein deshalb rate ich dringend zur Lektüre von Flannery O'Connors »Brave Leute vom Lande«, um zu beobachten, wie das Holzbein an Bedeutung zunimmt und zum Symbol wird). Oder wie in *Der Distelfink* das Gemälde immer dicker verpackt und verschnürt und anschließend für Jahre weggeschlossen wird, was symbolisch für die verschiedenen Schichten aus Drogen und Statussymbolen, mit denen der Protagonist seine Seele unter Verschluss halten will, gesehen kann, und später, als es nach und nach ausgepackt wird, ebenfalls als Symbol dafür, dass es an die weggeschlossene Seele unseres Protagonisten geht. Wenn einmal etwas als Symbol erkannt wird, ist der Leser kontinuierlich dabei, Ihren Text nach dieser zweiten Sprache abzusuchen, was ein unglaubliches Vergnügen ist, aber auch wenn die Verpackung für ihn nichts Anderes ist als Papier und Schnüre, wirkt sie auf sein Unterbewusstsein, wenn sie oft genug wiederholt wird.

Metaphern, Vergleiche und Symbole bieten Ihnen die Chance, sich als Schriftsteller zu positionieren, Ihre Stimme von anderen abzugrenzen. Aber auch hier gilt es, sparsam und überlegt zu handeln. Überladen Sie Ihre Geschichten nicht. Achten Sie darauf, eigene, neue Formen zu finden, aber versuchen Sie nicht etwas in Ihre Texte zu schieben, was nicht zu Ihnen passt, nur weil es sich gut anhört. Bleiben Sie bei allem Ihren eigenen Empfindungen und Erfahrungen, Ihrer eigenen Haltung treu. Wenn Sie immer wieder zu einem Gedichtband greifen, werden diese Werkzeuge in Ihr Blut eingehen und ganz natürlich in Ihren Prosatexten entstehen.

ÜBUNGEN

- Machen Sie sich eine Liste mit Metaphern und Vergleichen.
- Streichen Sie alle, die Sie schon einmal gehört haben. Ersetzen Sie diese durch eigene. Manchmal reicht es schon, ein Wort auszutauschen.
- Suchen Sie sich von jedem eines aus und entwickeln Sie jeweils eine Geschichte daraus.
- Schreiben Sie eine Geschichte mit einem Gegenstand, der zum Symbol für eine Charaktereigenschaft Ihres Protagonisten wird.

Ton

Der Ton spiegelt die Haltung des Schriftstellers zu der Geschichte und transportiert die Stimmung des Erzählers. Er kann ironisch, poetisch, friedlich, intim, flapsig, lustig, ängstlich, aufgeregt, nostalgisch, sorgenvoll, intellektuell oder depressiv sein. Wenn Sie sich auf den Ton konzentrieren, wollen Sie wissen, wie eine Geschichte erzählt wird. Den Ton legt man zuallererst mit der Perspektive fest; er zeigt sich in der Syntax (das Satzmuster) und in der Diktion (der Wortwahl). Ein Beispiel für einen intimen Ton finden wir in Lorrie Moores »Wie man ein Schriftsteller wird«:

> *Als Studentin der Kinderpsychologie kannst du einige Wahlpflichtfächer belegen. Du mochtest schon immer Vögel. Du trägst dich für einen so genannten »Ornithologischen Feld-Trip« ein. Er findet montags und donnerstags um zwei statt. Als du am ersten Kurstag in Raum 134 ankommst, sitzen alle um einen Seminartisch und reden über Metaphern. Davon hast schon mal gehört. Nach einem kurzen, unerträglichen Moment hebst du deine Hand und fragst schüchtern: »Entschuldigung, ist das hier nicht Vogelkunde für Anfänger?«*

Das erste Kapitel von Flann O'Briens *Auf-Schwimmen-Zwei-Vögel* ist in einem ironisch-distanzierten Ton geschrieben.

> *Nachdem ich mir genügend Brot für ein dreiminütiges Kauen in den Mund geschoben hatte, löschte ich meine Fähigkeiten zu sinnlicher Wahrnehmung und zog mich ins Privatleben meines Kopfes zurück, wobei Augen und Antlitz einen leeren und gedankenverlorenen Ausdruck annahmen. Ich stellte Betrachtungen zum Thema meiner literarischen Freizeitgestaltung an. Ein Anfang und ein Ende pro Buch waren etwas, das mir nicht behagte.*

»Inkarnationen gebrannter Kinder« von David Foster Wallace ist von einer fast schon überzogenen Sachlichkeit, abgesehen von der Bezeichnung des Vaters als Daddy, doch die ironisch gemeinte Koseform steigert die schockierende Wirkung dieser kurzen, aber wohl unvergesslichen Geschichte:

> *Daddy war an der Seite des Hauses und montierte gerade die Eingangstür für den Untermieter, als er die Schreie des Kindes hörte und dazwischen, nicht weniger gellend, die Stimme der Mutter. Er war sofort zur Stelle, denn die rückwärtige Veranda führte direkt in die Küche. Noch ehe die Fliegengitter-Tür zugefallen war, hatte er sich ein Bild der Lage verschafft: der umgestoßene Topf auf den Fliesen vor dem Herd, die blaue Gasflamme, der dampfende See auf dem Boden, der sich krakenartig ausgebreitet hatte, und mittendrin, völlig erstarrt, das kleine Kind in der unförmigen Höschenwindel, das kleine Kind mit dem dampfenden Haar, Brust und Schulter scharlachrot, es hat die Augen verdreht, sein Mund steht sehr weit offen und scheint nicht verantwortlich für die Laute, die aus diesem Mund dringen.*

Je mehr Emotionen der Inhalt erfordert, umso weniger emotional dürfen Sie Ihre Charaktere sein lassen. Wenn Ihr Protagonist über den Tod seiner Frau weint, wird der Leser es nicht mehr tun. Lassen Sie den Mann etwas tun oder sagen, womit man nicht rechnet. Lassen Sie ihn banal werden. Nichts schockiert mehr, als wenn die Menschen angesichts des Todes banal werden. Und dabei tun sie es im »wahren« Leben sogar ziemlich oft. Auch bei Tobias Wolffs »Kugel im Kopf« steht der Ton im krassen Widerspruch zum Inhalt und führt schließlich dazu, dass der Erzähler vom Bankräuber erschossen wird.

> *Alles war noch schlimmer, als er es in Erinnerung hatte, und alles war mit äußerstem Ernst ausgeführt worden. Der Maler hatte ein paar Asse im Ärmel und sie immer wieder ausge-*

spielt – eine Art rosiges Erglühen am unteren Wolkenrand, ein verschämter Blick über die Schulter bei den Putten und Faunen. Verschiedene Szenen waren an der Decke zusammengedrängt worden, aber am meisten beschäftigte Anders die von Zeus und Europa – in dieser Version ein Stier, der hinter einem Heuschober hervor mit einer Kuh liebäugelte. Um die Kuh attraktiver zu gestalten, hatte der Maler ihre Hüften anzüglich gerundet und sie mit langen, seidigen Augenwimpern versehen, durch die sie sich mit glutvoller Aufforderung zum Stier umsah. Dieser grinste süffisant und zog die Augenbrauen hoch. Hätte er eine Sprechblase über dem Maul gehabt, hätte darin gestanden »hechel, lechz«.

Jede Geschichte hat ihren eigenen Ton. Wenn Sie Ihre Geschichte beginnen, haben Sie meist unterbewusst einen bestimmten Ton gewählt. Sie haben sich nicht gefragt, muss ich diese Geschichte auf ironische Art erzählen, sondern Sie haben einen Erzähler entwickelt, der auf seine Art, mit seiner Sichtweise von den Ereignissen berichtet, und dieser greift eben zur Ironie. Danach müssen Sie nur darauf achten, dass Sie dem Ton treu bleiben. Durch das laute Lesen werden Sie Schwachstellen finden, spätestens dann, wenn ein Zuhörer Ihnen sagt: »So würde der nie reden.«

Wenn Ihr Protagonist in Bedrängnis kommt, haben Sie meist seinen Ton getroffen, denn hier zeigt er sein wahres Ich. Es sind Ihre eigenen empfindlichen Punkte, deswegen fällt es Ihnen hier leichter, den Protagonisten authentisch sein zu lassen.

Schreiben Sie viel, schreiben Sie Übungsszenen, stellen Sie sich Ihren Protagonisten in allen möglichen Situationen vor, in angenehmen, in unangenehmen. Lassen Sie ihn Tagebücher, Briefe an verschiedene Personen verfassen. Schreiben Sie, wenn Sie noch nicht richtig wach sind, schreiben Sie spät in der Nacht. Versuchen Sie, so natürlich wie möglich zu schreiben. Denken Sie so wenig wie möglich über die Wortwahl nach, wenn Sie den Erstentwurf schreiben. Meist haben Sie dann sowieso den richtigen Ton gefunden. Wenn Sie sich bei der Charakterentwicklung Mühe gegeben haben, wissen Sie, wie bestimmte Personen bestimmte Ereignisse erzählen.

ÜBUNGEN

- Beschreiben Sie ein und dasselbe Ereignis in fünf verschiedenen Tonarten.
- Nehmen Sie eine Ihrer eigenen Geschichten und schreiben Sie sie noch einmal mit veränderter Tonlage.
- Schreiben Sie, wie jemand ein Gerichtsgebäude betritt, einmal aus der Sicht des Richters, eines Anwalts, der einen Mann vertritt, der mehrere Kinder vergewaltigt hat, des Staatsanwalts, eines unschuldig Angeklagten. Beschreiben Sie es aus der Sicht eines Mannes, der Millionen veruntreut hat und willentlich mehrere Menschen in den Ruin getrieben hat, und trotzdem freigesprochen wird. Beschreiben Sie es aus der Sicht eines Familienvaters, der in wenigen Minuten dem Mörder seiner Frau gegenübersitzen wird. Beschreiben Sie es aus der Sicht einer Frau, deren Ehe gerade geschieden wird, obwohl sie ihren Mann noch liebt.

Stil

Der Stil bezieht sich auf die Struktur der Sätze, literarische Techniken und den Rhythmus einer Geschichte. Unsere Geschichten unterscheiden sich von anderen durch unseren individuellen Stil. Jedes Erlebnis, jedes Ereignis ist schon einmal da gewesen, wir müssen gar nicht erst versuchen, etwas »Neues« zu erfinden, aber wir können Gewöhnliches so erzählen, dass der Leser das Gefühl hat, Ungewöhnlichem beizuwohnen, allein dadurch, dass wir es auf unsere ganz eigene Art erzählen. Wir erkennen beispielsweise sofort, dass der folgende Ausschnitt vom Schriftsteller geschrieben wurde, aus dessen Feder *Professor Pnin* stammt:

> *Lolita, Licht meines Lebens, Feuer meiner Lenden. Meine Sünde, meine Seele. Lo-Li-ta: Die Zungenspitze macht drei Sprünge den Gaumen hinab und tritt bei drei gegen die Zähne. Lo. Li. Ta.*

Diese kurze Anfangspassage zeigt uns, dass wir einem geübten Schriftsteller lauschen. Nabokov vermittelt das Gefühl von »hier und jetzt«. Wir wissen schon beim ersten Absatz, dass dieser Schriftsteller alle Sinne ansprechen wird, aber er konzentriert sich auf jeweils einen, um seine Leser nicht zu überfordert. Er erzählt nicht, was er für Lolita empfindet, er zeigt es. Er schafft eine gute Balance zwischen langen, komplexen, traumartigen Sätzen und einer Aneinanderreihung von kurzen Hauptsätzen. Er verwendet Wiederholungen, die für einen Klang sorgen und uns sagen, dass wir gerade eine entscheidende Stelle lesen.

Eine Geschichte kann aber auch auf einfache, unprätentiöse Weise erzählt werden, wie Sandra Cisneros' *Das Haus in der Mango Street*:

> *Wir haben nicht immer in der Mango Street gewohnt. Vorher wohnten wir in der Loomis im zweiten Stock und vorher in der Keeler. Vor der Keeler war es die Paulina, und an noch vorher kann ich mich nicht erinnern.*

»Der Liebhaber« von Joy Williams ist auch in einem unprätentiösen Stil geschrieben, aber sehr viel distanzierter, fast emotionslos:

> *Das Mädchen ist fünfundzwanzig. Ihre Scheidung noch nicht sehr lange zurück, aber sie kann sich nicht an den Mann erinnern, mit dem sie verheiratet war. Wahrscheinlich war er nett. Das wird sie dem Kind jedenfalls erzählen.*

Man kann einen komplexeren Stil wählen, wie Flaubert bei *Salambo*:

> *Es war in Megara, der Vorstadt Kathargos, in den Gärten der Hamilkar.*
>
> *Die Krieger, die er in Sizilien befähigt hatte, hielten ein großes Gelage, um den Jahrestag der Schlacht bei Eryx zu feiern, und da der alte Feldherr abwesend war, sie selbst sich aber zahlreich eingefunden hatten, aßen und tranken sie völlig ungezwungen.*

Jane Austens Stil ist noch ein wenig gehobener, auch wenn sie mit ihrer kritischen Distanz und ihrem subtilen Witz (das englische »wit« wäre angebrachter) die ernsthafte Strenge des allwissenden Erzählers durchbricht.

> *Vor ungefähr dreißig Jahren hatte Miss Maria Ward aus Huntington mit nur 7000 Pfund Vermögen das große Glück, Sir Thomas Bertram von Mansfield Park in der Grafschaft Northampton zu erobern und dadurch mit all den Annehmlichkeiten und gesellschaftlichen Vorteilen eines stattlichen Hauses und eines ansehnlichen Einkommens in den Rang einer Baronin aufzusteigen.*

Jane Austens Sprache mag nicht mehr modern sein, aber ich empfehle jedem Schriftsteller – auch den männlichen, die ihre Bücher gern als Frauenliteratur abtun –, ein paar Passagen dieser wegbereitenden Meisterin abzuschreiben. Ihre Klarheit, ihre Genauigkeit, ihre absolute Perfektion, die sich in jedem Wort widerspiegelt, ihre Beschreibungen, die einem immer das Gefühl vermitteln, als würde sie gleichzeitig bewundern und spöttisch belächeln, sind beispielhaft. Wegbereiter dieses Stils war Laurence Sterne bereits Mitte des 18. Jahrhunderts mit seinem *Leben und Ansichten des Herrn Tristram Shandy*, ein Werk, das aufgrund vieler anderer bis dahin nie vorgekommener Regelbrüche in die Literaturgeschichte eingegangen ist, aber wohl vor allem wegen des Stils unvergesslich ist:

> *Ich wollte, mein Vater oder auch meine Mutter, oder eigentlich beide – denn es wäre wirklich beider Pflicht und Schuldigkeit gewesen – hätten sich ordentlich zu Gemüte geführt, was sie tun wollten, als sie mich zeugten. Hätten sie sich gehörig vor Augen gestellt, wie viel von dem abhänge, was sie gerade taten, dass es sich nicht nur um die Erschaffung eines vernünftigen Wesens handle, sondern dass möglicherweise die glückliche Bildung und Beschaffenheit seines Leibes, vielleicht auch sein Geist und das*

eigentümliche Gepräge seines Gemütes und sogar – sie wussten wenigstens das Gegenteil nicht – das Glück seines ganzen Hauses von den Launen und Stimmungen beeinflusst werden könnten, die in dem Moment gerade die maßgebenden waren, hätten sie das alles gehörig erwogen und überlegt und demgemäß auch gehandelt, so bin ich lebhaft überzeugt, dass ich eine ganz andere Figur in der Welt gespielt haben würde, als diejenige ist, in welcher mich der geneigte Leser vermutlich erblicken wird.

Die Schriftsteller des 19. Jahrhunderts wollten ein Abbild der Realität schaffen. Im 20. Jahrhundert wurde man skeptischer und wusste, dass der Beobachter allein durch das Beobachten die Realität verfälscht. Mary Robison und andere zogen daraus die Lehre, die Dinge so objektiv wie möglich wiederzugeben, und sich als Autor komplett zurückzuhalten, was allein schon dadurch deutlich wird, dass niemand »flüstert« oder »fragt« oder »brüllt«, sondern schlicht »sagt«. Einen »interessanten« Plot darf es natürlich nicht geben, wenn der Künstler nichts modifiziert, sondern lediglich beobachtet. Diese so genannten »Superrealisten« wollten das zur Perfektion bringen, was Emile Zola oder William Dean Howells initiiert hatten, nämlich nichts in der Natur des Menschen als »unnütz« zu bezeichnen und nichts aus ästhetischen Gründen hinzuzufügen oder auszulassen. Sie starren ohne zu blinzeln auf das, was sich vor ihren Augen abspielt. Aber ein Schriftsteller kann nicht komplett verschwinden. Auch die totale Unterdrückung eines eigenen Stils ist Stil, eine individuelle ästhetische Wahl, ein individueller Ausdruck.

Seit Anfang des 20. Jahrhunderts befinden wir uns in einem Charakter, der nach außen sieht. Später wanderte der Blick des Charakters nach innen und die äußere Realität wird immer mehr zum Spiegel dessen, was der Charakter in sich wahrnimmt. Expressionistische, surrealistische oder irrealistische Wahrnehmung transportiert die psychologische Realität in die körperliche Realität. Die Technik wird also nicht »unterdrückt« wie bei den Realisten oder Naturalisten, sondern hervorgehoben. Die Realität ist nicht mehr so authentisch wie möglich dargestellt, sondern traumhaft. In dieser Fiktion passieren die Dinge zufällig, nur das Gefühl sorgt für Zusammenhänge.

Manche Schriftsteller beschäftigen sich mit der bewussten Offenlegung literarischer und visueller Techniken. Die Charaktere Donald Barthelmes kämpfen gegen Probleme, die unlösbar sind, und akzeptieren ihr Schicksal oder kämpfen weiter. Oberflächlich betrachtet sind seine Geschichten komisch, erzeugen aber wie die Naturalisten Ironie und Mitleid, weil Barthelme ohne Pathos schreibt. Seine große Kunst ist die Fähigkeit, immer wieder neue Techniken für seine Geschichten zu gebrauchen und diese zu manipulieren.

Stil und Ton sind nicht leicht auseinander zu halten, aber die Faustregel ist, dass der Ton die Atmosphäre oder die Emotion einer bestimmten Geschichte beschreibt, während der Stil charakterisiert, wie der Schriftsteller im Allgemeinen mit Sprache umgeht. Wie er Dialoge benutzt, wie er die Dinge beschreibt, ob er poetisch schreibt, verschnörkelt, einfach, verschachtelt. Wie wir bei McCarthy festgestellt haben, folgt er bei der Zeichensetzung bestimmten Prinzipien; das kennzeichnet seinen Stil und wir werden in allen seinen Geschichten genau das wiedererkennen.

Unseren eigenen Stil entwickeln wir von ganz allein, indem wir so regelmäßig wie möglich schreiben. Mit viel Übung und Routine werden wir irgendwann merken, dass wir ihn gefunden haben, spätestens dann, wenn einer unserer Leser uns darauf aufmerksam macht. Genau wie das Thema können wir unseren ganz eigenen Stil nicht auf die Geschichte stülpen; er bildet sich von selbst heraus.

Ihr Stil sollte so wenig Aufmerksamkeit wie möglich auf sich ziehen. Er muss so natürlich sein, dass der Leser nicht einmal drüber stolpert. Unterbrechen Sie nicht den fiktionalen Traum mit schlauen Sprüchen oder Gedanken, die Sie als Autor schon immer loswerden wollten. Werden Sie nicht lyrisch, um an die Emotionen Ihrer Leser zu appellieren, das ist ein billiger Trick und leicht zu durchschauen (schon Zola sagte, dass Stil nicht durch lyrische Sprache, sondern durch Logik und Klarheit erreicht würde). Streichen Sie alles, was allein dem Zweck der schönen Sprache dienen soll. Unsere natürliche Stimme wird zu der unseres Erzählers und bleibt die seine, bis zum Ende der Geschichte. Je mehr Sie als Schriftsteller sich auflösen, umso positiver wird man über Sie als Schriftsteller denken.

ÜBUNGEN

- Nehmen Sie sich mindestens zehn Literaturbeispiele vor und kopieren Sie den Stil für eine eigene Geschichte. Achten Sie darauf, dass Sie dem Stil treu bleiben, an jedem Punkt der Geschichte.
- Erzählen Sie zehn Geschichten Ihrer Kollegen in Ihrer eigenen einmaligen Stimme. Achten Sie hier darauf, dass die Vorlagen stilistisch so unterschiedlich wie möglich sind.
- Schreiben Sie einen Brief an eine Person, die Ihnen sehr vertraut ist und beichten Sie etwas, das Ihnen schon lange auf der Seele liegt.

Beschreibung

Beschreibungen unterbrechen dann nicht den Fluss, wenn sie als Handlungen präsentiert werden. Anstatt zu erzählen, dass Tom schüchtern und aufgeregt ist, zeigen Sie, was er mit seinen Händen macht, wie er redet, wie er aussieht, wenn er ein hübsches Mädchen anspricht. Indem Sie zeigen, wie Menschen sich verhalten, wenn sie bestimmte Gefühle haben, geben Sie dem Leser die Chance, sich mit den Charakteren zu identifizieren. Das gilt insbesondere für starke Gefühle: Erzählen Sie nicht, dass Andreas das erste Mal verliebt ist, sondern zeigen Sie, wie er damit umgeht.

Beschreibungen sind auch für uns Schriftsteller wichtig, weil wir dadurch nah an der Handlung bleiben und die Geschichte selbst erleben. Beschreibungen sind Teil der Dynamik unserer Geschichte. Sie unterstreichen die Stimmung, weil unsere Charaktere immer in Verbindung mit der Umgebung stehen. Wir können so den psychischen Zustand unserer Protagonisten vermitteln. Wenn wir sagen, dass unser Protagonist beunruhigt ist, ist das abstrakt. Wenn die Umgebung diese Beunruhigung spiegelt, sorgen wir dafür, dass der Leser Bilder vor Augen hat. Schauen Sie sich die Beschreibung in Barbara Kingsolvers »Homeland« an:

> *Wir wohnten in Morning Glory, einer Kohlebaustadt, die mit scharfen Klingen in den Wald gehauen worden war und sich ständig in der Gefahr befand, wieder von ihm in Besitz genommen zu werden. Hickorybäume nahmen die Stadt ein und wucherten ungebeten inmitten von Hundezwingern, Vorgärten und Friedhöfen. Der kriechende Wein, der der Stadt ihren Namen gegeben hatte, wickelte sich um Drahtzäune und Häuserfronten mit der Beharrlichkeit von Heimatvertriebenen. Man erzählte sich, dass ein Mensch, der in Morning Glory stehen bleibt, vom Wein umrankt und erst bei Einbruch des ersten Frostes gefunden wird.*

Hier werden die Pflanzen zu heimtückischen Antagonisten, die jeden Millimeter der Stadt einzunehmen drohen, wir hören die Kohlewagen unter Tage quietschen. Lassen Sie Beschreibungen Szenen gleichen und Sie können sich der Aufmerksamkeit Ihrer Leser sicher sein. Er wird durch die Augen des Protagonisten blicken und mit ihm zurückweichen.

Auch in *Zum Leuchtturm* wird die Natur aktiv und mit ihr alle anderen toten Objekte, die die Herrschaft über das Haus übernehmen, nachdem die Bewohner es verlassen haben und einer nach dem anderen plötzlich stirbt:

> *Und jetzt, in der Sommerhitze, ließ der Wind seine Spione abermals auf das Haus los. Fliegen webten ein Gewebe in den sonnigen Zimmern; Gestrüpp, das dicht ans Glas herangewachsen war, tappte des Nachts methodisch an die Fensterscheibe. Als die Dunkelheit sich niedersenkte, fiel der Strahl des Leuchtturms, der sich mit so viel Autorität auf den Teppich in der Dunkelheit gelegt und sein Muster nachgezeichnet hatte, jetzt im weicheren Licht des Frühlings, gemischt mit Mondlicht, sanft und gleitend, herein, als käme er um einer Liebkosung willen und verharre verstohlen und schaue und nähere sich liebevoll von Neuem.*

Das Haus, einst von der Familie Ramsay bewohnt, den verschiedenen Bedürfnissen der Mitglieder dienlich, passive, geduldige Kulisse, tritt aus dem Hintergrund hervor und wischt nach und nach alle menschlichen Spuren weg, die Dinge, die vorher der Willkür der Bewohner ausgesetzt waren, haben jetzt die Macht übernommen und sind im Gegensatz zu kontinuierlich sterbenden Menschen quicklebendig – und unsterblich.

Hier ein weiteres Beispiel aus John Bergers *Auf dem Weg zur Hochzeit*:

> *An der Ecke, wo die Nr. 11 hält, lächelt die Fahrerin der ersten Tram des Tages angesichts des Geruchs nach frisch gebackenem Brot, dass sie riechen kann, weil sie die Frontscheibe mit einem ihrer Schuhe offen hält. Fünf Stockwerke weiter oben riecht Zdena dasselbe Brot. Das Fenster ihres Zimmers ist offen. Lang und schmal, so schmal, dass ein kleines Bett, das der Länge nach aufgestellt wurde, kaum Platz zwischen Bett und Wand lässt, das Zimmer ist wie ein langer Korridor, der zum Fenster führt, mit dem Blick auf eine Akazie und nach unten auf die Tramlinien.*

Eine Kamera führt uns regelrecht durch die Szene, eine Kamera, die selektiert und die Geschwindigkeit vorgibt, mit der wir von einem Objekt zum nächsten wandern, eine Kamera, die entscheidet, wie lange wir bei einem verweilen. John Berger hätte auch bei der Totale bleiben können, aber so nimmt er uns mit und wir sind gespannt wie ein Detektiv, der dem Mörder auf der Spur ist. In diesen wenigen Zeilen werden die Augen, die Ohren, die Nase, der Tastsinn, der Geschmackssinn und sogar der Sinn für Raum und Zeit aktiviert, denn wie Sie sicherlich bemerkt haben, bewegen wir uns von der Tramhaltestelle auf den Fahrersitz der Frühschicht und spüren den Unterschied an unseren Füßen, denn nur einer trägt den Schuh, der andere ist lediglich von einer Socke oder einer Strumpfhose geschützt, dann sind wir im vierten Stock, dann in dem sehr beeindruckend beschriebenen Zimmer, das wir genau vor Augen haben, obwohl keine Gegenstände beschrieben wurden außer dem Bett, keine Farben, nicht, ob es Vorhänge gibt oder Blumen, aber die wenigen Details sind so lebendig, dass wir sofort den Rest dazu erfinden, und vor dem Fenster stehen, die Äste des Baumes fast berühren können, das Quietschen der Räder hören, vielleicht das Bremsen der nächsten Tram, die Menschen an der Haltestelle reden hören, wenn wir uns herausbeugen, und jeder, der damals in einem osteuropäischen Land war, wird zu dem Geruch frisch gebackenen Brotes auch den Geruch der Zweitakter wieder erkennen und den, der einem sofort in die Nase steigt, wenn man ein Haus betrat: Kohleöfen, Essensgerüche, frisch gewaschene Wäsche, die auf dem Dachboden zum Trocknen aufgehängt war. Jedes Land, jedes Viertel, jedes Haus, jeder Mensch hat seinen ganz eigenen Geruch, Zuneigung und Abscheu wird durch nichts schneller festgelegt, und dennoch wird er, wenn es um Beschreibung geht, so oft vernachlässigt. Der Erzähler des Romans ist ein blinder Amulettverkäufer, ein Seher wie der Blinde in Raymond Carvers »Kathedrale«, und an solch einer Hand geführt sind wir bei jeder Szene anwesend, wir spüren alles so intensiv, als würden wir selbst es erleben; nicht alle halten das aus, vor allem, wenn es darum geht, dem eigenen Kind beim Sterben zuzusehen. Aber das ist unsere Aufgabe, unseren Lesern freundlich und bestimmt zu sagen, dass sie hinsehen müssen. Es wird kein einziges Mal erzählt, dass die Tochter vermisst wird, es wird gezeigt:

> *Seit dem Besuch ihrer Tochter nennt Zdena diesen »Korridor« Ninons Zimmer. Von Zeit zu Zeit kommt sie hierher, um ein Buch zu suchen. Während sie nach dem einen sucht, greift sie nach einem anderen. Ein Buch von einem Dichter, der ihr Geliebter war. Oder die Briefe von Marina Tswetajewa. Dann setzt sie sich in einen Stuhl, um zu Ende zu lesen, was sie begonnen hatte. Und wenn das passiert, wenn sie in dem Korridorzimmer für eine Stunde oder so sitzen bleibt, ist es so, als könne sie Ninons Morgenmantel noch am Türhaken hängen sehen.*

> *Vor ein paar Tagen hat Zdena angefangen, in dem schmalen Bett dieses Zimmers zu schlafen, in der Hoffnung, sich ihrer Tochter näher zu fühlen.*

Vorher hätten wir bei dieser Szene nicht anwesend sein können, wir brauchten die Einleitung, wir mussten zuerst die Wohnung betreten, wir mussten den Raum erkunden, den langen Schlauch, und nun ist es so, als würden wir selbst in dem schmalen Bett liegen, selbst wieder ein Kind, wir selbst wünschten uns, dass wir aufwachten und als erstes den Morgenmantel erblickten. Es ist also wichtig, auf das perfekte Timing zu achten, wann präsentieren wir ein Detail, wann das nächste, was hält den Leser in Bewegung – auch wenn er sich in der Realität die letzte Stunde nicht vom Sofa, Bett, Zug entfernt hat und das einzige, was er bewegt hat, die Hände beim Umblättern waren.

Mit einer guten Beschreibung ziehen wir den Leser in die Handlung, und je geschickter wir das anstellen, umso größer ist das Vertrauen, das der Leser in uns steckt. Und wenn der Leser erst einmal vertraut, lernt er auch zu warten, wenn er nicht alles sofort versteht – er weiß, dass er am Ende die Lösung bekommt, weil er spürt, dass es mit einem Profi zu tun hat. Hier noch eine weitere beispielhafte Beschreibung aus *Professor Pnin*:

> *Der ältere Reisende, der da auf der Nordfensterseite jenes unerbittlich dahinrollenden Eisenbahnwagens saß, neben sich einen leeren Sitzplatz und zwei leere gegenüber, war niemand anderer als Professor Timofey Pnin. Vollkommen kahl, sonnengebräunt und glattrasiert wie er war, begann er recht imposant: mit seiner großen braunen Kuppel, einer Schildplattbrille (die verdeckte, dass ihm, wie bei einem Kind, die Augenbrauen fehlten), einer gorillahaften Oberlippe, einem dicken Hals und einem Athletenrumpf in einer ziemlich eng sitzenden Tweedjacke – endete dann jedoch einigermaßen enttäuschend mit einem Paar spindeldürrer (jetzt flanellumhüllter und übereinander geschlagener) Beine und zerbrechlich wirkenden, fast femininen Füßen.*

Wie gern würden wir uns jetzt an diesem Abteil vorbeischleichen, um diesen Mann zu sehen. Nichts könnte einen wohl davon abbringen, dieses Buch weiter lesen zu wollen, denn solch einem Mann können nur die seltsamsten Dinge widerfahren und wir wollen auf jeden Fall dabei sein.

Es gibt aber auch Schriftsteller, die nicht viel Energie darauf verwenden, solch ausführliche Beschreibungen zu liefern. Bei Raymond Carver ist ein Sofa ein Sofa und ein Schlafzimmer ein Schlafzimmer, und doch haben wir keine großen Schwierigkeiten, uns vorzustellen, in welcher Umgebung der Protagonist lebt. Auch die Art und Weise, wie Sie etwas beschreiben oder ob Sie es überhaupt für nötig empfinden, das Hemd zu beschreiben, das Ihr Protagonist sich morgens anzieht, bevor er zur Arbeit geht, gehört zu Ihrem Stil. Für mich ist das Thema Beschreibung ein weniger angenehmes, ich habe oft das Gefühl, dass ich ihm nicht genug Beachtung schenke und es ist das, woran ich am meisten arbeiten muss, weil ich in meinen Erstentwürfen nur sehr wenig beschreibe. Manchmal übertreibe ich damit dann bei der Überarbeitung und muss später wieder viel streichen, weil es für die Geschichte nicht relevant ist. Wie in allen Bereichen ist es gut, seine Schwächen zu kennen, um gerade dort besonders aufmerksam zu sein.

Fast jeder, der in den USA *Creative Writing* studiert, wird im Laufe seines Studiums dazu aufgefordert, John Gardners Übungen zur Beschreibung aus seinem Lehrbuch *The Art of Fiction* zu machen. Zuerst soll eine Landschaft aus der Sicht einer Frau, dessen ungeliebter Ehemann gerade gestorben ist, beschrieben werden, ohne den Tod oder den Ehemann zu erwähnen, dann ein See aus der Sicht eines Mannes, der gerade einen Mord begangen hat (ohne den Mord zu erwähnen), danach eine Landschaft aus der Sicht eines Vogels (ohne den Vogel zu erwähnen), und abschließend ein Haus aus der Sicht eines Mannes, dessen Sohn gerade im Krieg gefallen ist sowie eine Beschreibung desselben Hauses aus der Sicht eines frischverliebten Mannes. Bei diesen Übungen geht es darum, ein Gespür dafür zu entwickeln, dass die Umgebung allen Punkten der Geschichte dienen muss, und vor allem lernt man dabei, der Perspektive treu zu bleiben. Sprich: wenn ein trauriger Mensch auf einen See blickt, muss die Beschreibung seine Traurigkeit widerspiegeln. Wenn wir aber nur 1:1 abbilden, wird Beschreibung vorhersehbar und man kann leicht das Gefühl bekommen, an dem Thema der Geschichte zu ersticken. Wie so oft in der Literatur – überhaupt in der Kunst – wünschen wir uns mehr als nur Reproduktion, wir wünschen uns Transformation. Was, wenn die Landschaft sich weigert, die Wut und Trauer der Frau widerzuspiegeln? Wenn der See sich einen Teufel um den Mörder schert und still und klar daliegt, damit die untergehende Sonne sich in allen erdenklichen Rottönen darin spiegeln kann und die Grillen zirpen und ein angeleintes Boot den Namen der ersten großen Liebe trägt, an die unserer Mörder seit zwanzig Jahren nicht mehr gedacht hat? Als ich plötzlich die Nachricht bekam, dass meine Mutter im Sterben lag, war es ebenso plötzlich Frühling geworden, und so musste ich durch Straßen gehen, in denen alles um die Wette blühte, extrem gut gelaunte Menschen sommerlich bekleidet in den Cafés saßen, in denen alles strahlte, alles frisch und voller Hoffnung war, alles platzte vor Lebendigkeit, während meine Mutter in einem stickigen Krankenzimmer dahinsiechte. Tags darauf saß ich im Flugzeug und war umgeben von Touristen, die sich auf den Urlaub freuten, und in Sassari wurde eine Tramstrecke eingeweiht und man durfte drei Tage umsonst damit fahren und die Haltestelle war direkt vor dem Krankenhaus. Es stimmt, dass alles, was in der Geschichte passiert – und dazu gehört auch das Setting, die Umgebung, alle Objekte, die darin sind und somit auch das Thema Beschreibung –, auf der Reise des Protagonisten eine Rolle spielen muss und dass wir nicht willkürlich etwas beschreiben, was damit gar nichts zu tun hat, dass wir selektieren, aber nicht immer ist die Reaktion die gewünschte oder geplante. Lassen Sie auch die Umgebung für Ihre Geschichte arbeiten, aber setzen Sie auf Transformation und nicht auf Imitation. Sehen Sie auch die Umgebung als Antagonisten und sorgen Sie dafür, dass sie ein Eigenleben entwickelt und genau das tut, was jeder Antagonist tut – unserem Protagonisten beim Erreichen seines Ziels im Wege zu stehen.

ÜBUNGEN

- Beschreiben Sie, was Sie sehen, wenn Sie aus dem Fenster blicken.
- Beschreiben Sie Ihre Wohnung/Ihr Haus und die Menschen, die dort wohnen.
- Sehen Sie sich einen Film an und stellen Sie den Ton ab. Beschreiben Sie, was passiert.
- Gehen Sie zu einem Obstladen oder in die Obstabteilung eines Kaufhauses, beschreiben Sie. Erregen Sie alle fünf Sinne.

LEKTION 14

Überarbeitung

Mit jeder Verbesserung merke ich, dass ich mich meinem Ziel nähere, und wenn ich schließlich dort ankomme, weiß ich, dass meine Überarbeitung das Rennen gemacht hat und nicht meine Erstfassung.

Nonfiction schreiben, William Zinsser

»Muss eine Geschichte immer perfekt sein?«, hat mich eine Freundin gefragt, nachdem ich mit ihrem Urteil über eine meiner Geschichten (»ganz okay«), nicht gerade glücklich war. Ich legte die Geschichte für ein paar Monate weg, dann gab ich ihr einen neuen Titel, strich ein paar Passagen und schrieb ein paar neue dazu. Das alles nützte nichts. Die Geschichte blieb höchstens ganz okay. Also habe ich mich gefragt: Was hat mich an dieser Geschichte wirklich interessiert? Was wollte ich damit sagen? Mir wurde klar, dass das Thema viel größer war als die Handlung, als die Ereignisse, mit denen es transportiert werden sollte. Ich wollte herausfinden, mit welcher Story ich dieses mir am Herzen liegende Thema besser erzählen konnte. Und so habe ich meine Charaktere älter werden lassen, erfahrener, die Umgebung geändert sowie den Auslöser und hatte schließlich eine komplett neue Geschichte, eine die ich mit einem guten Gefühl in die Welt lassen konnte.

Der erste Schritt, nachdem die Geschichte zu Ende geschrieben ist, führt uns weg vom Schreibtisch, oder wo auch immer wir geschrieben haben. Nehmen Sie sich eine Auszeit, belohnen Sie sich. Es mag noch nicht alles perfekt sein, aber das Wichtigste haben Sie erledigt: Sie haben Ihren Erstentwurf zu Papier gebracht. Jetzt geben Sie sich die Zeit, Ihre Geschichte ein wenig zu vergessen. Arbeiten Sie an etwas anderem, wenn Ihnen das hilft. Sie und Ihre Geschichte brauchen jetzt Abstand voneinander. Warten Sie. Je länger Sie warten, umso bessere Vorraussetzungen haben Sie bei der Überarbeitung.

Dann nehmen Sie die Geschichte wieder zur Hand. Mit einem klaren, wachen Kopf verbannen Sie alle Sentimentalitäten ganz hinten in der Schublade. Vergessen Sie so weit wie möglich, dass es Ihre eigene Geschichte ist, die da unter dem Messer liegt. Stellen Sie sich vor, Sie müssen eine Geschichte überarbeiten, die Ihnen von einem Freund empfohlen wurde, dessen literarischen Geschmack Sie aus Erfahrung nicht ernst nehmen können. Seien Sie erbarmungslos.

Geben Sie eine Geschichte nur aus der Hand, von der Sie überzeugt sind, dass Sie Ihr Bestes getan haben. Geben Sie sich nicht mit einem »ganz okay« zufrieden. Überarbeiten Sie so lange, bis Sie auch nach einer langen Pause sagen können: Sie ist gut. Und selbst wenn Sie schon veröffentlicht ist, gehen Sie sie noch einmal durch, ob nicht doch noch etwas zu verbessern wäre. Es ist Ihre Geschichte und Sie können damit machen, was Sie wollen. Und wenn Sie sie komplett umschreiben, kein Verleger kann Ihnen vorschreiben, dass sie so zu bleiben hat. Wir werden immer besser, nicht nur als Schriftsteller, sondern auch als Lektor. Gehen Sie Ihre Geschichte Wort für Wort und Satz für Satz durch, immer wieder, und prüfen Sie, ob Sie wirklich alles getan haben, um sie zur Vollendung zu bringen. Es ist Ihr Job, Wörter und Sätze auszusuchen und zu kombinieren – seien Sie dabei niemals nachlässig. Egal, wie viel Arbeit und Mühe Sie in das Schreiben Ihrer Geschichte stecken, sie hat am Ende, wenn sie beim Leser landet, nur eine einzige Chance. Gehen Sie sicher, dass Sie sie genutzt haben.

Im Folgenden prüfen wir noch einmal an konkreten Punkten, was Sie alles beachten sollten. Setzen Sie sich Ihre Lektorenbrille auf, ziehen Sie Ihren Operationskittel an und seien Sie schonungslos. Vergessen Sie nicht: Vor Ihnen liegt ein Manuskript, von dem Sie nicht besonders viel erwarten, aber Ihr bester Freund hat Sie gebeten, etwas dazu zu sagen. Also: Schärfen Sie das Skalpell und Ihren Verstand. Und fangen Sie an zu überarbeiten.

Checkliste: Stimmen die Grundlagen?

1. Ziel und Bedürfnis des Protagonisten

Das Ziel meines Protagonisten ist etwas Konkretes, etwas, wovon er seiner Meinung nach profitiert. Das Ziel lässt ihn auf die Reise gehen, und diese Reise hält den Leser bei der Stange. Kein Ziel, keine Geschichte. In *Der große Gatsby* will Jay Gatsby Daisy zurückgewinnen. Um sein Ziel zu erreichen, muss Gatsby ein tiefes, inneres Bedürfnis unterdrücken. Das tiefe, innere Bedürfnis ist etwas Abstraktes, das dem Protagonisten nicht klar ist oder das er bewusst unterdrückt. Es ist ein Bedürfnis, das wir alle teilen können. Es ist nicht physisch, sondern emotional und/oder spirituell. Das Wichtigste in Bezug auf unsere Geschichte: es drängt an die Oberfläche und tut alles, damit unser Protagonist sein Ziel nicht erreicht. Um das Bedürfnis endlich zu befriedigen, muss unser Protagonist sein Ziel aufgeben.

Jay Gatsbys Bedürfnis ist, dass er als der gesehen und akzeptiert wird, der er wirklich ist. Sein Ziel ist, die Liebe Daisys zu gewinnen, sprich, die Uhr zurückzustellen. Das Ziel führt uns durch die Geschichte, das Bedürfnis gibt der Geschichte die notwendige Tiefe. Es führt uns in das Innere unseres Protagonisten. Wenn der Konflikt nicht klar und unlösbar ist, schwimmen wir (und der Leser). Was ist das Ziel meines Protagonisten? Was ist er bereit, dafür zu opfern? Sind es richtige Opfer? Erreicht er sein Ziel? (Manchmal ist es das Schlimmste, was einem passieren kann, wenn ein Wunsch in Erfüllung geht.)

Führen Sie die Geschichte weiter: Was würde passieren, wenn Daisy sich scheiden ließe und zu Jay zöge? Wie würde ihr gemeinsames Leben aussehen? Was sieht sie in ihm? Welches Leben würden sie führen? Würde sie ihn glücklich machen? Was ist das Bedürfnis meines Protagonisten? Ist es eindeutig und für alle nachvollziehbar? Ist es in jedem von uns vorhanden? Erreicht er sein Ziel und merkt dann, dass er sein Bedürfnis damit unterdrückt? Erkennt er, dass er sein Bedürfnis befriedigen wird, wenn er sein Ziel nicht erreicht? Erkennt er, dass der Preis in jedem Fall hoch sein wird? Am Ende seiner Reise wird er mit seinem Bedürfnis, mit seinem tiefsten Inneren konfrontiert (in der Krise). Dann muss er bezahlen.

Jay Gatsby erkennt, dass Daisy sich nie für ihn entscheiden wird. Er erkennt, dass er einer Illusion hinterhergelaufen ist. Dass sein ganzes Leben auf einem Traum aufgebaut war, der nichts mit der Realität zu tun hat. Indem er Daisy die Schuld an Myrtles Tod abnimmt, akzeptiert er sein eigenes Todesurteil.

2. Szenen

Szenen spielen sich auf der Bühne ab, in Echtzeit. Szenen sind Dialoge und Handlungen, die den Leser dabei sein lassen. Nicht alle Szenen sind Schlüsselszenen, aber gerade um diese sollten Sie sich besonders intensiv kümmern. Lassen Sie uns anhand von Joyce Carol Oates »Wo gehst du hin, wo kommst du her?« die Schlüsselszenen genauer betrachten:

Die Anfangsszene: Die Protagonistin wird vorgestellt; wir erfahren, dass sie Connie heißt und 15 Jahre alt ist, und was ihre Familie von ihr denkt und was sie selbst von sich denkt. Ihre Attraktivität ist ihr sehr wichtig und gibt ihr das Gefühl, etwas Besseres zu sein als die anderen, Mutter und Schwester eingeschlossen.

Die Szenen, die den Protagonisten in die Geschichte werfen: Als Connie mit einer Freundin unterwegs ist, wird sie von einem Jungen angesprochen. Sie lässt ihre Freundin zurück und geht mit ihm essen, obwohl sie sich nicht viel aus ihm macht, weil sie es genießt, sich in männlicher Begleitung zu zeigen. Dabei wird sie das erste Mal von dem viel älteren Arnold Friend wahrgenommen.

Die Szenen, die zeigen, dass der Protagonist sich verändert: Als Arnold Friend sie am Sonntag zu Hause mit seinem Auto und einem Freund aufsucht, weiß er, dass ihre Familie stundenlang abwesend sein wird. Connie erkennt, dass ihr kokettes Verhalten Konsequenzen hat, die sie nicht einschätzen kann. Zu Hause fühlt sie sich schutzlos ohne ihre Familie, auch wenn sie vor ihnen und draußen so tut, als wäre sie schon erwachsen.

Die Szenen, in denen der Progagonist nach seinem Ziel strebt: Connie strebt danach, sich von ihrer Familie zu lösen, und das manifestiert sich in ihren Augen vor allem durch ihre Kontakte mit dem anderen Geschlecht. Insofern ist jede Handlung, die sie unabhängig von ihrer Familie tut, ein Teilschritt in Richtung Ziel, also auch das Haarewaschen und das Zurückbleiben zu Hause, wenn alle anderen beim sonntäglichen Familientreffen sind.

Die Szenen, die den Konflikt zwischen seinem Ziel und seinem Bedürfnis zeigen, und wo er sich für eines von beiden entscheidet: Je klarer wird, dass Arnold Friend sich nicht abweisen lässt und die Familie ihr nicht helfen kann, umso mehr wird ihr der Ernst ihrer Lage bewusst. Ihr Ziel war, sich von der Familie zu befreien, ihr Bedürfnis ist, von ihrer Familie beschützt zu werden.

Der Höhepunkt: Connie erkennt am Ende, dass sie keine Wahl hat und folgt ihm in sein Auto, in vollem Bewusstsein darüber, dass sie vergewaltigt und ermordet werden könnte und ihren Zufluchtsort – ihre Familie – für immer verlassen muss.

Die Auflösung: Angesichts ihrer eigenen Sterblichkeit entwickelt sie sich von einem oberflächlichen, austauschbaren Teenager zu einem reflektierenden Individuum, das seinen Platz in der Umgebung das erste Mal richtig wahrzunehmen scheint.

Prüfen Sie, ob alle Szenen aktiv sind, Wenn der Protagonist handelt, fühlen wir uns, als wären wir dabei. Wir verstehen den Charakter, wenn sein Körper zeigt, was in seinem Inneren vorgeht.

- Treibt der Protagonist die Handlung vorwärts?
- Bedingt eine Handlung die nächste?
- Zeigen alle Schlüsselszenen, wie die Gefahr für unseren Protagonisten wächst (dass jemand sich ändert, ist eine der größten Gefahren für einen Menschen)?
- Zeigen sie den steigenden Druck auf unseren Protagonisten?
- Zeigt jede Szene seine Verwundbarkeit?
- Zwingt ihn jede Szene dazu, sich zu entscheiden? Ist seine Entscheidung das Ergebnis dessen, was er in der vorherigen Szene gelernt hat?
- Kann man am Ende die Summe seiner Handlungen deutlich sehen?

3. Die Angst des Protagonisten

Ein innerer Konflikt lebt von der Angst. In Ihrer Geschichte geht es vor allem darum, dass Ihr Protagonist sich dieser Angst stellt. Ahab kämpft nur vordergründig gegen einen Wal, mag er auch noch so groß und gefährlich sein; der eigentliche Konflikt steckt in Ahab selbst. Moby Dick symbolisiert lediglich den Kampf des Menschen gegen seine inneren Impulse, den Hass und die Wut. Moby Dick ist austauschbar, den inneren Konflikt Ahabs wird jedoch auch der Tod des Gegners nicht beseitigen.

Weil der Protagonist diese Angst hat, handelt er gegen seine Überzeugungen. Er tut Dinge, die er sonst nicht tun würde. Er baut sich ein Sicherheitsnetz auf, damit niemand seine Angst mitbekommt. Er trifft falsche Entscheidungen, Entscheidungen gegen seine Natur, gegen seine Überzeugung, um die Angst weiterhin zu verstecken und/oder unter Kontrolle zu halten. Die Angst sitzt ihm im Nacken und treibt ihn dazu, wie sein eigener Antagonist zu handeln.

Graben Sie nach der Angst Ihres Protagonisten. Wenn Sie keine rechte Idee haben, schauen Sie sich ein paar berühmte Beispiele an: Was treibt Elisabeth Bennet an, was Holden Caulfield, was Jay Gatsby? Wann geraten sie in die Krise? Stellen Sie sich die Krise ohne die spezifischen Ängste der Protagonisten vor; Sie müssten das ganze Buch umschreiben. Denken Sie auch an Ihre eigenen Ängste und wie Sie durch sie in ihrem Alltag beeinflusst werden.

Jeder hat Ängste, jeder träumt davon, sie zu überwinden, jeder scheut sich vor der Vorstellung, sich ihnen stellen zu müssen. Jeder interessiert sich brennend dafür, was anderen passiert, wenn es genau dazu kommt. Sie wollen, dass Ihre Leser unbedingt wissen wollen, ob Ihr Protagonist solch ein gefährliches Unterfangen überlebt und wenn ja, wie. Und genau das müssen Sie erzählen.

4. Der Antagonist

Eine Geschichte braucht den Konflikt, der Konflikt wiederum braucht jemanden, der dem Protagonisten kontinuierlich zu schaffen macht. Der Antagonist ist in erster Hinsicht der Protagonist selbst mit seinem inneren Konflikt. Dazu gibt es weitere Antagonisten, die dem Protagonisten immer größere Steine in den Weg legen, wenn er sich auf sein Ziel zu bewegt. Antagonisten wie Mrs. Danvers in Daphne Du Mauriers *Rebecca* oder Lady Macbeth »helfen« den Protagonisten in entscheidendem Maß dabei, sich am Ende der Geschichte ihrem inneren Gegner zu stellen. Aber es müssen nicht immer Menschen sein, die den Finger auf die Wunde legen. Tiere wie Moby Dick oder die Natur sind nicht weniger gefährliche Antagonisten. Die Gesellschaft war vor allem im 19. Jahrhundert einer der beliebtesten Antagonisten, und im letzten Jahrhundert griffen Schriftsteller gerne zur Maschine, um ihre Protagonisten das Fürchten zu lehren.

Wie der Protagonist muss auch der Antagonist komplex und überzeugend sein. Je mehr Mühe Sie sich bei der Entwicklung des Antagonisten geben, umso besser lernen Sie auch Ihren Protagonisten kennen. Beide sind wie Tanzpartner, die das erste Mal miteinander tanzen, beide müssen genau darauf achten, wie der andere sich bewegt. Sie müssen einen gemeinsamen Rhythmus finden, damit der Konflikt natürlich und nicht konstruiert wirkt. Auch Antagonisten haben Ängste. Sie selbst haben nicht das Gefühl, schlecht zu sein, sondern sehen Ihre Handlungen als gerechtfertigt an oder glauben, dass sie keine Wahl haben. Alle Antagonisten in Richard Fords *Der Sportreporter* zeigen mehr Empathie und sind weniger oberflächlich als der Protagonist, und sie alle meinen es gut mit Frank Bascombe, obwohl er sie unmöglich behandelt.

Es ist einfach, einen Antagonisten so zu entwickeln, dass der Leser eindeutig Partei für den Protagonisten ergreift, aber je sympathischer und konsequenter Sie den Antagonisten zeichnen, umso mehr bringen Sie Ihren Protagonisten und Ihren Leser ins Straucheln. Entwickeln Sie den Antagonisten als einen komplexen Charakter mit Ängsten, die ihn antreiben, die ihm einen triftigen Grund geben, den Protagonisten fertig zu machen. Denken Sie an Paare, die einen Konflikt ausbrüten: Je mehr man sich verletzt fühlt, umso mehr teilt man aus. Gleichgültigkeit macht bequem und friedlich.

Die Angst des Antagonisten ist seine gefährlichste Waffe. Um seine Angst zu überspielen, schafft er Situationen, in denen der Protagonist aus Angst und gegen seine Überzeugung oder Vernunft handelt. Der von seiner Angst getriebene Antagonist setzt den Protagonisten so unter Druck, dass letzterer gegen seinen Instinkt handelt. Der Antagonist sorgt dafür, dass die Reaktionen des Protagonisten nie überlegt, sondern immer verzweifelter werden.

Ein Antagonist kämpft genauso ums Überleben wie der Protagonist. Bis kurz vor dem Ende der Geschichte ist er sogar der Stärkere, wenn auch nur in dem Maße, dass der Protagonist noch am Leben bleibt und genug Überlebenswillen zeigt, dass er weiterkämpfen muss oder will. Erst am Ende schafft der Protagonist es, alle Antagonisten zu besiegen; was nicht bedeuten muss, dass er überlebt oder sein Ziel erreicht. Er schafft es dadurch, dass er sich seinem größten Feind gestellt hat: seiner eigenen Angst.

Schaffen Sie Antagonisten, die unvergesslich sind. Schaffen Sie echte Gegner. Schaffen Sie einen Kampf, bei dem wir alle die Luft anhalten. Überlegen Sie sich, worum gekämpft wird. Und wie der größte Gewinn aussieht, den der Protagonist daraus ziehen kann.

5. Vergangenheit und Gegenwart

Einer unserer größten Feinde ist unsere Vergangenheit. Verraten Sie wichtige Informationen aus der Vergangenheit des Protagonisten, sodass alles, was in der Geschichte passiert, zur logischen Konsequenz wird. Stellen Sie sich Ihre Geschichte als Artischocke vor: Nach und nach wird eine Schicht nach der anderen abgelöst, um für die Geschichte notwendige Einblicke in die Vergangenheit des Protagonisten zu verraten, nach und nach nähern Sie sich dem Herzen der Geschichte. Sie müssen nicht immer komplexe Rückblicke in mehreren Absätzen schreiben. Manchmal reicht ein Satz, der die Botschaft klar transportiert.

Achten Sie darauf, dass es sich jedes Mal um eine neue Information handelt, die dann preisgegeben wird, wenn es einen Konflikt gibt. Wir alle tragen unsere Wunden aus der Vergangenheit mit uns herum und können eigentlich ganz gut damit leben, bis jemand kommt und genau zum richtigen Zeitpunkt Salz darauf streut. Das merken wir dann, wenn wir angespannt sind, und angespannt sind wir, wenn wir uns in einem Konflikt befinden.

Idealerweise führen Informationen aus der Vergangenheit, aus dem Hintergrund des Protagonisten, zu einer Wende. Wir – Leser und Schriftsteller – bewegen uns in eine Richtung, dann kommt ein Konflikt, eine alte Wunde wird aufgerissen, und wir müssen alles überdenken. Eine gute Geschichte bringt uns dazu, alte Strukturen aufzureißen, Neues zuzulassen, nicht nur für den Protagonisten, sondern auch für den Leser und natürlich auch für uns Schriftsteller.

Es muss deutlich werden, dass die Vergangenheit daran »schuld« ist, dass der Protagonist in diese verzwickte Lage geraten ist. Damit die Ausflüge in die Vergangenheit nicht langweilig sind und womöglich überlesen werden, müssen Sie genauso lebhaft und spannend sein wie die erzählte Gegenwart. Die Vergangenheit wird durch das, was jetzt passiert, erst richtig spannend, weil sie jetzt nicht mehr allein im Raum steht, sondern mit der Gegenwart und der Zukunft verbunden ist. Menschen lieben es, Verknüpfungen zu machen und sie können es spüren, wie alles plötzlich zusammengefügt wird. Bringen Sie die Vergangenheit ans Licht, aber so knapp wie möglich, so viel wie nötig, und genau dann, wenn es für unseren Protagonisten gefährlich wird.

6. Konflikt und Verfolgung

Jede Szene sollte dem Konflikt und der Verfolgung des Ziels unseres Protagonisten dienen. Machen Sie sich immer wieder klar: Was will mein Protagonist erreichen? Und was tut der Antagonist, damit der Protagonist es nicht erreicht? Der Antagonist kann es auch gut mit dem Protagonisten meinen, er kann spüren, was der Protagonist eigentlich braucht, trotzdem steht er dem Protagonisten in jeder Szene im Weg. Es kann sich wie in Fords *Sportsreporter* um jemanden handeln, der die Freundschaft mit dem Protagonisten sucht, jemand, dem es nicht reicht, nur ein Saufkumpel zu sein, sondern der tiefe Gespräche führen will, der davon ausgeht, dass Freunde sich in schwierigen Phasen beistehen. Solch einen Freund wünschen sich wahrscheinlich die meisten von uns, für Frank Bascombe ist es allerdings das Schlimmste, das ihm passieren konnte.

Der Protagonist verfolgt sein Ziel und der Antagonist ist ihm dicht auf den Fersen, um ihm bei jeder Gelegenheit Knüppel zwischen die Beine zu werfen. Wird die Verfolgungsjagd am Ende jeder Szene beendet? Wer hat gewonnen? Der Protagonist kann Teilsiege erringen, aber niemals das große Ziel, sonst ist die Geschichte zu Ende. Wer hat die Oberhand? Ist es für beide wichtig, am Ende der Szene der Gewinner zu sein? Was bedeutet es, der Gewinner zu sein? Verliert der Protagonist in der Szene, gewinnt aber emotional? Bringt er sein Ziel in Gefahr, wenn er zuviel Kraft in die Bewältigung der Szene legt? Verliert er sein Ziel, stillt aber dafür sein Bedürfnis? Wie schafft der Antagonist es, dass der Protagonist nicht einfach geht? Was will der Protagonist vom Antagonisten? Was hat der Antagonist gegen den Protagonisten in der Hand?

Ohne Konflikt hat die Szene keine Berechtigung in der Geschichte, denn sie würde diese nicht voranbringen, sondern die Reise des Protagonisten sinnlos unterbrechen. Der Leser bleibt nur emotional berührt, wenn es den Protagonisten immer mehr in die Enge treibt. *Der Distelfink* hat mehr als 1000 Seiten, aber kein einziger Satz ist überflüssig, sondern trägt dazu bei, dass Theodore Decker sich seiner Vergangenheit stellt und sie nicht mehr verdrängt, sprich, dass er endlich den

Tod seiner Mutter verarbeitet. Bringt die Handlung den Protagonisten dazu, sich zu verändern? Bringt eine Reihe von Szenen den Protagonisten dazu, sich grundlegend zu verändern? Jede gute Geschichte ist vordergründig die der Veränderung ihres Protagonisten! Es reicht nicht, einen Protagonisten als Staffage irgendwohin zu bringen, um einen politischen Konflikt zu schildern, so wichtig es auch sein mag, der Welt davon zu erzählen, sondern dieser ist nur relevant, wenn er der Entwicklung des Protagonisten – oder seinem Wehren dagegen – dient. Der Konflikt muss immer im Protagonisten selbst stecken, und kann sich höchstens im Konflikt der Heimat widerspiegeln.

Der Protagonist sorgt selbst dafür, dass er auf seinen Untergang zugeht. Er rennt in jedes Fettnäpfchen, das man sich nur vorstellen kann. Er stellt sich selbst Fallen. Er scheint zu spüren, dass er die Quittung für sein »altes« Leben am Ende präsentiert bekommt. Ein gutes Ende in der Literatur bedeutet, dass der Protagonist sowohl gewinnt als auch verliert. Nehmen wir als Beispiel *Thelma und Louise*: Am Ende ist Thelma endlich ein freier Mensch, sie muss diesen Schritt aber mit dem Leben bezahlen.

7. Machen Sie es dem Protagonisten immer schwerer

Am Anfang setzen Sie Ihren Protagonisten auf einen Baum, dann werfen Sie immer größere Steine nach ihm, am Ende stemmen Sie einen Felsbrocken in die Höhe und holen Ihren Protagonisten damit herunter. Stellen Sie sich vor, die Steine wären Szenen. Jede Szene bedeutet einen schmerzhafteren Schlag für Ihren Protagonisten als die vorherige, jeder Stein bringt ihn mehr zum Taumeln und hinterlässt größere Verletzungen. Prüfen Sie, ob die Hindernisse wirklich größer werden. Der Protagonist fühlt sich immer bedrohter und hat immer größere Angst, nicht mehr heil über das Hindernis zu kommen. Er wird immer schwächer. Er wird immer verletzlicher und entblößt sich immer mehr. Er ist immer weniger auf die Wucht der Schläge vorbereitet, obwohl er sich doch genau überlegt hat, was er in der letzten Szene falsch gemacht hat und jetzt besser machen wollte.

- Wie handelt Ihr Protagonist, wenn seine Rechnung wieder einmal nicht aufgegangen ist?
- Wie zeigt sich, dass es keinen Weg zurück gibt?
- Was genau verändert sich an Ihrem Protagonisten?
- Wie schaffen Sie es, dass er gleichzeitig schwächer und stärker wirkt (schwach, weil jede Handlung eine Niederlage bedeutet, und stark, weil er mit jeder Niederlage authentischer und resoluter wird)?
- Wird es immer gefährlicher für Ihren Protagonisten?
- Rückt er mit jeder Bemühung, sein Ziel zu erreichen, mehr davon ab?
- Bewegt sich die Geschichte wie ein immer schneller fahrender Zug, von dem der Protagonist bald nicht mehr abspringen kann?

Die Krise, zeigt Ihren Protagonisten an seinem persönlichen Tiefpunkt, aber bezüglich der Spannung kurz vor dem höchsten Ihrer Geschichte. Er hat jeglichen äußeren Rückhalt verloren. Das einzige, was ihm bleibt, ist aus sich selbst zu schöpfen, so mangelhaft dieses Innere erscheinen mag. Und mit diesem bewaffnet richtet er sich langsam auf und geht, zuerst zögernd, dann mit immer festerem Schritt auf die letzte Szene zu, den Höhepunkt. Vor Erschöpfung zitternd schaut er auf seine Geschichte zurück und erkennt sie als Teil aller Geschichten der Menschheit. Erkennt sich als Teil dieser Welt. Und wenn er sich zurückerinnert, wie er seine Reise angetreten ist, wird ihm klar, dass er von dort den Gipfel, an dem er jetzt steht, schon hätte sehen können. Nur waren seine Augen damals noch geschlossen.

Die besten Geschichten handeln davon, wie ein Mensch am Ende erkennt, dass er selbst mit seiner tiefsitzenden Wunde eine Kette von Ereignissen hervorgerufen hat, die ihn schließlich zu Boden werfen mussten. Sie handeln davon, wie er sich seiner Wunde stellt und mit der daraus gewonnenen Stärke erkennt, dass sie sich vielleicht doch heilen lässt.

8. Welche Sprache kann es besser?

Wenn ich der Meinung bin, eine Geschichte ist genug bearbeitet, wenn ich denke, dass ich es nicht besser hinbekommen würde, egal, wie oft ich sie lese, aber eine leise, aber beharrliche Stimme mir immer noch sagt, dass irgendwas noch nicht stimmen kann, übersetze ich sie. Vom Englischen ins Deutsche, vom Deutschen wieder ins Englische zurück. Als Übersetzer sehen wir die Vorlage mit kritischen Augen und das einzige, was uns interessiert, ist die Schönheit, die Makellosigkeit des Textes in unserer Zielsprache, und wenn die Vorlage Mängel hat, haben wir keine Hemmungen, diese in der Zielsprache zu beheben. Diesen Trick habe ich oft bei Kurzgeschichten angewandt, mich aber lange gesträubt, ihn bei meinem Roman anzuwenden, allein schon wegen der Länge. Letztendlich habe ich den Kampf gegen die Bequemlichkeit gewonnen, und das Original hat sich so sehr verändert, dass ich es nicht mehr zur Veröffentlichung anbieten würde. Ich habe viele Schwachstellen entdeckt, bei den Übergängen, bei meinen Charakteren, beim Dialog, stilistisch; sprich: jeder Satz ist noch einmal unter die Lupe gekommen und wurde gedreht und gewendet oder mitleidlos gestrichen. Und viele neue mussten dazu geschrieben werden, weil mir die ganzen Unklarheiten und Verwirrungen im Original gar nicht mehr aufgefallen waren. Wenn Sie nicht weiterkommen, übersetzen Sie. Egal in welche Sprache. Egal, ob Sie sie perfekt beherrschen oder erst angefangen haben. Es ist die Mühe schon wert, weil Sie dann Ihre Geschichte in einer anderen Sprache lesen können. Das Gefühl, dass die eigenen Worte auch in anderen Sprachen funktionieren, ist unbeschreiblich. Vielleicht haben Sie jemanden in Ihrem Bekanntenkreis, der zweisprachig ist, und dem Sie damit eine große Freude machen würden. Haben Sie keine Angst, dass Ihr Schulfranzösisch nicht reicht und Sie es seit Jahrzehnten nicht mehr gesprochen haben. Die meisten Übersetzer haben sich früher die Sprachen selbst beigebracht, mit Wörterbüchern und Grammatiken, wenige hatten das Glück, in das Land fahren zu können. Die englische Übersetzerin von Han Kangs *Die Vegetarierin*, Gewinner des Man Booker Preises, hatte nur wenige Jahre zuvor angefangen, Koreanisch zu lernen. Jhumpa Lahiri hat über

Jahre hinweg und mit vielen Anläufen und Mühen italienisch gelernt und trotzdem nie aufgegeben, und letztendlich wurde die fremde Sprache zu der, in der sie glücklich und frei wie nie zuvor schreiben konnte. »Ich mache so gut wie sicher Fehler, wenn ich auf Italienisch schreibe, aber im Gegensatz zu meiner früheren Angst, Fehler zu machen, quält und betrübt mich das nicht«, schreibt sie im New Yorker.

9. Ihre Überarbeitung zeigt Ihr Können

Schreiben bedeutet harte Arbeit. Viele Schriftsteller sind an ihren Texten verzweifelt. Jeder war bestimmt schon einmal (oder öfter) kurz davor aufzugeben. Wir denken, dass wir es nie schaffen werden, dass sich alles platt und unecht anhört, dass es nicht spannend ist, dass wir unsere Zeit verschwenden und niemand je die Geschichte drucken will. Das bringt so manchen Schriftsteller dazu, schlecht gelaunt in die Tasten zu hauen und den ganzen Schreibprozess zu hassen. Meistens passiert das, wenn wir in einer bestimmten Geschichte feststecken. Wir tragen die Geschichte mit uns herum, manchmal über Jahre, und sind nicht in der Lage, an etwas Anderem zu arbeiten. Wir wollen diese Geschichte zu Ende schreiben, und wenn es unsere einzige und letzte ist. Wir schicken sie immer wieder ein und sind immer wieder enttäuscht, wenn das Ablehnungsschreiben in unserem Briefkasten liegt. Alle legen uns nahe, uns abzulenken oder etwas Neues zu schreiben, aber wir sind bockig.

Manchmal hilft dann nur, an den Start zurückzukehren; nehmen Sie Ihren Charakter, wenn Sie sich nicht von ihm trennen können, und setzen Sie ihn in ein neues Szenario. Sehen Sie, was Sie gelernt haben, auch wenn Sie das eine Mal gescheitert sind, und profitieren Sie von Ihren Erfahrungen. Nehmen Sie sich eine Auszeit. Wenn die Geschichte gut ist, kommt sie von ganz allein zu Ihnen zurück.

Geben Sie dem Überarbeiten genug Raum. Der Erstentwurf ist die Grundlage für die eigentliche Sache, das Überarbeiten. Hier können Sie zeigen, was Sie können. Manche überarbeiten schon während des Erstentwurfs so gründlich, dass er am Ende schon fast perfekt scheint, aber mit einer kleinen Pause lässt sich bestimmt noch etwas verbessern. Mit der Zeit finden wir heraus, wie wir am besten schreiben und überarbeiten. Und letztendlich ist beides Zeugnis unserer Kreativität. Auch der Überarbeitungsprozess wird von Ihnen erfordern, dass Sie zum Rausch zurückfinden, den Sie beim Erstentwurf hatten. Szenen müssen vielleicht neu geschrieben werden, Dialoge in eine andere Richtung getrieben werden. Der Unterschied ist vermutlich, dass wir beim Erstentwurf freier sind, weil wir noch nicht alles genau wissen müssen; wir können ausprobieren. Beim Überarbeiten haben wir eine klare Vorstellung davon, was wir sagen wollen und unser Text sollte genau das transportieren.

Wenn Sie das Gefühl haben, dass Sie selbst nicht weiterkommen, bitten Sie jemanden, Ihre Geschichte zu lesen. Suchen Sie sich eine Autorengruppe. Die literarischen Geschmäcker der einzelnen Mitglieder mögen auseinanderdriften, ihre Kommentare werden Ihnen dennoch helfen, Schwachstellen zu entdecken. Vielleicht sagen Sie am Ende trotzdem, dass Sie einen bestimmten Punkt nicht ändern wollen, aber Sie haben sich zumindest noch einmal Gedanken darüber gemacht. Wenn Sie keine passende Gruppe finden oder es keine in Ihrer Nähe gibt, gründen Sie eine. Nutzen Sie jede Chance, Ihre Geschichten mit anderen durchzusprechen. Mit der Zeit werden Sie weniger empfindlich, wenn man Ihre Babys attackiert. Und Sie können von den Fehlern der anderen lernen. Darüber hinaus ist die Motivation beim Schreiben eine ganz andere, wenn man weiß, dass in drei Wochen wieder eine achtköpfige Schar darauf wartet, dass Sie etwas Neues geschrieben haben.

Also noch einmal: Überarbeiten Sie, bis Sie das Gefühl haben, Sie können Ihre Geschichte auswendig vor sich hersagen. Überarbeiten Sie, bis Sie sie perfekt finden. Legen Sie sie einen Monat weg und überarbeiten Sie sie wieder. Ich gebe keine Geschichte aus der Hand, ohne sie noch einmal gründlich überprüft zu haben. Egal, ob sie bereits veröffentlicht ist. Genießen Sie es, dass Sie immer besser werden. Sagen Sie sich, dass es besser ist, eine richtig gute Geschichte geschrieben zu haben als viele mittelmäßige. »Manchmal braucht eine Person eine Geschichte dringender als Nahrung, um am Leben zu bleiben«, so der amerikanische Schriftsteller Barry Lopez. Diese eine Geschichte von Ihnen könnte genau die sein, die ein Menschenleben rettet.

Viele von uns glauben, dass professionelle Schriftsteller nicht mehr überarbeiten müssen, aber das Gegenteil ist der Fall. Egal, ob es sich um einen Hemingway handelt, der sein Ende über vierzig Mal schreiben muss oder um einen Carver, von dessen Kurzgeschichten es viele unterschiedliche Versionen gibt, große Schriftsteller hören nicht auf zu überarbeiten. Nicht der Erstentwurf, Ihre Überarbeitung zeigt Ihr Können. Geben Sie ihr den Stellenwert, den sie verdient.

ÜBUNGEN

- Nehmen Sie sich das Original eines Buches vor, das Sie bewundern, und stellen Sie sich vor, Sie wären der Übersetzer. Übersetzen Sie mindestens ein Kapitel. Welche Fragen würden Sie dem Schriftsteller gern stellen?
- Schreiben Sie ein Essay von mindestens fünf Seiten über das, was Sie beim Überarbeiten Ihrer Geschichten gelernt haben. Beschreiben Sie den Unterschied zwischen dem Verfassen eines Erstentwurfs und dem Überarbeiten. Geben Sie dabei dem Punkt »Kreativität« einen besonderen Stellenwert – wie entwickelt sie sich von einer Version zur nächsten? Verfolgen Sie die Entwicklung Ihrer Geschichte und Ihre eigene. Gibt es Parallelen? Wie spüren Sie, dass eine Geschichte sich der Endfassung nähert?

LEKTION 15

Der Weg in die Welt

Vielleicht haben Sie gar nicht vor, Ihre Geschichten aus den Händen zu geben, vielleicht haben Sie sie geschrieben, weil Ihnen das Schreiben hilft, Spaß bereitet, eine Stütze im Leben ist und lauter andere positive Effekte hat, aber eine gute Geschichte sollten Sie nicht für sich behalten; wenn Sie es geschafft haben, dass Ihre Geschichte Menschen berühren und begeistern kann, wenn Sie diesen Menschen mit Ihren Worten helfen können, besser mit dem Leben oder Teilaspekten des Lebens klarzukommen, dann ist es fast so etwas wie eine Pflicht, diese Geschichte der Welt zu überreichen, denn Sie haben sie nicht ohne die Hilfe von anderen schreiben können, die Ihnen wiederum Geschichten überreicht haben. Wenn es nur eine Person auf diesem Planeten gibt, der Ihre Sichtweise auf die Dinge das Gefühl gibt, doch nicht mutterseelenallein zu sein, wenn Ihre Worte auch nur den Hauch einer Chance haben, dieser Person Hoffnung zu machen, sollten Sie sich überlegen, ob Sie sie wirklich für sich behalten wollen. Kunst ist nicht dazu da, um unseren Mist loszuwerden, sondern dazu, unseren Mitmenschen zu helfen. Kunst ist wahre Liebe und nicht Selbstbefriedigung. Ihre Geschichte, mag sie noch so kurz und bedeutungslos sein, wie Sie vielleicht denken, trägt dazu bei, dass die Kunst nicht bedeutungslos wird, also geben Sie sich einen Ruck, überprüfen Sie Ihren Sprössling mit kritischen Augen, und wenn er warm genug angezogen ist und seine Schnürsenkel ordentlich gebunden sind, öffnen Sie die Tür und schubsen ihn mit einem liebevollen Klaps in die Kälte.

Als ich das erste Mal versucht habe, mit einem Kurzgeschichtenband einen Verlag zu finden, war das Resultat frustrierend – mir wurde bald klar, dass die höflichste Antwort eine Standardantwort war, die damals noch per Post kam anstatt per E-Mail, wenn es heutzutage überhaupt noch eine Antwort gibt.

Den nächsten Versuch startete ich mit einem Roman, heute weiß ich, dass es ein Erstentwurf war und vermutlich auch mit Überarbeitung keine wirklichen Chancen hätte; erntete dieselben Reaktionen und schrieb den nächsten, den ich erst einmal an Agenten schickte. Es dauerte lange, bis eine Agentin anrief, begeistert schien, mich wochenlang in Ekstase warten ließ, dann wieder absagte. Ähnliches passierte mit einem weiteren Roman und einem weiteren Kurzgeschichtenband, sodass ich beschloss, mich auf das zu besinnen, was mich zum Schreiben gebracht hatte. Ich schrieb vor mich hin, fand eine Schreibgruppe, mit der ich mich ein Mal im Monat traf, und arbeitete daran, meine Geschichten zu verbessern, aber ohne darüber nachzudenken, was ich damit anfangen würde.

Nachdem ich das Buch des Gotham Writers' Workshop (*Romane und Kurzgeschichten schreiben*) für mich entdeckt hatte, fing ich an, alle Geschichten noch einmal zu bearbeiten und schließlich schickte ich »Acceptance« an den MDR Literaturwettbewerb. Als ich ein halbes Jahr später den Anruf bekam, dass ich damit in die Endrunde kommen würde, hatte ich meine Bewerbung bereits völlig vergessen und das rate ich Ihnen auch, so schwer es fällt. Mir hilft dabei das Schreiben von neuen Geschichten, das Konzentrieren auf andere Projekte. Aber wie ich bereits von vielen Schriftstellern gehört hatte, ist der erste Erfolg, auch wenn schön und wichtig, nur einer von vielen Markierungspunkten auf unserem Weg. Während meiner Bewerbungsphase um ein Studium in den USA, habe ich ein paar meiner Geschichten ins Englische übersetzt und an Literaturmagazine geschickt, aber auch die dortigen Veröffentlichungen stehen nicht im Vordergrund meines alltäglichen Schriftstellerdaseins. Hinter jeder Veröffentlichung stehen zig Absagen, meine Lieblingsgeschichten schaffen es gar nicht, Geschichten, die ich schon so überarbeitet habe, dass sie nicht wiederzuerkennen sind, wurden nach einem Jahr angenommen und so in einer Version veröffentlicht, mit der ich gar nicht mehr einverstanden war. Romane, von meinen Lehrern und Kommilitonen in höchsten Tönen gelobt, wurden abgelehnt.

Das Thema Veröffentlichung ist frustrierend und raubt viel zu viel Zeit von dem, was der Ursprung von allem ist: das Schreiben. Und dennoch bitte ich Sie, jetzt weiter zu lesen und sich mutig, unerschrocken und unbeirrbar darauf einzulassen. Und wenn Sie der Mut verlässt, gehen Sie auf diese schöne Seite http://www.litrejections.com/bestsellers-initially-rejected/ und werden erfahren, dass Sie das Schicksal vieler berühmter Schriftsteller teilen; stellen Sie sich vor, jene hätten aufgegeben. Manchmal müssen Sie vierzig, fünfzig Mal »nein« lesen, aber dann, endlich: »Wir lieben Ihre Geschichte«.

Es gibt im deutschsprachigen Raum mehrere Adressen für Ihr Manuskript: Verlage, Agenten, Wettbewerbe, Stipendien oder Magazine. Agenten und Verlage recherchieren Sie am besten erst einmal im Internet, aber ich würde außerdem dazu raten, in Buchläden den Klappentext und die ersten Seiten von Neuerscheinungen zu lesen und zu sehen, in welchem Verlag diese erschienen sind, falls es Ihrem Manuskript nicht ganz unähnlich ist. Kurzgeschichten an einen Verlag zu bringen ist schwierig, die meisten schreiben auf Ihrer Webseite, dass sie diese grundsätzlich ablehnen. Wettbewerbe sind hier eine gute Adresse, man findet sie im Internet, wenn man Literaturwettbewerbe in die Suchmaschine gibt.

Zwei Dinge sollten Sie allerdings nie vergessen, wenn Sie Ihre Geschichten in die Welt schicken:

1. Zahlen Sie niemals Geld dafür, dass Ihr Buch gelesen und geprüft wird.
2. Eine Ablehnung bedeutet nicht automatisch, dass Ihre Geschichte oder Ihr Buch schlecht ist.

Das Anschreiben

Es gibt zwei Arten von Anschreiben, eine kurze und eine lange Version. Die kurze erwartet man von Ihnen, wenn Sie bei einem Wettbewerb mitmachen und eine Geschichte oder einen Romanausschnitt einsenden. Darauf stehen Ihre Kontaktdaten und ein kurzer Satz, in dem Sie den Titel Ihrer Geschichte nennen. Die Länge der Kurzgeschichten in Deutschland liegt meist bei sechs Seiten à 1800 Zeichen, also etwa 11.000 Zeichen, manchmal wird eine kurze Biografie gewünscht und eine Auflistung Ihrer Publikationen, aber schauen Sie sich immer die Wettbewerbsbedingungen genau an. Meistens genügt ein Satz:

(Ihre Adresse)
Betr.: Literaturwettbewerb

Sehr geehrte Damen und Herren,
anbei mein Beitrag »Der Koch und der Dieb«.

Danke für Ihre Mühe, mit freundlichen Grüßen
(Ihr Name)

In solch einem Anschreiben hat eine Erklärung zu der Entstehung Ihrer Geschichte nichts zu suchen (außer sie wird explizit verlangt) und auch nicht, wem sie gewidmet ist.

Wenn Sie unaufgefordert ein Buchprojekt einsenden, müssen Sie den Adressaten überzeugen. Dieses Anschreiben darf länger sein, aber nicht länger als eine Seite, und muss Lust auf mehr machen. Schon hier sollten Sie zeigen, dass Sie gut schreiben können. Verraten Sie nicht zu viel, aber streuen Sie ein paar Appetithappen. Machen Sie neugierig. Bringen Sie den Adressaten dazu, dass er sich fragt, wie es weitergeht. Ein Anschreiben gliedert sich in drei Absätze, die auf eine Seite passen sollten. Im ersten begründen Sie, warum Sie gerade diesen Agenten, diesen Verlag anschreiben. Vielleicht vertritt der Agent eine Schriftstellerin, die Sie bewundern, vielleicht hat der Verlag seinen Schwerpunkt auf italienische Bücher gesetzt, was Ihnen gefällt. Recherchieren Sie genau, welche Schriftsteller dort zu Hause sind, wenn es auch Ihr Zuhause werden soll. Einem Verlag, der ausschließlich Gedichte herausbringt, sollten Sie keinen Roman schicken, man könnte sonst annehmen, dass Sie zu faul waren, sich über das Programm zu informieren.

Der zweite Absatz stellt Ihr Manuskript vor, in ein oder zwei Sätzen. Schauen Sie sich Buchcover an, auch dort ist der Inhalt oft mit wenigen Sätzen zusammengefasst. Hier ein paar erfolgreiche Beispiele:

> ***Alles ist erleuchtet***
> *Bewaffnet mit einem verblichenen Foto macht sich Jonathan Safran Foer, Schriftsteller und metafiktionaler Protagonist, auf die Suche nach einer Frau, die seinen Großvater vor den Nazis gerettet haben soll.*

> ***Die Korrekturen***
> *Angesichts des nahenden Todes von Patriarch Alfred Lambert müssen seine Frau und seine drei erwachsenen Kinder sich mit den Geheimnissen und lange verdrängten Verletzungen in ihrer Familie auseinandersetzen, um die Korrekturen anzugehen, die jeder von ihnen dringend benötigt.*

> ***Der Drachenläufer***
> *Ein episches Märchen über Väter und Söhne, Freundschaft und Verrat, das uns von den letzten Tagen der Monarchie zu den gegenwärtigen Gräueltaten Afghanistans führt.*

Der dritte Absatz stellt Sie vor; wenn Sie Preise und/oder Veröffentlichungen listen können, gut, wenn nicht, auch gut, Verlage und Agenten lieben es, Unbekannte zu entdecken und damit angeben zu können. Ihre Kinder und Enkelkinder sind hier nicht von Belang und auch Ihr Beruf interessiert nur, wenn er etwas mit dem Manuskript zu tun hat, wenn Sie zum Beispiel einen Protagonisten haben, der bei der Feuerwehr arbeitet, sollten Sie es erwähnen, dass Sie selbst Feuerwehrmann (oder Ihr Vater, Großvater) sind. Halten Sie sich kurz, je schneller der Agent zu Ihrem Manuskript kommen kann, umso besser. Meistens wird verlangt, dass Sie ein Exposé und einen Ausschnitt von X Seiten oder das erste Kapitel beilegen. Im Exposé sollten Sie auf wenigen Seiten spannend erzählen, wer Ihr Protagonist ist und was ihm passiert. Verraten Sie nicht alles, machen Sie Lust auf mehr.

Dieses Anschreiben hat Molly Friedrich, Inhaberin und Agentin der Friedrich Agency in New York, die unter anderem Frank McCourt und Elisabeth Strout betreut, dazu motiviert, das ganze Manuskript meines Romans anzufordern; wenn Sie es schaffen, dass ein Agent mehr von Ihnen lesen will, haben Sie einen großen Teilerfolg errungen und können stolz auf sich sein, auch wenn man sich am Ende gegen Ihr Manuskript entscheidet. Jeder Agent hat seine ganz spezifischen Wünsche und das wird er Ihnen auch, wenn er professionell ist, genauso mitteilen und Sie darauf hinweisen, dass ein anderer Agent ihr Manuskript genauso lieben könnte, wie es ist.

Liebe Mrs. Friedrich,
ich schreibe Ihnen, weil Sie Elisabeth Strout repräsentieren; Olive Kitteridge ist ein großes Vorbild für die Entwicklung meiner weiblichen Charaktere. Sie war mir so oft unsympathisch und trotzdem hatte ich immer wieder Tränen in den Augen. Endlich eine Protagonistin, die nicht in die üblichen Schubladen passte – ihr Bild hatte ich vor Augen, als ich anfing DAS GEHEIMNIS DER WELT (91.200 Wörter) zu schreiben.

Das Leben meiner Protagonistin gerät aus den Fugen, als ihr Bruder nach 25 Jahren wieder auftaucht. Ihre Versuche, die verlorenen Jahre zu rekapitulieren, führen sie nach Mexiko, wo sie auf eine Familie trifft, die von den Gewalttaten in Ciudad Juarez schwer gezeichnet ist. Aber es ist ihre eigene Vergangenheit – und die ihres Heimatlandes – mit der sie sich zuallererst auseinandersetzen muss.

Ich bin Deutsche, in Lübeck aufgewachsen. Meine Kurzgeschichten sowie meine Übersetzung von Donald Barthelmes

«Sentence« sind in Literaturmagazinen und Anthologien in mehreren Sprachen und Ländern erschienen und ich habe Preise in Deutschland und in der Schweiz gewonnen. Ich habe einen Magister in Literaturwissenschaften und einen MFA in Creative Writing vom Sierra Nevada College, wo ich mit Alexi Zentner, Tea Obréht, Randa Jarrar, Ben Percy, Gayle Brandeis, Mike McCormack und Josh Weil arbeiten durfte.

Vielen Dank für Ihre Zeit!
Mit den herzlichen Grüßen aus Berlin,
Jesse Falzoi

Warum genau dieses Schreiben bei dieser Agentur erfolgreich war, lässt sich allerdings nicht sagen: Vielleicht hat Ms. Friedrichs Sekretärin deutsche Verwandte, vielleicht ist sie ein Fan von Roberto Bolaño, der so eindrucksvoll über die Frauenmorde geschrieben hat und dessen Zitat meinem Ausschnitt vorangestellt ist, vielleicht hat sie selbst einen Bruder, der sich seit Jahren nicht gemeldet hat; etwas in meinem Anschreiben hat sie bewogen, es mit einem positiven Gefühl an die Chefin weiterzureichen, aber genau dieselbe Mail hat vielleicht aus genau denselben Gründen jemand anders bewogen, sie gleich wieder zu löschen. Am anderen Ende befinden sich Menschen und diese haben sehr subjektive Vorstellungen von einem guten Buch, und manchmal sind es sogar ihre persönlichen Erfahrungen, die sie ein Buch ablehnen lassen, welches sie eigentlich gut finden.

Lesen Sie sich genau durch, was die Verlage und Agenten wünschen. (Wenn Sie sich nicht daran halten, geht man davon aus, dass Sie sich noch nicht einmal die Mühe gemacht haben, die Internetauftritte zu studieren.) Dann fertigen Sie eine Liste an, auf der Sie jede Ihrer Aktionen gründlich dokumentieren, damit Sie nicht den Überblick verlieren. Fangen Sie mit fünf Agenten *oder* 20 Verlagen an und warten Sie drei Monate. Danach starten Sie die nächste Runde. Währenddessen arbeiten Sie an Ihrem nächsten Projekt und versuchen, so wenig wie möglich an Ihr Manuskript zu denken.

Jetzt können Sie die nächsten Absätze überspringen, falls Sie zu den wenigen Ausnahmen gehören, deren Manuskript von einem Verlag angenommen wurde. Es liegen trotzdem noch einige Hürden vor Ihnen, aber damit möchte ich Ihnen jetzt nicht die Laune verderben. Feiern Sie, lassen Sie sich beglückwünschen, seien Sie großzügig und empathisch anderen Schriftstellern gegenüber, bilden Sie sich nichts auf Ihren Erfolg ein, denn die schlechtesten Bücher sind schon auf dem Verkaufstisch gelandet, und dann machen Sie weiter mit der Arbeit. Entweder am Manuskript, diesmal zusammen mit Ihrem Lektor, und der wird Ihnen auch sagen, wie es für Sie weitergeht. Für dieses Buch. Und dann setzen Sie sich wieder hin wie alle anderen, mit genau gleichen Ängsten und Hoffnungen und schreiben das nächste Buch. Es wird anders, man hat andere Erwartungen an Sie, Sie haben andere Erwartungen an die anderen, aber am Ende geht es doch wieder um das Eigentliche – Sie setzen sich hin und fangen an, eine Geschichte zu schreiben. Und überarbeiten, bis Sie Ihr Bestes gegeben haben.

Jetzt kommen wir aber zu denen zurück, deren Manuskript nicht (sofort) angenommen wird. Wenn Sie Glück haben, schreibt man Ihnen zurück, dass Ihr Buch nicht ins Verlagsprogramm passt, wenn sie nichts hören, bedeutet es dasselbe, nämlich, dass man kein Interesse hat. Das muss nicht an Ihrem Buch liegen. Es kann sein, dass eine geplante Neuerscheinung dieses Verlags bereits auf Sardinien spielt, dass das Thema Ehebruch schon viel zu viel im Programm vorhanden ist, dass der Lektor endlich wieder etwas aus der Sicht eines schwulen Rentners lesen will oder bereits drei neue Schriftsteller in diesem Jahr unter Vertrag genommen hat. Es gibt 1001 Grund, warum man nein sagt, obwohl Sie ein fantastisches Buch geschrieben haben, eines, das die Welt unbedingt braucht, deswegen dürfen Sie sich nicht entmutigen lassen, sondern jeden Verlag anschreiben, mag er Ihnen noch so unbedeutend vorkommen. Solange kein Geld von Ihnen verlangt wird, sollten Sie sich nicht zu gut fühlen, Ihr Buch einem unbekannten Verlag anzubieten. Ein großer Verlag ist keine Garantie dafür, dass das Buch gut verkauft wird und dasselbe gilt umgekehrt. Ein verkauftes Buch ist keine Garantie dafür, dass Sie davon leben können, deswegen sollten Sie auch immer bei dem Job bleiben, der Ihnen das Schreiben ermöglicht. Einer der wichtigsten Aspekte der Veröffentlichung ist, dass jemand mit Ihnen zusammen an Ihrem Buch arbeitet, dass jemand Ihr Buch hoffentlich genauso liebt wie Sie, dass jemand sich für Ihre Leidenschaft interessiert. Aber dieses Gefühl der Wertschätzung werden Sie bei einem kleinen Verlag vermutlich eher finden, deswegen scheuen Sie sich nicht, alle anzuschreiben – nein sagen können Sie später immer noch.

ÜBUNGEN

- Recherchieren Sie Wettbewerbe für Kurzgeschichten. Erstellen Sie eine Tabelle, in der Sie den Wettbewerb, den Namen Ihrer Geschichte, das Datum, an dem Sie Ihre Geschichte einsenden und eine weitere Spalte für Kommentare lassen. Entwerfen Sie einen Begleitbrief für einen Wettbewerb, bei dem Sie mit einer Kurzgeschichte teilnehmen wollen.
- Recherchieren Sie Verlage. Finden Sie heraus, ob und wie sie Manuskripte prüfen. Welche Verlage könnten zu Ihnen passen? Gehen Sie in ein Buchgeschäft und blättern Sie in den Neuerscheinungen, notieren Sie sich die Verlage, in denen sie erschienen sind. Erstellen Sie eine Liste für Verlage nach der gleichen Vorlage wie für Wettbewerbe. Entwerfen Sie einen Begleitbrief an einen Verlag für ein Buchprojekt.
- Recherchieren Sie Agenturen und notieren Sie sich die Namen der Autoren, die diese vertreten. Recherchieren Sie pro und contra Agenturen in Deutschland. Entscheiden Sie, welchen Weg Sie mit welchem Projekt gehen würden.
- Überlegen Sie sich fünf Varianten für die Vorstellung Ihres Buches (jeweils ein Absatz).

Pitching

Es klingt unglaublich, aber es kann passieren, dass Sie unerwartet einem Lektoren, einem Agenten oder einem Verleger gegenüberstehen und er sagt: »Worum geht es in Ihrem Buch?«

Es ist Ihre Chance. Bereiten Sie sich gut darauf vor.

Wie das Anschreiben muss der Pitch vor allem neugierig machen. Er soll Ihrem Gegenüber das Gefühl geben, dass man mit Ihnen einen Treffer landen kann und dass dieser nur der Anfang einer Karriere ist. Kein One-Hit-Wonder, sondern einen Schriftsteller, mit dem man länger zusammenarbeiten will und der Geld in die Kasse bringt.

Sagen Sie mit einem oder zwei Sätzen, was Ihr Buch ausmacht. Achten Sie genau auf die Körpersprache Ihres Gegenübers, hören Sie auf, wenn Sie nicht mehr sein hundertprozentiges Interesse haben. Je kürzer ihr Pitch, umso besser. Je weniger Sie herausrücken, umso größer die Chance, dass der andere mehr wissen will. Auch hier gilt wieder: Wenn Ihr Buch lustig ist, muss der Pitch lustig sein, ist es ein Krimi, sollte er Spannung aufbauen etc.

Pitching bedeutet, jemanden im Gespräch auf Ihr Buch aufmerksam zu machen, das heißt diese Person dazu zu bringen, mit Ihnen in Dialog zu treten. Sie wollen keinen Vortrag halten, sondern Haken auswerfen.

Werfen Sie nicht mit Namen um sich. Verraten Sie den des Protagonisten und höchstens noch den des Antagonisten, aber ansonsten handelt es sich um seinen Bruder, seine Ehefrau, seinen Chef. Sie wollen Ihr Gegenüber auf keinen Fall verwirren. Aber geben Sie Ihrem Protagonisten einen Namen (berücksichtigen Sie den Ton Ihrer Geschichte und nennen Sie den Spitznamen, Vornamen oder Vor- und Zunamen), damit gleich ein Bild vor Augen entstehen kann.

Im Folgenden gehen wir ein paar Beispiele durch, die in einem Workshop von der Amerikanerin Marla Miller diskutiert wurden.

Karen Schmidt ist mittleren Alters und arbeitet zu viel. Als sie ihren Job verliert und von ihrem Ehemann verlassen wird, muss sie ihr Leben neu erfinden.
Kritik:

- Es gibt unheimlich viele Geschichten von Menschen mittleren Alters, die sich neu erfinden müssen
- In diesem Pitch ist nichts Frisches, Neues
- Der aktive Part ist gut (Verb »erfinden«)
- Nicht der Plot, sondern das Thema interessiert
- Was ist neu an der Geschichte, das niemand anders als Sie erzählen können?
- Was ist frisch an Karen? Was hat der Verleger/Agent nie zuvor gehört?

Der fünfzehnjährige Leon Sanders läuft von Zuhause weg und erwacht auf einem afrikanischen Schiff auf hoher See. Die Geschichte basiert auf meinen eigenen Erfahrungen.
Kritik:

- Spannend, weil es ihm wirklich passiert ist
- Schiffgeschichte ist neu und ungewöhnlich
- Man hat das Gefühl, dass eine wahre Geschichte erzählt wird
- Man möchte mehr wissen

Ein junges Pferd erzählt, wie es zum Champion wurde, sich ein Bein brach und dann dafür kämpfte, in den Ring zurückzukommen, um zu beweisen, dass es dasselbe Pferd ist, nur anders.
Kritik:

- Es gibt keinen großen Markt für tierische Protagonisten
- Es sollte gesagt werden, welche Art von Pferdesport (Dressur, Rodeo?), um ein genaueres Bild zu erzeugen

Als die Archäologin Sandra Fehlinger einen Fund macht, der ihre Karriere endlich vorantreiben wird, muss sie einen Mann töten, um zu überleben. Der Sohn des Getöteten schwört Rache.
Kritik:

- Warum muss sie den Mann töten? (Zu ungenau)
- Guter Anfang

Das Feuer ist Lillis Erbe und auch sie wird eine Feuerwehrfrau. Sie erntet dafür Freundschaft und Respekt… (Danach kommen noch viele Sätze zum Plot)
Kritik:

- Zu lang
- Eher Brocken statt das ganze Brot: »Das Feuer ist Lillis Schicksal«
- Auf dem Papier ist es anders, es muss für den mündlichen Austausch konzipiert sein
- Besser: »Ich bin eine Feuerwehrfrau und ich habe einen Roman über meine Erfahrungen geschrieben. Es geht um Liebe, Mord, Gefahr«
- Die Schriftstellerin muss zeigen, dass sie die Expertin ist
- Auch wenn alles erfunden ist, sie weiß, wovon sie spricht
- Eine Feuerwehrfrau (weil typische Männerdomäne) hat Sexappeal
- Das Thema ist neu und ungewöhnlich

Was antworte ich, wenn man mich fragt, worum es in meiner Geschichte geht? Ich habe höchstens zwei Sätze Zeit. Diese zwei Sätze sollte ich mir genau überlegen, wenn meine Geschichte so weit ist, in die Welt zu gehen.

ÜBUNGEN

- Nehmen Sie fünf Bücher aus Ihrem Regal und schreiben Sie für jedes einen Pitch.
- Schreiben Sie für fünf Ihrer eigenen Geschichten drei Varianten eines Pitch.
- Bitten Sie Bekannte, die Rolle eines Verlegers/Agenten zu übernehmen und Ihnen ehrlich zu sagen, ob es sich für sie spannend anhört.

Ablehnungen und andere Enttäuschungen

Alle Schriftsteller kennen es, egal ob berühmt oder nicht, alle Schriftsteller leiden darunter und kommen immer wieder ins Zweifeln: Ist das, womit wir so viel Zeit verbringen, wirklich das Richtige für uns? Schlimmer, wir fragen uns ernsthaft, ob wir überhaupt schreiben können. Vielleicht machen wir uns seit Jahren nur etwas vor. Vielleicht denken wir nur, dass unsere Geschichten gut sind, aber in Wirklichkeit sind die der anderen viel besser; wie sind wir nur darauf gekommen, dass das, was wir schreiben, jemals auch nur annähernd diese Qualität erreichen könnte? Was für eine Anmaßung zu denken, dass unsere Geschichten überhaupt jemanden ernsthaft interessieren, geschweige denn trösten könnten.

Wenn wir unsere Geschichten in die Welt schicken, machen wir uns in hohem Maße angreifbar und abgesehen von absoluten Ausnahmefällen ist die erste Erfahrung, die wir dabei machen, eine Ablehnung. Diese kann in einer netten Form kommen, wenn sie persönlich an uns gerichtet ist, vielleicht werden sogar ehrliche Gründe genannt, woran es gelegen hat, und dann sollte man sich herzlich dafür bedanken, denn es ist nicht selbstverständlich, dass sich jemand, der so viele

Manuskripte angeboten bekommt, in einer langen Mail dazu äußert, warum er oder sie es nicht annimmt. (Dasselbe gilt übrigens auch für Ihre Freunde und Bekannten, die netterweise Ihre Geschichten lesen und diese auch noch kommentieren, auch wenn dieser Kommentar Ihnen noch so bitter aufstößt. Bedanken Sie sich nämlich nicht, und zwar ernst gemeint und herzlich, werden Sie bald niemandem mehr Ihre Geschichten schicken dürfen.) Auch Antworten, falls sie über ein Nein oder eine Standardfloskel hinausgehen, müssen in Ihre Tabelle eingetragen werden, denn sollten Sie merken, dass immer wieder ähnliche Gründe genannt werden, ist es ratsam, Ihr Manuskript zu überarbeiten. Ich hatte öfter das Glück, für meinen letzten Roman solch ausführliche Antworten zu bekommen, und mehrere gaben an, dass sie meine Protagonistin zu gefühllos fanden und mehr Hintergrundwissen und Einblick in ihre emotionale Lage brauchten, um ihre teilweise sehr krassen Verhaltenweisen nachvollziehen zu können. Nachdem der sechste Agent dieses Argument nannte, habe ich mir das Manuskript unter diesem Aspekt noch einmal ganz genau angesehen und Episoden aus der Vergangenheit meiner Protagonistin eingefügt, die den Leser empathischer für ihre Handlungen machte. Derartige Ablehnungen sind im Grunde keine Ablehnungen, sondern kostenlose Lehrstunden – für solche Feedbacks müssen Sie bei einem Schreibcoach mehrere hundert Euro zahlen. Die Mühe macht man sich aber nur, wenn man sieht, dass der Schriftsteller sich mit seinem Manuskript Mühe gegeben hat, deswegen senden Sie nie etwas ein, was nicht gründlich genug überarbeitet wurde.

Das heißt aber nicht, dass Sie jede Kritik so ernst nehmen, dass Sie gleich alles überarbeiten. Warten Sie ab, ob sich die Gründe wiederholen. Das Annehmen eines Manuskripts ist, wie ich immer wieder betonen muss, subjektiv, und jeder Agent wird das auch genauso in die Ablehnung schreiben, wenn er professionell ist. Es gab ein paar Agenten, die meine Beschreibungen zu exzessiv fanden und der Meinung waren, dass dadurch das Tempo leiden würde, andere wiederum gaben an, dass sie genau das mochten, aber die Motivation der Protagonistin nicht durchkam, wieder andere wünschten sich, ich solle schneller auf den Punkt kommen, wieder anderen gefiel gerade die albtraumartige Verzerrung der Geschwindigkeit. Dann kann es auch sein, dass alles an Ihrem Manuskript stimmt, aber es ist eben kein Krimi, und genau den sucht der Verlag gerade. Wenn Sie in einem bestimmten Genre schreiben, haben Sie es vermutlich leichter, einen passenden Verlag zu finden, aber ich rate dringend davon ab, ein Buch aus dem Grund zu schreiben, weil es sich besser verkauft. Schreiben Sie das Buch, das nur Sie schreiben können, das Buch, das Sie schreiben müssen, das ist Ihre Berechtigung. Wenn es gut ist und die Verlage nicht den Mut haben, es zu verlegen, können Sie sich guten Gewissens an Ihr nächstes setzen, denn Sie haben Ihren Job getan. Sie haben ein Kunstwerk geschaffen und der Menschheit damit geholfen, wenn Sie jetzt noch alles versuchen, es eben dieser Menschheit zugänglich zu machen und dabei scheitern, müssen Sie sich keine Vorwürfe machen.

Senden Sie ein exzellent geschriebenes Buch ein und man wird Sie in positiver Erinnerung behalten, selbst bei einer Ablehnung, und vielleicht ist dann Ihr dritter Roman endlich der richtige für den Verlag. Geben Sie sich keine Mühe beim Schreiben, wird der Verleger, sobald er Ihren Namen sieht, aufstöhnen und Ihr Manuskript entsorgen, ohne einen Blick darauf zu werfen. Wir sollten nicht lange darüber nachdenken, ob und wie viele wichtige Bücher nie die Chance haben, andere Menschen zu trösten, weil die Verlage andere Kriterien bei der Auswahl beachten. Wir sollten uns nicht darüber aufregen, dass der zehnte, schlecht geschriebene Krimi in diesem Jahr groß gefeiert wird. Unsere Aufgabe ist es, Literatur zu schreiben, die nicht kurz die Kassen klingeln lässt, sondern von Bestand ist, von universellem Wert, und wenn wir uns zu lange über schlechte Bücher aufregen, haben wir keine Zeit und Energie mehr, die guten zu genießen oder zu schreiben.

Der Weg, den ein Schriftsteller gehen muss, wenn er seine Geschichten und Romane veröffentlichen möchte, ist ein dorniger, und es gibt keine Garantie dafür, dass man nicht wieder zurück in den Dornenwald geschickt wird, sollten die Verkaufszahlen nicht den Erwartungen entsprechen. Dennoch müssen Sie sich irgendwann aufmachen und ihn gehen, denn nur ein der Menschheit zugängliches Buch ist ein Buch. Joyce Carol Oates sagt dazu in *Beim Schreiben allein*: »Der Schriftsteller hofft, ahnt, leidet an tobenden Zweifeln, hat aber am Ende nur sich selbst als Maßstab. Der Erfolg ist fern und illusorisch, die Niederlage ein treuer Begleiter, der beste Stimulus, um daran zu glauben, dass der nächste Roman besser wird, denn warum sonst schreiben?« Ganz untypisch für das amerikanische Misstrauen gegenüber dem Scheitern, ja, der fehlenden Akzeptanz, dass es überhaupt ein Scheitern gibt, und zwar in jeglicher Hinsicht, ein klägliches, grundloses Scheitern, das eben nicht grandios ist, aus dem keinerlei Trost kommen mag, ein Scheitern ohne wenn und aber, widmet sie genau diesem in ihrem Buch ein ganzes Kapitel und zählt viele Schriftsteller auf, die, weil sie an einem Werk gescheitert sind, erst großartig werden konnten. Weinen Sie nicht lange einer Geschichte nach, beginnen Sie mit einer neuen. Ein Scheitern beim Schreiben gibt es nicht, denn mit jedem geschriebenen Buch werden wir besser.

Machen Sie weiter. Geben Sie nicht auf, wenn wieder eine Absage im Briefkasten liegt oder Sie im Internet nachlesen, dass Sie einen Preis nicht gewonnen haben, obwohl Sie sich solche Mühe mit der eingesandten Geschichte gegeben haben. Ärgern Sie sich, dass andere gewonnen haben, ärgern Sie sich noch mehr, wenn diese Geschichten es nicht verdient haben. Ärgern Sie sich nicht über sich selbst, weil Sie neidisch sind, Sie haben jedes Recht dazu. Versuchen Sie Trost zu finden. Vielleicht hat das Jurymitglied, das Ihre großartige Geschichte über ein durch Höhen und Tiefen gehendes Pärchen vor sich liegen hat, am Morgen der Geliebten versprochen, sich von seiner Frau zu trennen, vielleicht ist seine Mutter vor Kurzem gestorben und das letzte, was er jetzt lesen will, ist eine Geschichte, die auch nur das Geringste mit Abschied zu tun hat. Lassen Sie sich vor allem nicht von Trends und Tabus beeinflussen. Es gibt Themen und Stile, die immer ziehen, und solche, die die meisten Jurys scheuen. Es gibt Geschichten, mit denen Sie auf der sicheren Seite sind und solche, die eine Jury am liebsten nicht lesen würde. Nicht jeder ist bereit, über sein eigenes Leben nachzudenken und solch ein Jurymitglied wird einen weiten Bogen um eine Geschichte machen, von der diese Gefahr ausgeht.

Erinnern Sie sich an die Du-Perspektive? Vielleicht sind zehn andere auf die Idee gekommen, in dieser Perspektive zu schreiben, und Sie waren der letzte; niemanden interessiert dann, dass Ihre Geschichte mit Abstand die beste war, das einzige, das gesehen wird, ist das viel zu nah kommende »Du«.

Großartige Geschichten spalten die Welt; Shirley Jacksons »Die Lotterie« hat, als sie 1948 im New Yorker erschien, zu einer Flut von Hassbriefen und Abonnementkündigungen geführt. Diese Geschichte hat ihre Verfasserin bereits um Jahrzehnte überlebt, und noch immer stockt meinen Schülern der Atem, wenn ich sie das erste Mal vorlese. Verlassen Sie sich darauf: Eine gute Geschichte wird ihren Platz finden. Und diesen auch nicht so leicht wieder abgeben müssen.

ÜBUNGEN

- Machen Sie eine Liste von neun Schriftstellern, die Sie bewundern. Fügen Sie Ihren Namen hinzu.
- Schauen Sie sich an, was Sie bis jetzt geschrieben haben und schätzen Sie ungefähr, wie viele Seiten dabei herauskommen.
- Drucken Sie Ihre besten Geschichten aus und kaufen Sie sich einen schönen Ordner dafür. Setzen Sie sich in ein Café, bestellen Sie sich etwas Schönes, lesen Sie dabei Ihre Geschichten. Denken Sie an Ihre Kollegen, die genau dasselbe getan haben und ebenfalls oft jahrelang darauf warten mussten, einen Verleger zu finden. Das, was Sie und Ihre Kollegen zu besonderen Menschen macht, ist aber nicht der Verleger, sondern dass Sie in einem Café sitzen und Ihre eigenen Geschichten lesen.
- Stellen Sie sich bei fünf Personen als Schriftstellerin vor.

Reparaturen

Wenn Sie die Absagen verdaut haben, setzen Sie sich noch einmal an Ihre Geschichte. Sagen Sie sich: »Ich kann sie reparieren. Ich habe das Können, die Werkzeuge, die Erfahrung, aus dieser Geschichte etwas ganz Großes zu machen. Ich bin der Profi für meine Geschichte. Nur ich kann sie auf diese Weise erzählen. Und ich werde allen zeigen, wie gut ich es kann. Andere Schriftsteller würden jetzt die Geschichte für immer verschwinden lassen wollen, aber ich nicht: Ich werde meine Geschichte reparieren. Und am Ende wird sie zehnmal besser als vorher sein.«

Gehen Sie noch einmal alles durch, Punkt für Punkt. Versuchen Sie sich vorzustellen, Sie würden sie das erste Mal lesen. Wie ist der Anfang? Zieht er den Leser sofort in die Geschichte hinein? Will er das vielleicht nicht, weil das Thema zu heftig ist? Können Sie etwas tun, damit es harmloser aussieht, als es ist? (Auch hier ist »Die Lotterie« ein wunderbares Vorbild, das heftige Ende trifft einen so hart, obwohl doch alles darauf hindeutet, aber man will nicht glauben, was dem Gewinner der Lotterie droht, weil der Plauderton der Geschichte so harmlos, ja fast einlullend ist.)

- Beginnt Ihre Geschichte zu früh oder zu spät?
- Gibt es zu viele Rückblicke oder vielleicht gar keine, haben Sie es versäumt, wichtige Einblicke in die Vergangenheit Ihrer Charaktere zu geben?
- Haben Sie beim Plot etwas missachtet?
- Wiederholen sich die Szenen?
- Spürt der Protagonist – und somit auch der Leser – nicht, dass die Luft knapp wird?
- Ist das Ende nicht überzeugend? War die Geschichte einfach noch nicht fertig? Sind Sie unter Zeitdruck geraten und haben Sie sie zu früh losgeschickt?
- Haben Sie Ihr nicht genug Raum gelassen, weil sie nicht länger als sechs Seiten sein durfte?
- Haben Sie etwas, das in kürzerer Form viel wirkungsvoller wäre, auf zu vielen Seiten erzählt?
- Sind am Ende zu viele Dinge unklar?
- Ist Ihre Geschichte eher der Anfang von etwas viel Größerem und sind die Leser deswegen unzufrieden, obwohl ihnen alles gefallen hat?
- Lesen Sie noch einmal laut vor. Wie hört sich Ihre Geschichte an? Haben Sie bei einer Überarbeitung nicht auf den Rhythmus und

den Klang geachtet? Haben Sie die Strophen ausgetauscht und den Refrain vergessen.

- Haben Sie die Erzählerstimme nicht konsequent durchgehalten?
- Ist der Fluss unterbrochen worden, weil Sie etwas herausgestrichen oder hinzugefügt haben?

Seien Sie kritisch, gehen Sie jeden Satz durch, prüfen Sie, ob er klar, relevant und elegant ist. Was meine ich mit elegant? Der Leser sollte ihn sofort verstehen können, er sollte flüssig wie eine Zeile aus einem Song in den Kopf gleiten und er sollte sich gut anhören. Überprüfen Sie noch einmal das Ende; ich selbst neige dazu, meinen Charakteren epiphanieartige Szenen anzudichten, während der Überarbeitung mag das inspirierend und richtungsweisend sein, aber im Endergebnis ist so etwas langweilig, albern, ein billiges und zu offensichtliches Mittel, Gefühle beim Leser zu wecken. Ist es vielleicht besser, zwei Absätze vorher einfach abzubrechen? Ein Freund hat mich darauf hingewiesen, dass Beethoven in seiner 7. Symphonie anscheinend nicht ans Ende kommen wollte, immer wieder hat man das Gefühl, das war es jetzt, aber nach einem kurzen Luftholen geht es wieder weiter, bis der wirkliche Schluss nicht mehr als das wahrgenommen wird und nur als solcher erkannt wird, weil nichts mehr folgt. Dasselbe ist mir bei meiner Kurzgeschichte »Stains« passiert, die trotzdem angenommen wurde und inzwischen erschienen ist, aber nachdem ich sie meinen Schülern vorgelesen habe und mehrere von ihnen ähnliche Kritiken äußerten, werde ich sie wohl noch einmal überarbeiten.

Gehen Sie noch einmal alles durch und streichen Sie an, was sich falsch anfühlt. Tasten Sie sich langsam an eine Version heran, in der alles richtig ist. Woran erkennen Sie das? Daran, dass sich nichts mehr falsch anfühlt. Das kann lange dauern, aber es lohnt sich. Dann ist der Moment gekommen, wo Sie Ihr Baby erneut in die Welt schicken. Und kommt es wieder zurück, überprüfen Sie noch einmal und schicken es anschließend weg. Bis irgendjemand sagt: »Ja.« Oder noch besser: »Mehr davon!«

ÜBUNGEN

- Nehmen Sie sich eine Geschichte vor und gehen Sie noch einmal das Kapitel zur Überarbeitung durch. Machen Sie sich zu allen Punkten Notizen.
- Gehen Sie zu der Geschichte zurück, die aus einem der zwanzig ersten und letzten Sätze entstanden ist. Überarbeiten Sie, bis aus dem Erstentwurf eine unvergessliche Geschichte geworden ist.

Alles auf Anfang

Es ist völlig verständlich, dass man unter solch ermüdenden Umständen auch einmal Schwierigkeiten hat, neue Welten für die Welt zu erschaffen, zumal die Welt sich anscheinend völlig desinteressiert zeigt. Suchen Sie Zuflucht bei Ihren Meistern. Sagen Sie sich, dass auch sie diese Durststrecken kannten, und trotzdem sind es gerade ihre Bücher, die überleben. Nehmen Sie sich eine Ihrer Lieblingsgeschichten im Original vor und bringen Sie sie ins Deutsche. Auch auf diese Art sind Sie kreativ und arbeiten daran, ein besserer Schriftsteller zu werden, und Sie müssen sich nicht die Frage nach dem Sinn stellen. Nehmen Sie sich einen festen Tag in der Woche vor, an dem Sie Ihr Buch der Welt anbieten. Bitten Sie Ihre Familie an diesem Tag um Nachsicht. Und an den anderen Tagen versuchen Sie zumindest, nicht so viel daran zu denken.

In solch angespannten Phasen hilft es mir, wenn ich nur für mich selbst schreibe. Nur mir allein muss es gefallen, nur mir selbst dienen. Nachdem ich meinen Roman das erste Mal an Agenten geschickt hatte, verspürte ich kein Bedürfnis, etwas Neues zu schaffen und auch nicht, alte Geschichten zu überarbeiten. Ich wollte erst einmal abwarten, wie man auf mein Baby reagierte, in das ich so viel Zeit und Kraft gesteckt hatte. Aber plötzlich nicht mehr mehrere Stunden am Tag zu schreiben, brachte keine Erleichterung, im Gegenteil. Die Aufforderung meiner Kinder und Freunde, doch endlich zu entspannen, zu genießen, dass ich es geschafft hatte, half nicht; erst als meine Tochter zu mir sagte: »Mensch, fang endlich wieder an zu schreiben, du bist unerträglich!« fand ich aus meiner Lethargie heraus. Zusammen mit dem Vorsatz, diesmal nur für mich zu schreiben. Über mich. Ohne mich zu fragen, ob andere auch daran Gefallen finden könnten. Oder Trost. Oder Mut. Ich schrieb in wenigen Wochen ein *Memoir* (so werden im Englischen autobiografische Bücher bezeichnet, die sich nur auf einen Aspekt und/oder eine gewisse Zeit konzentrieren); die Wörter, Sätze, Paragrafen strömten nur so aus mir heraus. Dieses Buch ist mein Privateigentum, von mir, über mich, für mich, und ich habe es nach so vielen Jahren, in denen ich tausende von Charakteren erschaffen habe, mehr als verdient.

Wenn Sie wütend sind, wenn Sie denken, dass niemand Ihre Geschichten lesen will, dass niemand mitbekommt, wie viel Mühe Sie sich geben, dass es immer die anderen sind, die es schaffen, dann hören Sie für eine Weile auf, für andere zu schreiben. Nehmen Sie sich Fotos vor und schreiben Sie über Menschen, Momente, Orte, die allein Ihnen wichtig sind. Schenken Sie sich selbst diese Geschichten. Vergessen Sie alles, was Sie aus meinem Buch gelernt haben und schreiben Sie nur so, wie Sie es gut finden. Schreiben Sie einen schlechten Dialog, eine kitschige Liebesszene, eine Beschreibung, die nur so von Adjektiven strotzt.

Schließen Sie die Augen und fragen Sie sich, wie Sie angefangen haben. Was war es? Was hat Sie dazu gebracht, während andere gefeiert, geschlafen, gelacht, getrunken oder geflirtet haben, was hat Sie dazu gebracht, sich allein an den Schreibtisch zu setzen, nach einem Stück Papier zu greifen oder einem Notizblock, ihren Computer anzuschalten und ein Dokument zu öffnen; was hat Sie dazu gebracht, das Weiß mit Wörtern zu füllen? Erinnern Sie sich? War es etwas wie ein Blitzen, ein Flackern, ein Leuchten, eine Idee, die Sie so fasziniert hat, dass Sie sie nicht loslassen wollten? Sie haben sich hingesetzt und geschrieben und aus diesem Flackern wurde etwas Größeres, etwas, das man schon fast greifen konnte, dann wurde es konkret, irgendwann konnten Sie sogar erzählen, was für eine Idee Sie im Kopf haben und dann, nach viel Arbeit, nach viel Zeit, war sie da, eine Geschichte war aus dem Nichts entstanden, und Sie haben dafür gesorgt, dass sie so wie sie ist auf dem Papier steht. Sie haben sie erschaffen und Sie können sie erzählen, auf Ihre einmalige Art und Weise, weil Sie allein sie ausgegraben haben, wie das Skelett eines Dinosauriers.

Sie können stolz auf sich sein. Sie können Situationen, Charaktere, Szenen, Dialoge erschaffen. Aus dem Nichts. Allein mit Ihrer Vorstellungskraft. Auch wenn die meisten keine Ahnung haben, was Sie genau tun. Wie besonders es ist, wie anstrengend, wie wichtig für die Menschheit. Bis Sie den ersten großen Verlag an Land gezogen haben, nimmt Sie niemand wirklich ernst, außer denen, die mitbekommen, wie viel Zeit und Energie das Schreiben Sie kostet. Und selbst, wenn Sie Erfolg haben, wird dieser vermutlich nicht Ihren Erwartungen entsprechen; Schauspieler, Musiker, Sportler, darunter verstehen die meisten etwas, damit verbinden die meisten Ruhm, Geld und Sex. Schriftsteller sind nicht sexy – auch nicht die paar Ausnahmen, die es schaffen, reich und berühmt zu werden. Wenn Sie sagen, dass Sie keine Zeit für eine Verabredung haben, weil Sie schreiben wollen, wird man Sie ohne Skrupel von ihrem Schreibtisch weglocken, Sie daran erinnern, das echte Leben nicht zu vergessen, die Freunde nicht zu vernachlässigen, nicht zu vereinsamen, etc. Keiner, der nicht selbst schreibt, wird Sie wirklich verstehen.

Es erfordert mehr als Hingabe, um sich auf dieses ungewisse Abenteuer einzulassen. Wer schreibt tausende von Seiten, die mit Glück höchstens der Ehepartner lesen will, überarbeitet diese Seiten, korrigiert sie, liest sie immer wieder laut, um zu prüfen, ob auch wirklich alles stimmt, ob der Klang richtig ist, ob genau das richtige Wort da steht, der Satz genauso ist, wie er sein sollte; wer lässt sich auf diese jahrzehntelange, mühselige, nicht enden wollende Prozedur ein, ohne die Sicherheit auf Erfolg? Nur jemand, der leidenschaftlich und besessen ist. Nur jemand, der weiß, wie es sich anfühlt, aus dem Nichts ein Universum zu erschaffen. Nur jemand, der eine Ahnung davon bekommen hat, wie es sich anfühlt, Gott zu sein.

Senden Sie Ihre Geschichten in die Welt. Es ist unsere Aufgabe, mit unseren Geschichten nicht nur uns selbst gut zu tun, sondern den anderen. Wenn Sie mit einer Geschichte nur einen einzigen Menschen auf dieser Welt trösten können, den Sie vermutlich niemals kennenlernen werden, von dem Sie noch nicht einmal wussten, dass er oder sie überhaupt existiert, haben Sie Ihre Pflicht erfüllt. Schreiben Sie Ihre Geschichte für diesen einen Menschen, damit er nicht verzweifelt, sondern aus ihren tröstenden Worten den Mut schöpft, es doch noch einmal zu versuchen. Raymond Carvers Lehrer und Förderer, John Gardner, sagt dazu in *The Art of Fiction*: »Jeder Schriftsteller sollte sich darüber im Klaren sein, dass er von den Verzweifelten gelesen werden könnte, von Menschen, die man dazu bringen könnte, sich zwischen Leben und Tod zu entscheiden.« Auch wenn seine Worte sich eigentlich auf die große Verantwortung des Schriftstellers beziehen und welchen Schaden ihre Worte anrichten können – womit er natürlich recht hat – sehe ich darin eine hoffnungsvolle Aussage, was durch seine weiterführenden Gedanken bestätigt wird: »Wenn es schon Schlechtes zu erzählen gibt, so sollte es als Reflexion der Wahrheit erzählt werden, dass wir, auch wenn wir das Böse sehen, uns dafür entschieden haben, unter den Lebenden zu bleiben.«

ÜBUNGEN

- Schreiben Sie eine neue Geschichte. Schreiben Sie die beste Geschichte aller Zeiten. Schreiben Sie eine Geschichte, mit der Sie es allen zeigen. Geben Sie alles. Gehen Sie jedes Risiko ein. Schreiben Sie um Ihr Leben. Schreiben Sie, als wäre es Ihre letzte Geschichte. Schreiben Sie für jemanden, der im Sterben liegt und beschlossen hat, dass Ihre Geschichte die letzte ist, die er lesen wird. Schreiben Sie eine Geschichte, mit der Sie sich unsterblich machen.

LEKTION 16

Mythos Inspiration

Amateure sitzen herum und warten auf die Inspiration, der Rest von uns steht auf und macht sich an die Arbeit.
Das Leben und das Schreiben, Stephen King

Als berufstätige, alleinstehende Mutter von drei Kindern hatte ich nie die Zeit, auf diese mysteriöse Inspiration zu warten, die so viele in unmittelbaren Zusammenhang mit künstlerischem Schaffen bringen. Jetzt, wo meine Kinder älter sind und eines nach dem anderen auszieht, frage ich mich noch immer nicht, wo die Inspiration sich gerade befindet, wenn ich meinen Laptop öffne. Das Schreiben gehört zu meinem Alltag wie das Essen, Lesen und Duschen. Ich habe kein schlechtes Gewissen, wenn ich ein paar Tage nicht schreibe, aber es geht mir besser, wenn ich wenigstens einmal am Tag an einem Text gearbeitet habe. Sobald ich ein Dokument öffne, komme ich zur Ruhe. Das Beschäftigen mit meinen Texten zeigt alle guten Seiten in mir auf. So wie mir in meiner Kindheit und Jugend die Geschichten von anderen das Gefühl von Sicherheit und Geborgenheit gaben, ist es heute das Schreiben, das mich sicher, geborgen und authentisch fühlen lässt. Es gibt mir Kraft, wenn ich mich schwach und hoffnungslos fühle. Allein die Routine, egal ob zu Hause (mein Schreibtisch, das Anzünden der Kerze, der Becher mit Tee oder Kaffee, mein Laptop, die Bücher über das Schreiben in dem Regal hinter mir) oder im

Café (mein Laptop, ein Latte Macchiato, ein Schokomuffin), die Vertrautheit der Vorbereitungen, das Loslassen von allem, was um mich herum ist, hat etwas Heilendes, und deswegen passiert es selten, dass ich mich dazu aufraffen muss. Wenn ich mindestens eine halbe Stunde Zeit habe, suche ich mir einen Platz für meinen Laptop und schreibe. Ob die Inspiration vorbeigeschaut hat, kann ich nicht sagen, weil ich es nicht mitbekommen habe. Aber wenn ich dazu gezwungen würde, mich zu fragen, woher ich meine Ideen bekomme oder was ich am nächsten Tag schreiben werde, wenn ich mir wirklich Gedanken darüber machen müsste, würde ich vermutlich in Panik geraten, weil ich es schlichtweg nicht weiß.

Während des ersten Semesters am College musste ich eine lange Liste von Romanen und Kurzgeschichten lesen und kommentieren, einen Essay zu einem handwerklichen Thema verfassen, ein paar Schreibübungen machen, aber vor allem erwartete mein Lehrer alle drei Wochen eine neue Geschichte von mindestens 15 Seiten. Noch heute ist es mir ein Rätsel, wie ich das geschafft habe, und es ist mir bei jeder neuen Geschichte ein Rätsel, aber mittlerweile sind hunderte davon entstanden, deswegen habe ich mir abgewöhnt, mir darüber Gedanken zu machen; ich setze mich hin und schreibe Wort für Wort, Satz für Satz, Absatz für Absatz. Und wenn ich schließlich entscheide, es für heute gut sein zu lassen, wenn ich noch diesen Satz meiner fiktiven Welt zu Ende bringen möchte, um mich anschließend wieder auf die Erfordernisse der realen einzulassen, kann es passieren, dass aus dem Satz Seite um Seite wird, dass ich jeglichen Kontakt zu dem, was mich wirklich umgibt, verliere, und so wird aus dem letzten Satz auch mal eine Stunde oder ein halber Tag (ich rate, einen Wecker zu stellen, wenn man einen wichtigen Termin hat!). Vielleicht ist es dieser Zustand, den andere als Inspiration bezeichnen würden, für mich ist das eher einer dieser Momente, der immer dann kommt, wenn ich gar nicht damit rechne, aber damit er kommt, muss ich mich Tag für Tag ransetzen und auch wenn Wochen, Monate, Jahre vergehen können, ohne dass er mich auch nur im Geringsten streift, weiß ich, dass er eines Tages wiederkommen wird, und weil ich ihn nicht verpassen will, klappe ich so oft es geht meinen Laptop auf.

Viel mehr als die folgenden Ratschläge kann ich Ihnen zu dem Thema Inspiration nicht geben: **schreiben Sie täglich und schreiben Sie, was Ihnen einfällt.** Fragen Sie sich: Was wäre, wenn…? Stellen Sie sich vor, ihr Efeu würde plötzlich ins Unendliche wachsen, Ihre Hand machte plötzlich unkontrollierbare Bewegungen, Ihr Nachbar klingelte nackt an Ihrer Tür. Auf dem Weg zur Arbeit stehen Sie in der U-Bahn auf und fangen an, die Ode an die Freude zu singen. Ein Freund, den Sie dreißig Jahre nicht gesehen haben, schickt Ihnen ein Ticket nach Buenos Aires. Sie wachen morgens mit kahl geschorenem Kopf auf. Ihr Vater verschwindet aus dem Altersheim. Träumen Sie, erfinden Sie, schreiben Sie den größten Unsinn. Ihr Gehirn können Sie einsetzen, wenn Sie so etwas wie einen zusammenhängenden Text zustande gebracht haben, aber vorher geht es nur darum, ein Wort nach dem anderen zu setzen, dann einen Satz nach dem anderen, dann einen Absatz nach dem anderen. Wenn Sie Ihre Augen, ja, Ihre gesamten Sinne trainiert haben, wenn Sie wie ein Schriftsteller durchs Leben gehen, werden Sie vermutlich genau wie ich das Problem haben, sich von all den potenziellen Geschichten, die Sie schreiben könnten, für eine zu entscheiden.

Und da wir gerade dabei sind, möchte ich auch noch zu der Magie etwas anmerken, jene anscheinend so wichtige Zutat beim Schreiben, die sich nach weit verbreiteter Meinung weder lehren noch lernen lässt: Wenn ein Leser eine Geschichte als magisch bezeichnet, wissen wir Schriftsteller, dass dahinter harte Arbeit steckt. Wir selbst haben diese Wörter zu Papier gebracht, kein Gott, kein Magier, keine Fee, die uns drei Wünsche gewährt. Je mehr Geschichten wir schreiben, umso schneller gelingt es uns, sie so zu bearbeiten, dass ein Leser sie als magisch bezeichnen mag, aber hinter solch einer Geschichte steckt immer Arbeit, und diese Arbeit ist konkret und hat mit Magie herzlich wenig zu tun.

Wenn Sie mit diesem Buch gearbeitet haben, wenn Sie die Übungen gemacht haben, so überflüssig und zeitaufwendig Sie sie vielleicht fanden, wenn Sie sich Ihre Geschichten noch einmal vorgenommen haben und die Themen, die in den Kapiteln behandelt wurden, durchgegangen sind, hat keine höhere Kraft Ihre Geschichten verbessert, sondern Sie selbst. Ich habe oft erlebt, dass jemand sich gar nicht erst ans Überarbeiten machen wollte, weil er oder sie Angst hatte, dass die Magie aus den Geschichten verschwinden würde. Aber ich habe noch nie von einem Schriftsteller gehört, der eine solche gezaubert hat, sondern nur von jenen, die mit ihrem Können und ihrem Fleiß, mit ihrer Ausdauer und ihrer Hingabe Erstentwürfe bearbeitet haben, immer und immer wieder, jahre-, manchmal jahrzehntelang, bis sie restlos damit zufrieden waren. Bis sie sich nicht mehr mit einem »ganz okay« abgefunden hatten, sondern sich am Ende fragen mussten: »Habe ich das wirklich geschrieben?« Auf diese Art entstehen gute Geschichten, nicht durch Magie. Und jeder, der sich mit dieser Haltung anfreunden kann, ist in der Lage, magische Geschichten zu schreiben.

ÜBUNG

- Schreiben Sie Begriffe von A bis Z auf. Schreiben Sie hintereinanderweg zu jedem Begriff 500 Wörter. Denken Sie nicht nach, unterbrechen Sie das Schreiben nur, wenn es absolut notwendig ist. Wenn Sie können, nehmen Sie sich Urlaub. Schreiben Sie den größten Schwachsinn, lassen Sie alles zu, das einzige, das zählt ist, dass Sie auf 500 Wörter kommen und so schnell wie möglich fertig sind.
- Nehmen Sie sich eine bestimmte Zeit vor, zu der Sie für zehn Minuten schreiben, egal, wo Sie gerade sind. Stellen Sie sich einen Wecker. Was Sie schreiben, ist egal. Hauptsache, Sie schreiben, und nichts darf Sie davon abhalten.
- Schreiben Sie mir eine Mail an j.falzoi@gmx.de. Berichten Sie mir über Ihre Reise als Schriftsteller. Waren die Übungen hilfreich? Haben Sie noch Fragen? Wie geht es für Sie nach dem Buch weiter? Ich bin sehr gespannt auf den Bericht Ihres wichtigsten Protagonisten, der Sie nämlich selbst sind.

SCHLUSSWORT

Der wichtigste Lehrer am Sierra Nevada College war für mich Alexi Zentner. Nicht, weil ich viele schreibtechnische Tricks von ihm gelernt habe oder wegen seiner Ehrlichkeit, sondern weil er mir beigebracht hat, alles, was ich mir so mühselig erarbeitet hatte, wieder zu vergessen. Er wollte, dass ich mich wieder auf mich selbst besann, dass ich wieder dorthin zurückkehrte, wo ich am Anfang vor der Zeit der Lehrbücher und den Techniken stand. Er zeigte mir, dass alles, was aus mir herauskommt, wichtig ist, egal, ob es bis zur letzten Überarbeitung Bestand hat oder nicht.

Alexi hatte meine Geschichten, Aufsätze und Übungen gelesen, er lobte mich für meinen Fleiß, für meine Hingabe, für mein Wissen. Aber er schloss immer damit, dass ich nicht mutig genug sei, dass ich Angst davor hätte, Fehler zu machen, dass ich endlich aus meiner Komfortzone herauskommen solle. Ich wusste nicht, was er meinte. Ich bat ihn, es mir zu erklären, ich wollte doch lernen, aber er blieb vage und so war mein erster Schritt, eine Geschichte völlig ohne Wörterbuch zu schreiben. Ich musste mich vollständig auf den Wortschatz stützen, der in mir war, und das Internet zur Überprüfung von grammatikalischen Unsicherheiten war auch tabu. Jegliches Hilfsmittel war tabu. Der erste Entwurf war nach zwei Tagen fertig und als ich ihn noch einmal durchlas, kam er mir fremd und unstrukturiert vor, noch schlimmer aber, nirgendwo hinführend. Alexis Kommentar war: »Wirr, leg es fürs Erste beiseite«. Aber er sagte nicht, dass es hoffnungslos sei oder dass ich lieber etwas Neues beginnen solle, also arbeitete ich weiter, jetzt mit Wörterbuch, aber noch immer ohne Plan.

Die Idee zu der Geschichte verdanke ich meinem Bruder, von dem ich das letzte Mal vor zehn Jahren gehört hatte. Nie zuvor war es mir in den Sinn gekommen, so intensiv über das Verhältnis von Geschwistern zu schreiben, aber jetzt setzte ich ein Wort hinter das andere, ohne zu wissen, wo das Ganze hinführen sollte, und dennoch mit dem Vertrauen, dass ich schon irgendwo ankommen würde. Ich spürte bald, dass eine Kurzgeschichte nicht ausreichen würde, aber genau hier befand sich meine Komfortzone. Auf einen Roman wollte ich mich nie wieder einlassen, hatte ich doch mehrere gescheiterte Erstentwürfe in meiner Schublade vergraben. Wenn ich vorher gewusst hätte, dass ich wirklich dabei war, einen zu verfassen, ich hätte keinen Satz zustande gebracht. »Einen Roman zu schreiben, ist wie nachts Auto zu fahren. Man kann nur so weit sehen, wie die Scheinwerfer leuchten, und doch erreichen wir schließlich auf diese Weise unser Ziel«, so hat es E. L. Doctorow beschrieben. Unbeabsichtigt hatte ich mich auf diese Nachtfahrt eingelassen, aber ich wollte nicht darüber nachdenken, ich schrieb und schrieb und schrieb und dann war ich plötzlich beim letzten Absatz, und auch wenn noch viel Arbeit vor mir lag, es war der Erstentwurf zu einem Roman. Ich hatte inzwischen neue Lehrer, aber Alexi war der erste, dem ich es mitteilte.

Um gute Geschichten zu schreiben, müssen wir unsere Herzen öffnen und uns in Gebiete wagen, vor denen wir selbst Angst haben. Vor Kurzem erzählte mir ein Schriftsteller, dass er noch nie über den Tod eines Kindes geschrieben hat, weil er befürchte, dass es dann wirklich eintreffen könnte. Ich selbst hatte lange Hemmungen davor, aber ich glaube, dass meine Geschichten, die den Verlust von geliebten Menschen zum Thema haben, meine besten sind.

Schreiben Sie. Schauen Sie hin, auch wenn es schmerzt, wenn die Tränen kommen und nicht mehr aufhören wollen, schreiben Sie, bis keine mehr übrig sind. Dann waschen Sie sich das Gesicht und bringen diese seltsame Mischung aus Erschöpfung und Erleichterung in Ihre Geschichte. Sie müssen sie komplett neu schreiben? Das macht nichts. Von den meisten meiner Erstentwürfe hat nur ein Bruchteil überlebt, und dann waren es häufig nur ein paar Sätze, manchmal sogar nur die Idee. Aber ohne sie hätte ich meine Geschichten nie schreiben können. Um gute Geschichten zu schreiben, müssen wir uns trauen, Fehler zu machen, und dürfen trotzdem nicht aufgeben, sondern müssen uns weiter durchkämpfen, auch wenn wir zittern, vor Scham erröten, stottern oder weinen. Denn das ist es, was Literatur lebendig und authentisch macht. Und Leser sprachlos. Als Patti Smith den Literaturnobelpreis für Bob Dylan entgegennahm und »A Hard Rain's A-Gonna

Fall« sang, versagte ihr plötzlich die Stimme und sie schaffte es nur mit Mühe, ans Ende der Zeilen zu kommen, die sie vorher so oft geübt hatte, die sie in und auswendig kannte. Sie ist eine erfahrene Sängerin und wird von der Musikwelt wie eine Göttin verehrt, aber plötzlich wurden ihr, wie sie im New Yorker beschrieb, die Kameras bewusst wie nie zuvor, die Menschen im Publikum, das Orchester. »Ich musste aufhören und um Verzeihung bitten und es dann erneut versuchen, obwohl ich in dieser Verfassung war, und ich sang mit meinem ganzen Wesen, immer noch strauchelnd«, schrieb sie. Wie still wurde es da plötzlich im Raum, viele mussten sich Tränen aus den Augen wischen. Als ich mit einem Freund, der selbst Musiker ist, darüber redete, schüttelte er den Kopf und sagte: »As a Musician you gotta fucking remember your lyrics!« Aber ich konnte Pattie Smith gut verstehen; die entscheidenden Momente sind jene, in denen uns die Stimme versagt und wir innehalten und noch einmal ansetzen müssen, diesmal mit allem, was uns ausmacht, mit unserer Vergangenheit und unserer Zukunft, mit unserer gesamten Existenz, mag sie auch noch so fehlerhaft sein.

Gute Geschichten handeln von inneren Kämpfen und solche müssen auch Schriftsteller bestehen, wenn sie gute Geschichten schreiben wollen. Gute Geschichten entstehen nur, wenn wir losgehen und uns darauf verlassen, was wir in uns haben. »Und alle Dinge, an die ich mich erinnere und die ich gesehen und erfahren habe, sind in mir, und die Reue, die mich so schwer belastet hat, wird sich freudig mit allen anderen Momenten mischen«, so beschrieb es Patti Smith.

Schließen Sie die Augen, atmen Sie durch. Das Wichtigste sind Sie selbst. So wie Sie das Leben erfahren, so wie Sie denken, fühlen, sehen ist es einmalig. Was Sie selbst als Person mitbringen, ist das wichtigste Werkzeug, das Sie zum Schreiben brauchen.

DISKUTIERTE UND ZITIERTE WERKE

Achebe, Chinua. *Alles zerfällt*, übersetzt von Uda Strätling (Fischer, Frankfurt 2012)

Akutagawa, Ryunosuke. *Rashomon*, übersetzt von Jürgen Berndt (Volk und Welt, Berlin 1982)

Alain-Fournier, Henri. *Der große Meaulnes*, übersetzt von Walter Widmer (Diogenes, Zürich 2011)

Alexie, Sherman. »Der härteste Indianer der Welt«, übersetzt von Regina Rawlinson (Goldmann, München 2002)

Amis, Martin. *Pfeil der Zeit*, übersetzt von Alfons Winkelmann (DTV, München 2004)

Austen, Jane. *Emma*, übersetzt von Helga Schulz (DTV, München 2016)

Auster, Paul. *Das rote Notizbuch*, übersetzt von Werner Schmitz (Rowohlt, Reinbek 2001)

Babel, Isaak. »Die Reiterarmee«, übersetzt von Peter Urban (Friedenauer Presse, Berlin 2006)

Baldwin, James. *Giovannis Zimmer*, übersetzt von Axel Kamm und Hans-Heinrich Wellmann (Rowohlt, Reinbek 1967)

Baldwin, James. »Sonnys Blues«, übersetzt von Gisela Stege (Inselverlag, Leipzig 1974)

Barthelme, Donald. »Der Satz«, übersetzt von Jesse Falzoi (*Mütze*, 2013)

Barthelme, Donald. *Randerscheinungen*, übersetzt von Marianne Frisch et.al (Volk & Welt, Berlin 1987)

Baxter, Charles. *Burning Down the House – Essays on Fiction* (Ausschnitte übersetzt von Jesse Falzoi)

Baxter, Charles. *First Light* (Vintage, 2012)

Bender, Aimee. »Was du im Schützengraben gelassen hast«, übersetzt von Liselotte Prugger (Goldmann, München 1999)

Benson Scherger, Adrienne. »Juju« (Ausschnitt übersetzt von Jesse Falzoi), http://www.adriennebensonscherger.com/yahoo_site_admin/assets/docs/JUJU.226162330.pdf

Berger, John. *Auf dem Weg zur Hochzeit*, übersetzt von Jörg Trobitius (Hanser, München 1996)

Bierce, Ambrose. »Zwischenfall auf der Eulenfluß-Brücke«, übersetzt von Anneliese Dangel (Reclam, Leipzig 1974)

Bolaño, Roberto. *2666*, übersetzt von Christian Hansen (Hanser, München 2009)

Brockmeier, Kevin. »The Ceiling« (McSweeney's, 2001)

Brontë, Emily. *Sturmhöhe*, übersetzt von Gisela Etzel (Aufbau, Berlin 2008)

Byatt, Antonia S., *Besessen*, übersetzt von Melanie Walz (Suhrkamp, Berlin 2005)

Calvino, Italo. *Wenn ein Reisender in einer Winternacht*, übersetzt von Burkhart Kroeber (DTV, München 1985)

Canin, Ethan. »Der Palastdieb«, übersetzt von Werner Löcher (Rowohlt, Reinbek 1997)

Canty, Kevin »King of the Elephants« (Ausschnitt übersetzt von Jesse Falzoi) Vintage, 1995

Carlos Fuentes, *Die Heredias*, übersetzt von Maria Bamberg (Volk und Welt, Berlin 1989)

Carver, Raymond. »Die Frau des Studenten«, übersetzt von Helmut Frielinghaus (Fischer, München 1012)

Carver, Raymond. »Federn«, übersetzt von Helmut Frielinghaus (Fischer, München 1012)

Carver, Raymond. »Kathedrale«, übersetzt von Helmut Frielinghaus (Fischer, München 1012)

Carver, Raymond. »Nachbarn«, übersetzt von Helmut Frielinghaus (Fischer, München 1012)

Carver, Raymond. »Vitamine«, übersetzt von Helmut Frielinghaus (Fischer, München 1012)

Carver, Raymond. »Volkstümliche Mechanik«, übersetzt von Helmut Frielinghaus (Fischer, München 1012)

Cisneros, Sandra. *Das Haus in der Mango Street*, übersetzt von Gerd Burger (Goldmann, München 1997)

Dahl, Roald. »Der Weg zum Himmel«, übersetzt von Wolfheinrich von der Mülbe und Hans Heinrich Wellmann (Rowohlt, Reinbek 2016)

De Beauvoir, Simone. »Eine gebrochene Frau«, übersetzt von Ulla Hengst (Rowohlt, Reinbek 1972)

Diaz, Junot. »Die Sonne, der Mond, die Sterne«, übersetzt von Eva Kemper (S. Fischer, München 2013)

Didion, Joan. *Spiel dein Spiel*, übersetzt von Margarethe Eberhard (Rowohlt, Reinbek 1995)

Dostojewski, Fiodor. *Aufzeichnungen aus dem Kellerloch*, übersetzt von S. Geier (Fischer, München 2007)

Dubus, Andre. »Der Doktor«, übersetzt von Benjamin Schwarz (Rowohlt, Reinbek 1991)

Du Maurier, Daphne. *Rebecca*, übersetzt von Brigitte Heinrich und Christel Dormagen (Insel, Leipzig 2016)

Egan, Jennifer. *Der größere Teil der Welt*, übersetzt von Heidi Zeltmann (Schöffling, Frankfurt a. M. 2013)

Eggers, Dave. *Ein herzzerreißendes Werk von umwerfender Genialität*, übersetzt von Leonie von Reppert-Bismarck und Thomas Rütten, und *Der Circle*, übersetzt von Ulrike Wasel und Klaus Timmermann (Kiepenhauer und Witsch, Köln 2005)

El-Saadawi, Nawal. *Ein moderner Liebesbrief*, übersetzt von Yasmeen Ammar (Rowohlt, Reinbek 1987)

Faulkner, William. »Eine Rose für Emily«, übersetzt von Elisabeth Schnack (Academia, Sankt Augustin 1990)

Fitzgerald, F. Scott. *Der große Gatsby*, übersetzt von Lutz-W. Wolff (DTV, München 2011)

Flaubert, Gustave. »Ein schlichtes Herz«, übersetzt von Arthur Schurig (Europäischer Literaturverlag, Berlin 2014)

Flaubert, Gustave. *Madame Bovary*, übersetzt von Elisabeth Edl (Carl Hanser, München 2012)

Flaubert, Gustave. *Salambo*, übersetzt von Heidrun Beltz (Aufbau, Berlin 1998)

Ford, Richard. »Rock Springs«, übersetzt von Harald Goland (DTV, München 2016)

Ford, Richard. *Der Sportreporter*, übersetzt von Hans Hermann (Rowohlt, Reinbek 1991)

Forster, E.M. *Aspects of the Novel* (Marliner Books 1956)

Foster Wallace, David. »Inkarnationen gebrannter Kinder«, übersetzt von Ulrich Blumenbach (Rowohlt, Reinbek 2008)

Frankl, Viktor E. *Trotzdem ja zum Leben sagen; ein Psychologe überlebt das Konzentrationslager* (DTV, München 1998)

Franzen, Jonathan. *Freiheit*, übersetzt von Bettina Abarbanell und Eike Schönfeld (Rowohlt, Reinbek 2012)

Gaddis, William. *J.R*, übersetzt von Marcus Igendaay und Klaus Modick (DTV, München 2010)

Gardner, John. *The Art of Fiction* (Vintage, 1991)

Gates, David. *Jernigan*, übersetzt von Hans Hermann (Rowhlt, Reinbek 1993)

Ginsberg, Allen. »Das Geheul«, übersetzt von Walter Höllerer (Limes, Wiesbaden 1953)

Ginzburg, Natalia. »Die Mutter«, übersetzt von Jesse Falzoi (Einaudi, 2011)

Hartley, L.P. *The Go-Between*, übersetzt von Maria Wolff (Goldmann, München 2005)

Haslett, Adam. »Der gute Doktor«, übersetzt von Pociao und Roberto de Hollanda (Rowohlt, Reinbek 2010)

Haslett, Adam. »Der Ursprung der Verzweiflung«, übersetzt von Pociao und Roberto de Hollanda (Rowohlt, Reinbek 2010)

Hegi, Ursula. *Die Andere*, übersetzt von Cornelia Holfelder von der Tann (Rowohlt, Reinbek 1999)

Hemingway, Ernest. »Berge wie weiße Elefanten«, übersetzt von Annemarie Horschitz-Horst (Rowohlt, Reinbek 1966)

Hemingway, Ernest. »Das kurze und glückliche Leben des Francis Macomber«, übersetzt von Annemarie Horschitz-Horst (Rowohlt, Reinbek 1966)

Hemingway, Ernest. *Fiesta* und *In einem anderen Land*, übersetzt von Annemarie Horschitz-Horst (Rowohlt, Reinbek 1999)
Hesse, Hermann. *Steppenwolf* (Suhrkamp, Berlin 1974)
Hustvedt, Siri. *Die unsichtbare Frau*, übersetzt von Uli Aumüller (Rowohlt, Reinbek 2003)
Ishiguro, Kazuo. *Was vom Tage übrig blieb*, übersetzt von Hermann Stiehl (btb, München 2007)
Jackson, Shirley. »Die Lotterie«, übersetzt von Anna Laube und Annette Grube (Diogenes, Zürich 1992)
James, Henry. *Das Tier im Dschungel*, übersetzt von Helmut M. Braem und Elisabeth Bream-Kaiser (Piper, München 1959)
Joyce, James. »Die Schwestern«, übersetzt von Dieter E. Zimmer (Suhrkamp, Berlin 1995)
Joyce, James. »Die Toten«, übersetzt von Dieter E. Zimmer (Suhrkamp, Berlin 1995)
Joyce, James. *Ulysses*, übersetzt von Hans Wollschläger (Suhrkamp, Berlin 1981)
Kafka, Franz. »Brief an den Vater« (Suhrkamp, Berlin 2008)
Kafka, Franz. *Der Prozess* (Suhrkamp, Berlin 2000)
Kafka, Franz. *Metamorphose* (Suhrkamp, Berlin 2008)
Kang, Han. *Die Vegetarierin*, übersetzt von Dr. Ki-Hyang-Lee (Aufbau, Berlin 2016)
Kesey, Ken. *Einer flog übers Kuckucksnest*, übersetzt von Hans Hermann (Rowohlt, Reinbek 1982)
King, Stephen. *Das Leben und das Schreiben*, übersetzt von Andrea Fischer (Heyne, München 2011)
Kingsolver, Barbara. »Homeland« (Ausschnitt übersetzt von Jesse Falzoi) Harper Perennial, 2013
Knausgård, Karl Ove. *Sterben* (Luchterhand, München 2011)
Krakauer, Jon. *In die Wildnis*, übersetzt von Stephan Steeger (Piper, München 2007)
Kress, Nancy. *Dynamic Characters*, Zitat übersetzt von Jesse Falzoi (Writer's Digest Books, 2004)

Lamott, Anne. *Bird by Bird – Wort für Wort*, übersetzt von Kerstin Winter (Autorenhaus, Berlin 2004)

Lee, Chang Rae. *Turbulenzen*, übersetzt von Christa Schuenke (Kiepenhauer und Witsch, Köln 2004)

Lee, Harper. *Wer die Nachtigall stört*, übersetzt von Claire Malignon (Rowohlt, Reinbek 1978)

Lehane, Dennis. »Bis zu Gwen«, übersetzt von Andrea Fischer (Ullstein, Berlin 2007)

Lethem, Jonathan. *Die Festung der Einsamkeit*, übersetzt von Michael Zöllner (Goldmann, München 2006)

Link, Kelly. »Die Elbenhandtasche«, übersetzt von Ute Brammertz (Heyne, München 2008)

Lukeman, Noah. *The First Five Pages: A Writer'S Guide To Staying Out of the Rejection Pile* (Touchstone, 2000)

Mann, Thomas. »Der Tod in Venedig« (Fischer, Frankfurt 1992)

Manzoni, Alessandro. *Die Verlobten*, übersetzt von Caesar Rymarowicz (Aufbau, Berlin 1985)

Marías, Javier. *Dein Gesicht morgen. Band 3: Gift und Schatten und Abschied*, übersetzt von Elke Wehr (Klett-Cotta, Stuttgart 2010)

Marías, Javier. *Mein Herz so weiß*, übersetzt von Elke Wehr (Fischer, Frankfurt 2012)

McBride, James. *Das verrückte Tagebuch des Harry Shackleford*, übersetzt von Werner Löcher-Lawrence (btb, München 2015)

McCarthy, Cormac. *Die Straße*, übersetzt von Nikolaus Stingl (Rowohlt, Reinbek 2016)

McCarthy, Cormac. *The Road* (Vintage, 2015)

McCullers, Carson. *Das Herz ist ein einsamer Jäger*, übersetzt von Susanna Brenner-Rademacher (Diogenes, Zürich 2012)

McInerney, Jay. *Ein starker Abgang*, übersetzt von Nikolaus Hansen (Rowohlt, Reinbek 1999)

Melville, Herman. *Moby Dick*, übersetzt von Hans Seiffert (Insel, Leipzig 2013)

Miller, A.D. *Die eiskalte Jahreszeit der Liebe*, übersetzt von Bernhard Robben (Fischer, Frankfurt 2013)

Moore, Lorrie. »Eine andere Frau«, übersetzt von Brigitte Jakobeit (Piper, München 2015)

Moore, Lorrie. »Wie man ein Schriftsteller wird«, übersetzt von Brigitte Jakobeit (Piper, München 2015)

Morante, Elsa. *Arturos Insel*, übersetzt von Susanne Hurni-Maehler (Klaus Wagenbach, Berlin 2016)

Morrison, Toni. *Menschenkind*, übersetzt von Helga Pfetsch (Rowohlt, Reinbek 2007)

Munro, Alice. »Dulse«, übersetzt von Manfred Ohl und Hans Sartorius (Fischer, Frankfurt 2013)

Munro, Alice. »Die Jupitermonde«, übersetzt von Heidi Zeming (Fischer, Frankfurt 2016)

Nabokov, Vladimir. *Professor Pnin*, übersetzt von Dieter E. Zimmer (Rowohlt, Reinbek 1999)

O'Brien, Flann. *Auf-Schwimmen-zwei-Vögel*, übersetzt von Harry Rowohlt (Heyne, München 2005)

O'Connor, Flannery. »Ein guter Mensch ist schwer zu finden«, übersetzt von Elisabeth Schnack (Diogenes, Zürich 1994)

O'Connor, Flannery. *Mystery & Manners (*Ausschnitte übersetzt von Jesse Falzoi) Farrar, Straus & Giroux, 1970

O'Connor, Flannery »Brave Leute vom Lande«, übersetzt von Elisabeth Schnack (Rowohlt, Reinbek 1967)

Oates, Joyce Carol. »Die Zeugin«, übersetzt von Eva Bornemann (DVA, Stuttgart 1968

Oates, Joyce Carol. »Wo gehst du hin, wo kommst du her?«, übersetzt von Eva Manske (Reclam, Leipzig 1985)

Orwell, George. *1984*, übersetzt von Kurt Wagenseil (Ullstein, Berlin 2007)

Packer, ZZ. »Kaffee trinken anderswo«, übersetzt von Giovanni und Ditte Bandini (A1 Verlag, München 2009)

Pamuk, Orhan. *Schnee*, übersetzt von Christoph K. Neumann (Carl Hanser, München 2005)

Percy, Benjamin. *Thrill Me. Essays on Fiction* (Graywolf Press, 2016)

Proust, Marcel. *Auf der Suche nach der verlorenen Zeit*, übersetzt von Eve Rechel-Mertens (Suhrkamp, Berlin 1999)

Puig, Manuel. *Der Kuss der Spinnenfrau*, übersetzt von Anneliese Botond (Suhrkamp, Berlin 1983)

Purcell, Amy. »Home Repair« (Ausschnitt übersetzt von Jesse Falzoi), The Writer, 2012

Roth, Philip. *Good Bye, Columbus*, übersetzt von Herta Haas (Rowohlt, Reinbek 2012)

Roy, Arundhati. *Der Gott der kleinen Dinge*, übersetzt von Anette Grube (btb, München 1999)

Rulfo, Juán. *Pedro Páramo*, übersetzt von Dagmar Ploez (Carl Hanser, München 2008)

Salinger, J.D. *Der Fänger im Roggen*, übersetzt von Eike Schönfeld (Rowohlt, Reinbek 2004)

Sebold, Alice. *In meinem Himmel*, übersetzt von Almuth Carstens (Goldmann, München 2005)

Shakespeare, William. *Hamlet*, übersetzt von Holger Klein (Reclam, Ditzingen 2014)

Shakespeare, William. *Macbeth*, übersetzt von Barbara Rojahn-Deyk (Reclam, Ditzingen 2011)

Shields, Carol. *Sie und er – er und sie*, übersetzt von Minea Bauer (btb, München 1999)

Silver, Joan. *Time in Fiction* (Ausschnitt übersetzt von Jesse Falzoi) Graywolf Press, 2009

Spark, Muriel. *Die Blütezeit der Miss Jean Brodie*, übersetzt von Peter Naujack (Diogenes, Zürich 2003)

Steinbeck, John. *Früchte des Zorns*, übersetzt von Klaus Lambrecht (DTV, München 1985)

Sterne, Laurence. *Leben und Ansichten der Herrn Tristram Shandy*, übersetzt von Rolf Toman (Könemann, Köln 2001)

Strout, Elisabeth. *Die Unvollkommenheit der Liebe*, übersetzt von Sabine Roth (Luchterhand, München 2016)

Strout, Elisabeth. *Mit Blick aufs Meer*, übersetzt von Sabine Roth (Luchterhand, München 2010)

Styron, William. *Sophies Entscheidung*, übersetzt von Willy Thaler (Droemer Knaur, München 2000)

Svevo, Italo. *Zenos Gewissen*, übersetzt von Barbara Kleiner (Manesse, München 2011)

Tartt, Donna. *Der Distelfink*, übersetzt von Rainer Schmidt und Kristian Lutze (Goldmann, München 2015)

Tinti, Hanna. »Trautes Heim«, übersetzt von Brigitte Heinrich (btb, München 2007)

Tokarewa, Viktoria. »Der glücklichste Tag in meinem Leben«, übersetzt von Monika Tantzscher (Diogenes, Zürich 1990)

Tolstoi, Lew. *Der Tod des Ivan Iljitsch*, übersetzt von Rudolf Kassner (Inselverlag, Leipzig 2002)

Townsend Warner, Sylvia. »Oxenhope« (Viking, 1971)

Tschechow, Anton. »Die Dame mit dem Hündchen«, übersetzt von Barbara Konrad (Suhrkamp, Berlin 2013)

Walker, Alice. «Für jeden Tag«, übersetzt von Gertraude Krueger, aus: *Amerikanische Short Stories des 20. Jahrhunderts*, Hg: Günther Lenz (Reclam, Ditzingen 1998)

Washington Valdez, Diana. *La cosecha de mujeres* (Oceano, 2005)

West, Nathaneal. *Miss Lonelyhearts*, übersetzt von Dieter E. Zimmer (Manesse, München 2012)

Whitman, Walt. *Grasblätter*, übersetzt von Jürgen Brôcan (Carl Hanser, München 2009)

Williams, Joy. »Der Liebhaber«, übersetzt von Ulrike Becker und Klaus Varrelmann (Rowohlt, Reinbek 1993)

Wolff, Tobias. »Kugel im Kopf«, übersetzt von Frank Heibert (Berlin Verlag, Berlin 2008)

Yates, Richard. *Zeiten des Aufruhrs*, übersetzt von Hans-Ulrich Wolf (btb, München 2011)

Zinsser, William. *Nonfiction schreiben*, übersetzt von Kerstin Winter (Autorenhaus, Berlin 2007)

DANK AN

Philipp Marouschek, der mich aufforderte, aus meinem Blog ein Buch zu machen, nicht müde wurde, meine Geschichten mit mir durchzugehen, Mutmacher, Visionsbegleiter, Unterstützer; ohne ihn wäre nichts von allem möglich gewesen!

Brian Turner, Dichter, Kämpfer, Visionär und vor allem Direktor des Creative Writing Studiengangs am *Sierra Nevada College*

June Saraceno, Dichterin, Dozentin, gute Seele vom SNC, für ihre Worte, die mich beim Joggen eine Stunde durchheulen ließen und anschließend dazu brachten, mich für das Studium zu bewerben

meine Lehrer und Meister am SNC, insbesondere Gayle Brandeis Alexi Zentner, Josh Weil, Steve Woodward, Téa Obreht, Laura Wetherington, Randa Jarrar, Benjamin Percy, Gailmarie Pahmeier Laura McCullough, Patricia Smith und Ilyse Kusnetz für ihren unendlichen Großmut und ihre unvergessliche Anteilnahme an meiner Entwicklung als Schriftstellerin

meine Schüler des Wahlpflichtkurses Creative Writing an der *Evangelischen Schule Berlin Zentrum*, die mich immer wieder zum Staunen, Weinen und Hinterfragen bringen, für ihre Hingabe und ihr unglaubliches Vertrauen

Margaret Rasfeld, die diesen Wahlpflichtkurs ermöglichte und mein Studium in den Staaten guthieß

Anke Tippelt und Sebastian Gerstengarbe, deren Besuch mich zu den Übungen inspiriert hat

die große amerikanische Gemeinschaft von Schriftstellern und Dichtern, die über Bücher, Blogs, Zeitschriften, youtube etc. ihr Wissen und ihre Erfahrungen so großzügig teilen

Elizabeth George, die mich dazu brachte, an meiner Vision festzuhalten, indem sie mir dazu riet, sie aufzugeben

Charles Baxter, der mich ermutigte, meine Geschichten auf Englisch zu schreiben

Sabine Wohlrab, Rolemodel für meine Protagonisten, die den Inhalt meiner Bücher mittlerweile besser kennt als ich, für das Daumendrücken, Mutmachen und Ideenliefern, wenn ich ins Stocken komme

meine Kinder Lilli, Helena und Giora, die mich seit ihrer Geburt mit der Literatur teilen müssen und mich trotzdem stets unterstützt, inspiriert und ermutigt haben.

»Ein gut verständlicher, spannender, übersichtlicher und kompetenter Ratgeber.«

Buchhändler heute

Roy Peter Clark

Die 50 Werkzeuge für gutes Schreiben

Handbuch für Autoren, Journalisten, Texter

Gebunden, 350 Seiten

ISBN 3-978--3-86671-031-3

Schreiben ist ein Handwerk, das man lernen kann, sagt Roy Peter Clark. Man braucht dazu Werkzeuge, nicht Regeln. Seine 50 Werkzeuge und die mehr als 200 Textbeispiele und Übungen helfen jedem Autor besser zu schreiben.

»Egal, was Sie schreiben, einen Blog, einen Liebesbrief, den nächsten großen Roman – hier gibt es praktische Ratschläge, die man mit Vergnügen liest.«

Times

Autorenhaus-Verlagsprogramm

Schreiben & Veröffentlichen

Associated Press-Handbuch Journalistisches Schreiben
Von Rene J.Cappon
Kurz und Gut schreiben *Von Roy Peter Clark*
Über das Schreiben. *Von Sol Stein*
Die 50 Werkzeuge für gutes Schreiben *Von Roy Peter Clark*
Autoren-Handbuch, 8. Auflage. *Von Sylvia Englert*
Mini-Verlag. Self-Publishing, Verlagsgründung, 8. Auflage.
Von Manfred Plinke
20 Masterplots *Von Ronald Tobias*

Theater & Stücke schreiben

Die Technik des Dramas *Von Gustav Freytag*
Vorsprechen *Von Paula B. Mader*
Kleines Schauspieler-Handbuch *Von Uta Hagen*
Dramatisches Schreiben *Von Lajos Egri*

Film & Drehbuch schreiben

Rette die Katze! Das ultimative Buch übers Drehbuchschreiben.
Von Blake Snyder
Wie man einen Film macht *Von Claude Chabrol*
Filme machen *Von Sidney Lumet*
Die Technik des Dramas *Von Gustav Freytag*
Dramatisches Schreiben *Von Lajos Egri*
Drehbuch schreiben und veröffentlichen. *Von Claus Hant*
Schritt für Schritt zum erfolgreichen Drehbuch *Von Chris. Keane*
Das Drehbuch *Von Syd Field*
Die häufigsten Probleme beim Drehbuchschreiben und ihre Lösungen.
Von Syd Field
Grundkurs Film *Von Syd Field*
Schreiben fürs Fernsehen *Von Vivien Bronner*
20 Masterplots. *Von Ronald Tobias*

Cartoonbücher

Struwwelhitler. Der Anti-Nazi-Klassiker von 1941
Von Robert u. Philip Spence

Schriftstellerbücher

Musen auf vier Pfoten: Schriftsteller und ihre Hunde
Musen auf vier Pfoten: Katzen und ihre Schriftsteller

Bitte besuchen sie auch www.autorenhaus.de